世界の夢の
ルネサンス建築

Renaissance

Junichiro Higaya

飛ヶ谷潤一郎

X-Knowledge

Europe Map

ヨーロッパ地図
イタリア北部拡大図
ヴァラッロ
ミラノ
パヴィア
トリノ
ヴィチェンツァ
ヴェローナ
パドヴァ
ヴェネツィア
サッビオネータ
マントヴァ
ヴィーコフォルテ
フェッラーラ
ジェノヴァ
ボローニャ
リミニ
サン・レオ
ボッジョ・ア・カイアーノ
ペーザロ
フィレンツェ
ウルビーノ
シエナ
モンテプルチャーノ
アドリア海
ピエンツァ
ラクイラ
ティヴォリ
カプラローラ
ローマ
ナポリ
イングランド
オランダ
スタンフォード
ハールレム
ポーランド
レイデン
ロンドン
ドイツ
ヘント
アントウェルペン
クラクフ
ウクライナ
ベルギー
プラハ
ハイデルベルク
チェコ
パリ
スロバキア
アウクスブルク
フォンテーヌブロー
ウィーン
シャンボール
ミュンヘン
アンシー=ル=フラン
オーストリア
ハンガリー
グラーツ
スイス
ルーマニア
フランス
ヴェネツィア
クロアチア
ミラノ
トリノ
サンティアゴ・デ・コンポステーラ
アヴィニョン
ボローニャ
ザダル
ジェノヴァ
シベニク
バリャドリッド
フィレンツェ
ドゥブロヴニク
ポルトガル
サラマンカ
サラゴサ
コインブラ
エル・エスコリアル
バルセロナ
ローマ
トマール
マドリード
アルカラ・デ・エナーレス
イタリア
ナポリ
リスボン
テルエル
スペイン
ギリシア
サルデーニャ
コルドバ
セビーリャ
グラナダ
シチリア

目次

7

南イタリアとイベリア半島のルネサンス

8

Staff
デザイン…芝 晶子（文京図案室）
イラスト…長岡伸行
トレース…杉本聡美／堀野千恵子
印刷…図書印刷株式会社

古代と中世

ルネサンスの始まりと
それ以前の時代

0. *Classical Antiquity and the Middle Ages*

ルネサンス建築を理解するためには、
当時称讃された古代建築と
批判された中世建築についても知っておきたい。
なぜなら、完璧な真円のように見えるルネサンスも、
実際には楕円のように2つの性質を内包しているからである。

0. 「古代復興」幕開け前夜

ルネサンスの始まりについて、建築の分野では一般に15世紀のフィレンツェ、特にフィリッポ・ブルネレスキ（1377〜1446）の設計した大聖堂ドーム［図1、24頁］が着工された1420年頃が妥当と見なされている。確かに、このドームはあらゆる意味で独創的であり、ルネサンス建築のシンボルといってよいだろう。けれども、ルネサンスの特徴は古代の復興であると考えると、このドームとほぼ同じ直径をもつローマのパンテオン［図2］とはまるで似ておらず、先の尖った屋根の外観はむしろゴシック様式を想起させる。そもそもブルネレスキに要求された

図1
フィリッポ・ブルネレスキ、フィレンツェ大聖堂ドーム遠景

図2
パンテオン外観／ローマ

のは、既存のゴシック様式の大聖堂に屋根を架けて完成させることだった。ならば、ルネサンスの建築家が手本にした古代ローマの建築のみならず、フィレンツェ大聖堂ドームの直前、すなわち14世紀のトスカーナ地方に普及していたゴシック建築についても少しは知っておく必要があるだろう。そこで、この序章では古代から14世紀までの建築のなかで、とりわけルネサンス建築と何らかの関係があると思われるものをいくつか選んで概説することにしたい。

古代ローマ建築

フィレンツェは古代ローマ起源の都市だが、現在はもとより15世紀のブルネレスキの時代にも、古代ローマの建築は地上にはっきりと見える形では現存していなかった。ブルネレスキが友人の彫刻家ドナテッロ（1386頃～1466、サン・ロレンツォ聖堂旧聖具室［28頁］の内部装飾を担当）とともにローマで古代遺跡の研究に取り組んだのは、フィレンツェやそのほかのトスカーナの都市にはない何かを見つけるためだったのだろう。単に大きな建物を見たいのであれば、シエナやオルヴィエート（ウンブリア地方）にゴシック様式の大聖堂がある。だが、少なくとも彫刻家のドナテッロにとっては、建物の規模は重要な関心事ではなかった。それゆえブルネレスキも、ローマでは技術的な方法にとどまらず、意匠の面でも当時のフィレンツェの建築を根本的に変えてしまうような方法を探究していたに違いない。

　まず構造技術、とりわけ宗教建築のドームについて、ルネサンスの建築家が真っ先に注目したのはローマのパンテオン［図3］であった。ことにブルネレスキは、フィレンツェ大聖堂にドームを架けることを考え

パンテオン内観／ローマ

図3

ていたため、実測図面を制作しながら徹底的に調査したであろうことは想像に難くない。現在のパンテオンは、118～128年にハドリアヌス帝（在117～138、五賢帝の1人で帝国内の各地を視察旅行した。ティヴォリに建てた別荘が有名）によって建てられたものである。主室は、内法幅がおよそ43メートルの円形平面からなり、これと同じ高さの天井をもつ。内部立面は2層で構成され、第2層の上から半球ドームが架けられているため、室内には直径43メートルの球がすっぽりと入るかのように無柱の大空間が広がる。ドームの天井には格間《ごうま》（格子状のくぼみが施された天井装飾）が施され、直径約9メートルの天窓から光が入る。また、室内では入口部分を除いた8方向に放射状にニッチが設けられ、外観には3層で構成された円筒状の壁がそびえ立つ。ドームの屋根は第3層の上から階段状に架けられ、頂上に近づくにつれて、その厚さは徐々に薄くなる。したがって、ドームの外観は半球状ではないので、あまり目立たない。

　パンテオンは前近代のあらゆるドーム建築の原型ともいえる存在であり、ブルネレスキのドームのように、たとえパンテオンに似てはいなくても、これを参考にしない建築家はまずいなかっただろう。ルネサンスの場合、ブルネレスキのドームに匹敵する大建築はローマのサン・ピエトロ大聖堂［156頁］くらいしか存在しないが、小規模のドームであっても格間が施されているものについては、パンテオンが参照されていると考えて間違いない。なお、大きな内部空間を特徴とする古代ローマ建築は、ほかにもフォルム・ロマヌムにあるマクセンティウスのバシリカ［図4］が有名であり、古代浴場の冷浴室（フリギダリウム）とよく似た構成をとっている。

図4
マクセンティウスのバシリカ／ローマ

　建築オーダーなどの意匠面では、ルネサンスの時代に存在していた遺構のみならず、ウィトルウィウス（前80頃～前15以降）の『建築十書』が再発見されたことが重要であった。それによって遺構と文献の両方を比較できるようになったからである。けれども、当時は古代ギリシアやエトルリアの遺構はほとんど知られていなかった。『建築十書』ではトスカーナ式やドーリス式、イオニア式、コリント式の円柱について説明されてはいるものの、当時有名だった帝政期のローマ建築には、装飾豊かなコリント式やコンポジット式が多く使われていた。実際にローマで古代建築の研究に励んだブルネレスキの建築には、もっぱらコリント式オーダーが採用されており、ドーリス式オーダーが積極的に使用されるようになったのは、16世紀初頭のブラマンテ（1444～1514）によるローマでの作品以降のことである。

　ルネサンスの時代に建築オーダーを体系的に捉え、それをさまざまな方法に活用した最初の建築家は、レオン・バッティスタ・アルベルティ（1404～72）である。彼の最初の建築作品であるリミニのテンピオ・マラテスティアーノ［図5］は、古代ローマの記念門（凱旋門）モティーフ［図6］を聖堂ファサードに適用した最初の例である。ルネサンスの記念門は、祝祭などの際に使用された仮設の建築が大半を占めており、常設の建築としてはナポリのカステルヌオーヴォのアルフォンソ一世（ナポリ王在

1442〜58、アラゴン王としてはアルフォンソ五世、ナポリに人文主義者や芸術家を積極的に招いた）の凱旋門［190頁］くらいしか残されていない。しかし、アーチ構造の壁面に柱と梁、すなわちオーダーを装飾として使用するこのモティーフは、これ以降は聖堂ファサード以外にもさまざまな壁面を分割する方法として広く応用された。

同じくアルベルティによるフィレンツェのパラッツォ・ルチェッライ［図7、34頁］には、古代の円形闘技場や劇場の外壁に見られるオーダーの積み重ねが採用されている。古代の劇場関連施設は、中世のキリスト教の時代にイベント自体が行われなくなるにつれて衰退し、住居や城塞など別の用途に転用された例も多い。一方でローマのコロッセウム［図8］は、格好の採石場として食い荒らされてしまったようにも思われるが、それでもやはりローマのシンボルとしての存在感はほかの古代建築を圧倒していたといってよい。けれども、コロッセウムを手本にしようと思っても、このような巨大な施設の設計がルネサンスの時代に新たに依頼される機会は滅多になかったので、別の施設に応用するには部分的とならざるを得なかったことも確かである。それゆえオーダーの積み重ねは、パラッツォのファサードのみならず、中庭の立面や聖堂ファサード、螺旋階段などさまざまな用途に適用されることになった。

「古代風」建築

フィレンツェには真の古代建築は存在しなかったが、例えばサン・ジョヴァンニ洗礼堂［図9］は古代のマルス神殿を起源とするものと見なされていた。この洗礼堂は正確にはロマネスク様式だが、高価な大理石などがふんだんに使用されていて、コリント式の円柱も古代建築のそれに近いものとなっている。ほかにもロマネスク様式の例として、フィレンツェのサン・ミニアート・アル・モンテ聖堂［図10］が挙げられる。アルベルティがサンタ・マリア・ノヴェッラ聖堂ファサード［図11、36頁］を設計する際にこの聖堂を参考にしたのは、これが古い建築と見なされていたからだろう。

このように、正確には古代の建築ではないが、いわば「古代風」の建

図5

図6

図7

図8

図5…レオン・バッティスタ・アルベルティ、テンピオ・マラテスティアーノ／リミニ　図6…アウグストゥス帝の記念門／リミニ　図7…アルベルティ、パラッツォ・ルチェッライ／フィレンツェ　図8…コロッセウム／ローマ

築が再発見された例は、15世紀よりもずっと前からあった。例えばカロリング朝建築の代表例である、カール大帝（シャルルマーニュ、皇帝在800～14年、現在のEUに相当するフランク王国の王で800年に皇帝として戴冠）のアーヘンの宮廷礼拝堂［図12］では、ビザンティン様式であるラヴェンナのサン・ヴィターレ聖堂［図13］が手本にされた。ビザンティン建築には集中式平面やドームが使用されることが多いので、ルネサンスの時代にもラヴェンナやヴェネツィアの建築が参照されることは少なくなかっただろう。

一方、初期キリスト教時代の集中式平面やドームをそなえた例としては、ローマのサンタ・コスタンツァの墓廟（マウソレウム）［図14］が有名である。内部にブドウの収穫を題材としたモザイク画があることから、ルネサンスの時代には「バッコス神殿」と呼ばれていて、同心円状の平面はブラマンテのテンピエット［図15、92頁］にも刺激を与えたと考えられる。また、ミラノのサン・ロレンツォ・マッジョーレ聖堂［図16］は、「ミラノのパンテオン」と呼ばれていたこともあり、15世紀末に同地で活躍していたレオナルド・ダ・ヴィンチ（1452～1519）やブ

図11

図9

図9…サン・ジョヴァンニ洗礼堂／フィレンツェ

図11…アルベルティ、サンタ・マリア・ノヴェッラ聖堂ファサード／フィレンツェ

サン・ヴィターレ聖堂／ラヴェンナ

図13

宮廷礼拝堂／アーヘン

図12

図10
サン・ミニアート・アル・モンテ
聖堂ファサード／フィレンツェ

ラマンテらの想像力を鼓舞したに違いない。

最後に、おそらくルネサンスの建築家には知られていなかったが、ルネサンスに先駆ける13世紀の興味深い例として、フリードリヒ二世（皇帝在1220〜50年、中世で最も先進的な君主の1人で、南イタリアには彼が建てた多くの城塞がある）のカステル・デル・モンテ［図17］を挙げておきたい。ロマネスクとゴシックの特徴を併せもつこの建築は、丘の上にそびえ立つ。中庭をもつ八角形平面の同心構造で、さらに八角形平面の8基の塔で取り囲まれていて、確かに外観は城塞のようである。けれども、防御に必要なはずの濠が設けられていない。おもに狩りをするときの別荘として使用されたためである。一方で、ルネサンス期には「古代風」の余暇（オティウム）を田園で楽しむべく、庭園や周辺の眺望を重視した別荘（ヴィッラ）が流行した。四方に神殿風のポルティコ、中央にドームをそなえたアンドレア・パラーディオ（1508〜80）によるヴィチェンツァのラ・ロトンダ［図18、132頁］と比べると、見た目は大きく異なっているかもしれないが、その精神は共通しているといってよい。

図14…サンタ・コスタンツァの墓廟（マウソレウム）／ローマ　図15…ドナート・ブラマンテ、テンピエット、サン・ピエトロ・イン・モントリオ修道院／ローマ　図16…サン・ロレンツォ・マッジョーレ聖堂／ミラノ

ゴシック建築

『美術家列伝』の著者ジョルジョ・ヴァザーリ（1511〜74）の歴史観は、優れた古代美術は中世になると衰退したが、画家チマブーエ（1240頃〜1302、代表作はアッシジのサン・フランチェスコ聖堂下堂の壁画など）以降のフィレンツェやトスカーナの美術家によって復興を遂げた、というものである。すなわち、ヴァザーリが「ドイツ様式」（マニエラ・テデスカ）と呼んでいたゴシックは、ルネサンスとは対立するものと見なされているが、こうした価値観が必ずしも当時の人びとにとっての共通認識だったわけではない。というのも建築の場合、既存の建物をすべて取り壊して新築するよりも、部分的な増改築にとどまる方が多かったからである。1つの建物に異なった様式が混在していることによって、その価値が低くなるという

アンドレア・パラーディオ、ラ・ロトンダ／ヴィチェンツァ

カステル・デル・モンテ／アンドリア

ことはまず考えられなかった。加えて、アレッツォの出身であるヴァザーリには中部イタリアへの偏重があり、中世の伝統が根強く残っていたヴェネツィアやミラノなどの建築・美術については、若干低めの評価となっていた。

地元の建築の意匠や技術を活用するという考えは、少なくとも設計の依頼主を含めた建築の使用者にとってはむしろ好ましいことだったに違いない。ボローニャのサン・ペトローニョ聖堂ファサード[図19]では、16世紀になってもバルダッサーレ・ペルッツィ（1481〜1536）やジャコモ・バロッツィ・ダ・ヴィニョーラ（1507〜73）によって、不本意であったかはさておき、ゴシック様式が提案されていたことも付言しておこう。現代に例えるなら、モダニズムを信条とする日本人建築家であっても、伝統的な木造建築を全否定する必要はないようなものだ。とりわけ15世紀イタリアの建築家にとって、ゴシック建築とはひと昔前の建築という程度であって、野蛮なものとして軽蔑すべき対象だったというよりも、親しみもいくらか感じてはいたかもしれないが、新しい建築を創造するために乗り越えるべき対象だったと考えたい。そのためには、まず古代建築の助けを借りる必要があったのだ。

サン・ペトローニョ聖堂／ボローニャ

初期ルネサンス

ブルネレスキとフィレンツェの時代

1. Early Renaissance

ルネサンスは花の都フィレンツェで生まれた。

ダンテの『神曲』やボッティチェリの《ヴィーナス誕生》を味わうためには知性や教養が必要とされるかもしれないが、市内のどこからでも見えるブルネレスキのドームのすごさは、誰にでもひと目で理解できるだろう。

中世とブルネレスキ

1.

イタリア中世の都市では、宗教の中心である大聖堂と、政治の中心である市庁舎がことに重要な建物であり、市民にとっての誇りでもあった。フィレンツェでは13世紀末にアルノルフォ・ディ・カンビオ（1240／45～1302／10、彫刻家としてはローマのサン・ピエトロ大聖堂［156頁］にあるブロンズ像《聖ペテロ》などを制作）がこれらの設計を手がけ、市庁舎（現在のパラッツォ・ヴェッキオ）［図1］は問題なく完成へと至ったものの、大聖堂は後を継いだフランチェスコ・タレンティ（1305頃～69以降）が規模を拡大して計画を変更したため、交差部にはしばらく屋根がないままだった。規模を拡大したのは、立派な大聖堂を建設すべく、ライバルの都市シエナと競い合っていたからだ。しかし、シエナでは1348年にペストが流行して人口が激減したため、当初の計画を縮小して完成に至った。

図1
アルノルフォ・ディ・カンビオ、パラッツォ・ヴェッキオ外観／フィレンツェ

　シエナ大聖堂［図2］は、聖堂本体に鐘塔と洗礼堂が一体化された形になっているが、イタリアではむしろそれぞれの建物が独立して建てられることが多く、フィレンツェでもそうであった。フィレンツェ大聖堂の鐘塔［図3］はゴシック様式で、有名な画家ジョット（1267頃～1337、代表作はパドヴァのスクロヴェーニ礼拝堂壁画など）の設計で1334年に着工したものである。一方、ロマネスク様式のサン・ジョヴァンニ洗礼堂［図4］は古代のマルス神殿に起源をもつ由緒ある建物と見なされていて、いずれも都市のシンボルに値する重要な建物だった。そのため、1401年に行われたこの洗礼堂のブロンズ扉のコンクールに参加した彫刻家たちは、勝利を収めることによって、都市の歴史に名を残すような名誉を期待し

図2
シエナ大聖堂

図3
ジョット、大聖堂鐘塔
／フィレンツェ

ていたのだろう。それにしても、当時のフィレンツェ市民が作家と作品をよく知っていたことには驚かされる。フィリッポ・ブルネレスキは、このコンクールでロレンツォ・ギベルティ（1378〜1455、フィレンツェ出身の彫刻家・金細工師、代表作は「天国の門」と称讃されたサン・ジョヴァンニ洗礼堂東扉）と1位を競い合った。その結果、両者の作品［図5］は甲乙つけがたいことから共同制作も提案されたといわれているが、最終的にギベルティが1人で手がけることになった。

以降、ブルネレスキは2つの壮大な計画を胸に秘めながら、ひたすら建築の研究に励んだ。その1つは古き良き建築に光を取り戻すこと、すなわちルネサンス建築の発明であり、もう1つはフィレンツェ大聖堂にドームを架けることであった。前者については、ローマを訪れて古代建築の実測調査などに取り組む必要があったが、古代建築を単純に模倣するだけでなく、何らかのオリジナリティが加えられなければならない。考古学的な正確さという点で、18〜20世紀に隆盛した新古典主義建築はルネサンス建築よりも優れているのかもしれないが、オリジナリティという点では見劣りがする。ブルネレスキは透視図法（線遠近法）の発明者としても有名であるように、実際に彼の建築では各寸法の比例関係が重視され、透視図法で表現されたときに見栄えのする空間が探究されていた。そこでは装飾や色彩は抑制され、柱やエンタブラチュア、アーチなどの部材が壁面とコントラストをなすように、幾何学的に秩序づけられたモノクロームの建築空間の美学が確立されたといってよい。ブルネレスキの建築を近代建築の価値観に照らし合わせて解釈するのは時代錯誤であるとしても、その革新性に疑いの余地はないだろう。

フィレンツェの町並みをつくった有力者と市民たち

15世紀のフィレンツェの政治体制は共和制であり、いくつかの有力な家系が役職に就いていたが、なかでも銀行業などで財を成したメディチ家は、芸術のパトロンとしても大きな役割を果たした。ブルネレスキも、ジョヴァンニ・ディ・ビッチ（1360〜1429）とその息子コジモ・イル・ヴェッキオ（1389〜1464、死後に「祖国の父」と称された）からいくつかの仕事を依頼され、ジョヴァンニの墓が設けられたサン・ロレンツォ聖堂旧聖具室［28頁］を完成させている。コジモの代になると、パラッツォ・メディチ［32頁］をはじめとするメディチ家の建物の多くは、ミケロッツォ（1396〜1472）が手がけた。彼もブルネレスキと同様に、元は彫刻家であったが、のちにはもっぱら建築に携わることになった。当時のフィレンツェでは、絵画・彫刻・建築は、いずれも素描（ディセーニョ）に基づく技芸と見なされており、とりわけ前述の透視図法に熟達することが必要とされた。現在の我々にとっては、画家や彫刻家に建築の設計や施工を任せてよいのかと思ってしまうかもしれない。そもそも建築は最初から最後まで1人ですべてできるものではなく、施工には経験豊かな石工や壁職人、大工などを必要とするものである。しかし、工事現場で働く石工たちは透視図法を学んでいなかったためか、石工からのたたき上げの建築家は少数派だった。透視図法は、のちに人文主義者のレオン・バッティスタ・アルベルティが著した『絵画論』によって理論化される。彼は透視図法の知識を要する建築設計を知的な作業と見なし、単なる手作業としての建築施工とは区別した。すなわち、画家・彫刻家・建築家を肉体労働者から頭脳労働者に昇格させ、社会的地位の向上を目指したのだ。

メディチ家などの有力者が存在を強調するうえで有効な方法は、町の目抜き通りに立派な邸館（パラッツォ）を構えることだった。「パラッツォ」という言葉は英語の「パレス」に相当し、「宮殿」という意味もあるが、市庁舎のような都市型の公共施設にも用いられる。建築形態としては、後者にしばしば塔が設けられることなどを除けば、両者に大きな違いはない。実際にフィレンツェのパラッツォでは、通りや広場に面した外壁の下層部は巨大な切石を用いたルスティカ仕上げ（粗面仕上げ）にする一方、中庭には開放的な列柱廊をそなえていることが多い［図6］。また、部屋の用途についても、1階はおもに店舗や倉庫として使用され、公的

サン・ジョヴァンニ洗礼堂ドーム内観／フィレンツェ

ロレンツォ・ギベルティ《イサクの犠牲》(左)とフィリッポ・ブルネレスキ《イサクの犠牲》(右)、国立バルジェッロ美術館／フィレンツェ

な広間や主人の部屋は「ピアノ・ノービレ」（「高貴な階」という意味）と呼ばれる2階に設けられる点は共通している。それゆえ、ルネサンスのパラッツォの新しい要素は、整然と柱が並んだ正方形の中庭や、壁面仕上げ、開口部の意匠などに限定されることになる。さらに、共和制では王のような独裁者は排除されるため、あまりに豪華で市民のねたみを買うような意匠であってはならない。こうしたバランス感覚も必要とされたことは、町並みの調和にも寄与したように思われる。

一族の歴代の墓所となる礼拝堂を町の由緒ある聖堂に設けることも、さかんに行われた。この場合は宗教建築であるため、いくら壮麗につくられていても個人ではなく神や聖人を祀るためであって、篤い信仰心の表れともいえるが、いずれにせよ都市型の建築の場合は、絶えず人の目にさらされることが重要であったに違いない。ジョルジョ・ヴァザーリ

パラッツォ・ヴェッキオ中庭／フィレンツェ

図6

図7

ミケロッツォ・ディ・バルトロメオ、ヴィッラ・メディチ／カファッジョーロ

は、『美術家列伝』中の「ブルネレスキ伝」でいみじくもフィレンツェの人びとについて次のように語っている。「この国では美術を本当に理解している人はごく少数であるにもかかわらず、誰もがみな熟練した親方であるかのように、自分にはそれを見る目があると公言してはばからない」

もし、現在の我々がフィレンツェの町中を歩いていて、その美しさに感銘を受けるとしたら、建築の設計を依頼したパトロンとそれを引き受けて完成させた有名な建築家のみならず、できあがった建築を批評していた無名の市民も、建築家を鍛えるうえで重要な役割を果たしたといえるだろう。建築の良し悪しについて、現代では経済性や安全性といった数値化が可能なものについての価値判断はできても、美しさのようにあいまいなものは専門家でなければわからないというかもしれない。今から500年以上昔のフィレンツェ市民にも、建築の美しさなどわかってはいなかった。それでも、彼らが故郷の都市に誇りをもち、建築に強い関心を抱いて語り合っていたことは確かであり、それが美しい町並みをつくるうえで大きな意義をもった。

古代への憧れ

当時は古代風の生活への憧れがあり、夏などに余暇（オティウム）を郊外で過ごすために、しばしば別荘（ヴィッラ）が建てられた。実際にトスカーナ地方にはメディチ家の別荘がいくつもあり、現在それらはまとめて世界遺産に登録されている。15世紀のコジモの時代には、既存の城塞を改築したものが多かったため、左右非対称の平面や屋上に凹凸をなすように連続する狭間など、中世建築の特徴がいまだ残されている［図7］。プラトン・アカデミーの拠点となったカレッジの別荘をはじめ、その大半はミケロッツォが手がけた。コジモの孫のロレンツォ・イル・マニーフィコ（1449～92、1478年のパッツィ家の陰謀で暗殺の危機を逃れたのち、メディチ家の支配体制を確立）の時代以降は、別荘は新築されることが多くなった。彼も芸術のパトロンとして活躍し、ジュリアーノ・ダ・サンガッロ（1445～1516）の設計でポッジョ・ア・カイアーノに別荘を建てさせた［38頁］。この別荘は左右対称の平面をもち、基壇の上の正面には古代神殿風の三角ペディメントが設けられていて、のちのアンドレア・パラーディオのヴィッラ［132頁］を想起させる。

1.

フィレンツェ大聖堂ドーム

Cupola del Duomo di Firenze

初期ルネサンス

平面図

右頁…大聖堂ドーム外観　右上…大聖堂ドーム内観　左上…外殻と内殻との間に見られる矢筈積み、大聖堂ドーム

ルネサンスの幕開けとなった大事業

フィレンツェ大聖堂の八角形平面の交差部にドームを架ける設計競技が行われたのは、1418年のこと。当時この大聖堂は、ジョヴァンニ・ディ・ラーポ・ギーニ（生没年不詳）によってドラム部分までが完成していたが、屋根がない状態だった。この工事がなぜ困難をきわめたかというと、既存の大聖堂のドラムまでの高さが約54メートル、ドームの直径約45メートルという条件を克服しなければならなかったからである。従来のドーム建築の場合は、地上から材木で足場を組み立てて、ドーム天井の輪郭線に合わせて型枠を設けるのが定石だった。だが、これほど巨大な建物の荷重を型枠で支えるために、その足場として使用できる巨大な材木などはありえない。ブルネレスキはこの設計競技で勝利を収めたものの、二重殻構造により型枠なしでドームを架構するという彼の提案は、審査員たちには信じがたいことだった。そのため、ドラムから約7メートルの高さまで工事が無事に進められるのを確認できたら、残りの部分についても継続させるという契約で着工され、さらに共同責任者としてロレンツォ・ギベルティが任命された。ブルネレスキは、工匠たちのストライキなどさまざまな妨害に悩まされながらも、1436年にドームを無事に完成させた。

　このドームの外観は、8本のリブで輪郭線が形成された尖った屋根であるため、ゴシック様式を想起させるかもしれないが、これは既存の建物による構造上の制約によるものだ。ドームのレンガ積みは、ビザンティン建築にしばしば見られる矢筈《やはず》積み（魚の骨のようにレンガを組み合わせる工法）が使用されているが、類例のないドームを架けるためには、あらゆる知識を総動員する必要があっただろう。ドームの上の採光塔は、1432年に改めて設計競技が行われ、再びブルネレスキの案が選ばれたが、彼が亡くなったのち、1461年に完成した。このドームの直径は、古代ローマのパンテオンの43メートルとほぼ同じであるが、地上から採光塔頂上までの高さは117メートルと大きく上回る。ブルネレスキは建築家としてだけでなく、技術者や発明家としても天才であり、ヴァザーリによれば、「コロンブスの卵」の逸話もブルネレスキのドームに由来するという。卵を立てるために底の一部を割ることは、教えられれば誰にでも簡単にできるが、誰にでも着想できることではない。不可能とも思える型枠なしでのドームの建設も、ブルネレスキには同じことだった。

Data

名称…フィレンツェ大聖堂（サンタ・マリア・デル・フィオーレ大聖堂）｛Duomo di Firenze（Santa Maria del Fiore）｝

所在地…イタリア・フィレンツェ

建設年代…ドームは1420～36年、採光塔は1436～61年建設。ブルネレスキの関与は1427年まで

設計者…フィリッポ・ブルネレスキ

備考…大聖堂付属博物館には、採光塔の木製の模型など大聖堂ドームに関するさまざまな品が展示されている

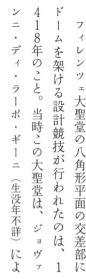

2.

孤児養育院（オスペダーレ・デッリ・インノチェンティ）

Ospedale degli Innocenti

初期ルネサンス

最初のルネサンス建築

孤児養育院の計画は、1419年、ブルネレスキの所属していたポル・サンタ・マリア組合（絹織物業組合）によって設計を依頼されたことから始まる。正面のロッジアは1424年には大部分が完成したが、当時彼はほかにもフィレンツェ大聖堂ドーム［24頁］など複数の建設事業に携わっていたため、1427年以降は友人のフランチェスコ・デッラ・ルーナ（1373〜1446）が後を継ぎ、1445年に完成させた。ブルネレスキが最後まで現場監督を務めて完成まで導いた建築作品は少ない。この場合も、特にロッジアの両端部については、フランチェスコによって元の案が変更されてしまった。それでも、この作品が最初のルネサンス建築と見なされていることは容易に理解できるだろう。

例えば、トスカーナ地方にはラストラ・ア・シーニャのサンタントニオ施療院が先例として存在していたが、ゴシック様式で建てられていた。しかし、孤児養育院については、正方形平面の回廊を中心としたおおむね左右対称の整然とした平面計画が特徴であり、とりわけ注目に値するのは広場に面したロッジアである。

基壇の上に設けられたロッジアの立面は2層構成で、下層ではコリント式円柱と半円アーチで支えられた帆形ヴォールト天井が9つ連続している。一方、上層では三角ペディメントを載せた矩形の窓が柱間の中央に規則的に配置されている。古代風の円柱の上に直接アーチを架ける手法は、古代ローマ建築には見られず、むしろ地元のロマネスク建築として有名なサン・ミニアート・アル・モンテ聖堂［13頁］の身廊を参照した可能性が高い。けれども、柱やアーチ、エンタブラチュアなど骨組みとなる部材に灰色の石材ピエトラ・セレーナを使用し、壁面を白色のストゥッコで仕上げて、装飾や色彩を控えめにした全体構成は、ブルネレスキ独自の手法である。ブルネレスキは、幾何学的な比例関係を重視した純粋な建築空間の美学を提案したのだ。孤児養育院は、同じビルディング・タイプであるミラノのオスペダーレ・マッジョーレ［76頁］のみならず、フィレンツェのパラッツォ・メディチ［32頁］をはじめとするパラッツォの中庭などにも大きな影響を及ぼした。

右頁…孤児養育院ロッジア外観　上…アンドレア・デッラ・ロッビア《襁褓(むつき)に包まれたプットー》、孤児養育院ロッジア　下…帆形ヴォールト天井、孤児養育院ロッジア内観

Data

名称…孤児養育院
{Ospedale degli Innocenti}
所在地…イタリア・フィレンツェ
建設年代…1419〜45年。ブルネレスキの関与は1427年まで
設計者…フィリッポ・ブルネレスキ
備考…現在は孤児養育院美術館

3.

サン・ロレンツォ聖堂旧聖具室

Sagrestia vecchia, Basilica di San Lorenzo

初期ルネサンス

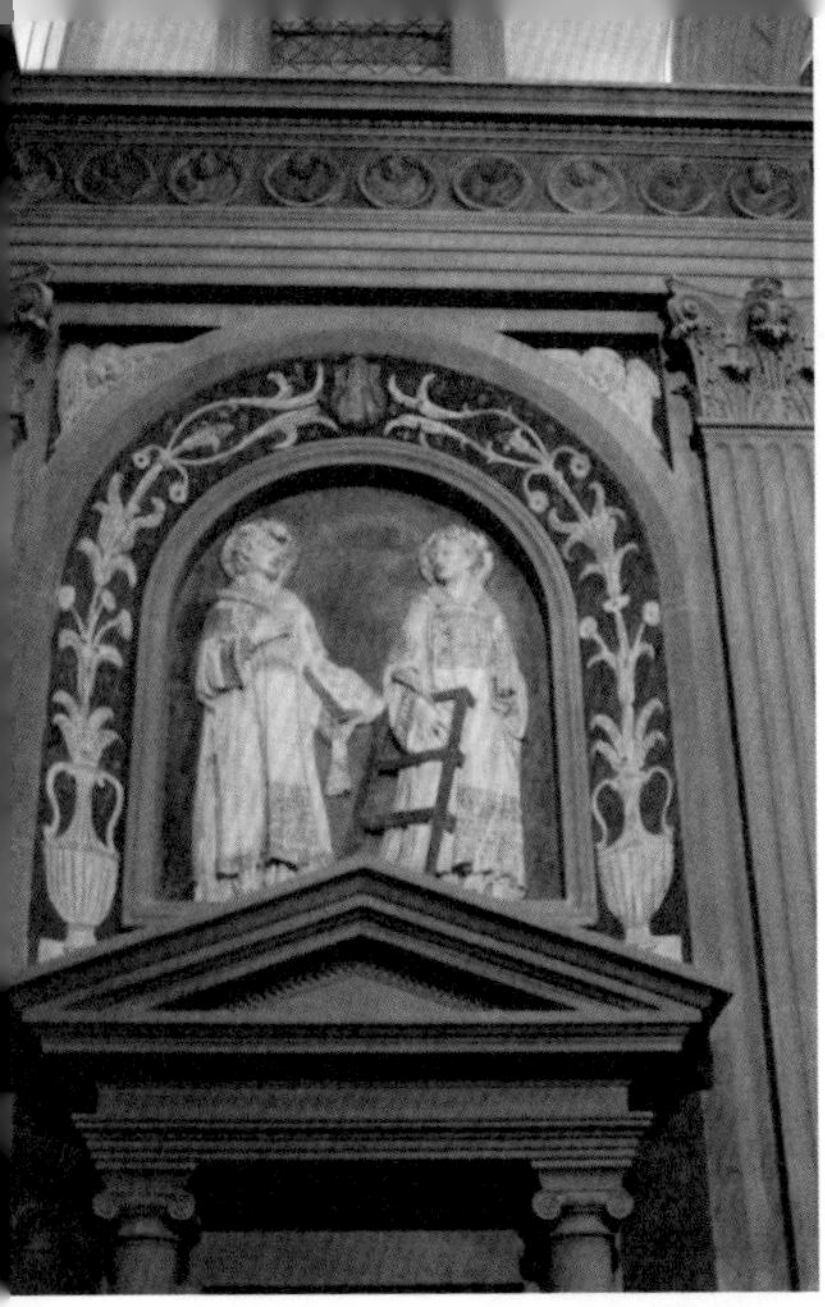

右頁…サン・ロレンツォ聖堂旧聖具室ドーム内観　上…ドナテッロ《聖ステファヌスと聖ラウレンティウス》、サン・ロレンツォ聖堂旧聖具室

ルネサンスの家族礼拝堂のプロトタイプ

サン・ロレンツォ聖堂の改築が計画されていたとき、ジョヴァンニ・ディ・ビッチ・デ・メディチはこの建設費の多くを負担する条件で、聖堂内に家族の礼拝堂を兼ねた聖具室を計画していた。というのも、フィレンツェではサンタ・トリニタ聖堂のストロッツィ家礼拝堂のように、聖具室を兼ねた先例もあったからである。なお、旧聖具室とよく似たサンタ・クローチェ修道院のパッツィ家礼拝堂は、参事会室を兼ねている。ただし、こちらはブルネレスキの作品としては疑問視する研究者もいる。

ブルネレスキは聖具室とともに聖堂本体の設計にも携わり、１４２１年に聖堂が着工されたのとほぼ同時期に、聖堂とは独立した聖具室の建設も進行したと思われる。聖堂の建設は１４２５年に中断したものの、１４２８年に聖具室の建築自体はひとまず完成した。そして１４２９年のジョヴァンニ・ディ・ビッチの死後、息子のコジモ・イル・ヴェッキオの依頼によってドナテッロが内部装飾を手がけた。なお、旧聖具室という名称は、同聖堂にミケランジェロ（１４７５～１５６４）が設計した別のメディチ家礼拝堂である新聖具室と区別するために付けられた。

旧聖具室は、おおむね大小のペンデンティヴ・ドームで覆われた正方形を2つ並べた平面からなる。オーダーは、主室と祭室のいずれも孤児養育院［26頁］のときと同様、コリント式の柱頭が用いられているが、ここでは角柱や付柱となっていて、柱身にはフルート（縦溝）が刻まれている。また、主室の内部立面は、祭室との境界部にアーチの開口部を設けることによって、セルリアーナ（三連窓の中央部のみ半円アーチが突出した窓）が形成されている。さらに寸法を見てみると、大きな正方形平面の内法一辺の長さは20ブラッチョ（約11・6m）であり、この寸法が床面からエンタブラチュア下端までの高さや、第2層の壁面の高さ、そしてドームの底辺から頂上までの高さなどに繰り返し用いられていることから、比例関係が重視されていることがわかる。旧聖具室はパドヴァの洗礼堂と似ているが、たとえこれが何らかの形で参照されたとしても、ブルネレスキの独創性が疑問視されることはまずない。旧聖具室はドームで覆われた集中式平面をもつイタリア・ルネサンスの家族礼拝堂や墓廟（マウソレウム）のプロトタイプとして、のちに大きな影響を与えた。ミラノのポルティナーリ家礼拝堂がその好例である。

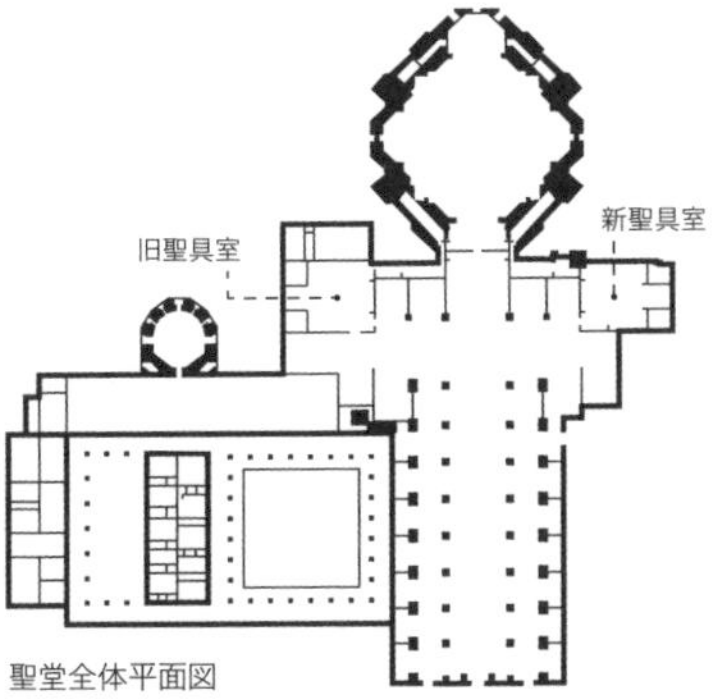

聖堂全体平面図

旧聖具室断面図・平面図

Data

名称…サン・ロレンツォ聖堂旧聖具室〔Sagrestia vecchia, Basilica di San Lorenzo〕
所在地…イタリア・フィレンツェ
建設年代…1419～42年頃。ブルネレスキの関与は1427年まで
設計者…フィリッポ・ブルネレスキ
備考…内部装飾はドナテッロによる

4.

サント・スピリト聖堂

Basilica di Santo Spirito

初期ルネサンス

平面図(ブルネレスキによる原案)

サント・スピリト聖堂身廊内観

透視図法の効果を生かした内部空間

ブルネレスキにこの聖堂の設計依頼が来たのは、晩年の1436年である。彼は1446年に亡くなったため、後継者によって元の案は大きく変更されてしまった。内観を見てみると、同じく彼が設計したサン・ロレンツォ聖堂［28頁］とよく似ており、三廊式バシリカのラテン十字形平面で、身廊も大アーケードと高窓による2層構成である。コリント式円柱やアーチなどの骨格部に灰色の石材ピエトラ・セレーナを用いて、壁面を白色のストゥッコで仕上げた点も共通している。しかし平面は、側廊の正方形平面の単位空間が交差廊や後陣まで連続して設けられ、さらにその周囲では半円形平面のエクセドラが同じく連続的に突出している。サン・ロレンツォ聖堂よりも比例関係を徹底させて、透視図法の効果が一段と高まるような空間の原理を探究していたことが読みとれるだろう。

元の計画では、帆形ヴォールト天井で覆われたこの単位空間とエクセドラは、さらに正面入口も含めて全体を取り巻くことになっていた。しかしその場合、正面の柱間は4つとなるので、後継者はどのように入口を設ければよいのかと悩んだに違いない。一般に三廊式バシリカの場合には、中央に1つとその両側に1つずつ、合計3つの入口が設けられるが、偶数ベイでは柱が中心軸上に位置するため、都合が悪いのである。ブルネレスキがこの問題をどのように解決するつもりだったのかは定かでないが、最終的に身廊の幅と側廊の幅が2：1となる比例関係を保ちつつ、正面部の1：1の単位空間とエクセドラをすべて省略することによって、従来と同じ3つの入口が設置された。また、半円形エクセドラは内部からは突出していることが確認できるものの、外部は平坦に仕上げられているため、ファサードも含め聖堂の外観は、ブルネレスキらしい特徴は何も感じられないといってよい。それでも、後陣側から見たかぎりでは、全体として集中式平面に近い形となっており、ブルネレスキが探究していた建築を垣間見ることはできるだろう。

最後に、彼は現在のファサードとは逆向きに、アルノ川にファサードを向けて、その前面に広場を設ける提案をしていたことも指摘しておこう。そのためには多くの既存の建物を取り壊す必要があるため、採用はされなかったが、ブルネレスキが単体の建築のみならず、都市的なスケールで設計を考えていたことがわかる。

Data

名称…サント・スピリト聖堂
{Basilica di Santo Spirito}
所在地…イタリア・フィレンツェ
建設年代…1436年設計、1444～82年頃建設。ブルネレスキの関与は1446年まで
設計者…フィリッポ・ブルネレスキ
備考…聖具室はジュリアーノ・ダ・サンガッロの設計

5.

パラッツォ・メディチ

Palazzo Medici

初期ルネサンス

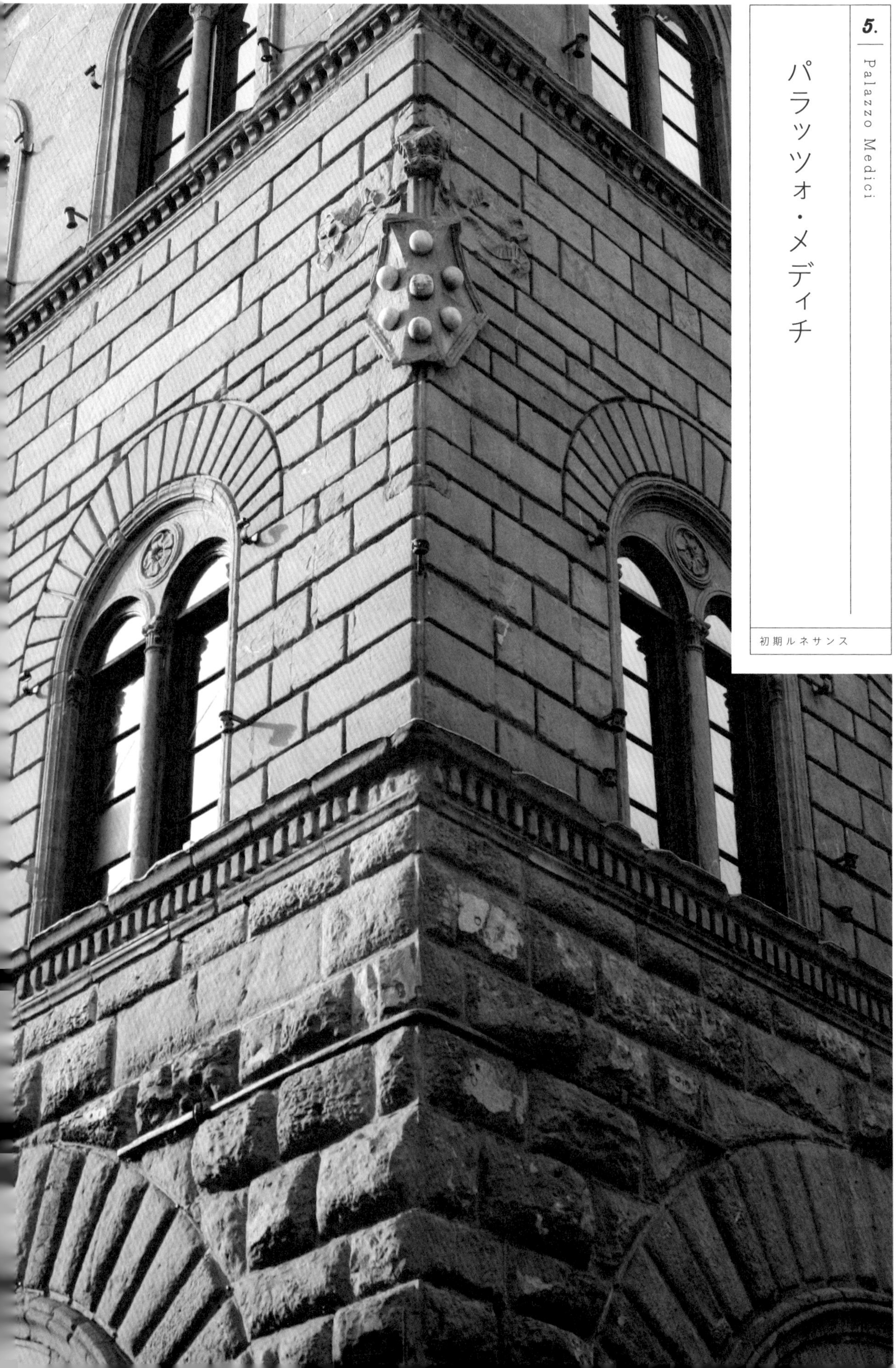

ルネサンスの邸館建築のひな型

パラッツォ・メディチは、ルネサンスの学芸のパトロンとして名高いメディチ家の本邸である。コジモ・デ・メディチがミケロッツォに設計を依頼し、1444～59年に建てられた。敷地はラルガ通り（現在のカヴール通り）の角地で、メディチ家歴代の墓所があるサン・ロレンツォ聖堂［28頁］の斜向かいにあたる。当時のフィレンツェでは、都市の目抜き通りに立派な屋敷を構えることがステータス・シンボルであり、コジモは最初ブルネレスキに設計させるつもりだったが、あまりに豪華でねたまれることを懸念し、ミケロッツォに変更したという。

それでも、この屋敷が豪華であることは一目瞭然であり、フィレンツェのパラッツォのプロトタイプとしてのちに大きな影響を与えた。まず注目に値するのは3層構成のファサードで、下から上に行くほど壁面が平滑に仕上げられている。第1層のルスティカ仕上げは、フィレンツェの中世のパラッツォでも使用されてはいたものの、ここではローマのアウグストゥス帝のフォルムが手本にされており、頂部には巨大なコーニスが設けられた「古代風」のデザインとなっている。第2層と第3層には中世風の二連窓（ビフォレ）が設けられている。第1層のアーチ状の開口部も伝統に従っていることがわかるが、かつてロッジアとして開放されていた角の開口部は閉ざされ、「フィネストラ・インジノッキアータ」と呼ばれるミケランジェロが設計した窓に置き換えられた。

平面構成は、柱間が3つの正方形中庭を中心に、諸室が整然と配置され、外には閉鎖的で内には開放的なつくりとなっているが、敷地の奥には庭園も設けられている。円柱と半円アーチからなる中庭は、孤児養育院［26頁］のロッジアを手本にしたと思われるが、本来強固につくられるべき隅の部分でアーチが交差して細くなっているため、不安定な印象を与える。なお主要階（ピアノ・ノービレ）である2階には、1459～61年に画家ベノッツォ・ゴッツォリ（1420頃～97）によって《東方三博士の礼拝》の壁画が描かれた礼拝堂も設置されている。

右頁…パラッツォ・メディチ外観第2層　上…パラッツォ・メディチ外観　下…パラッツォ・メディチ庭園

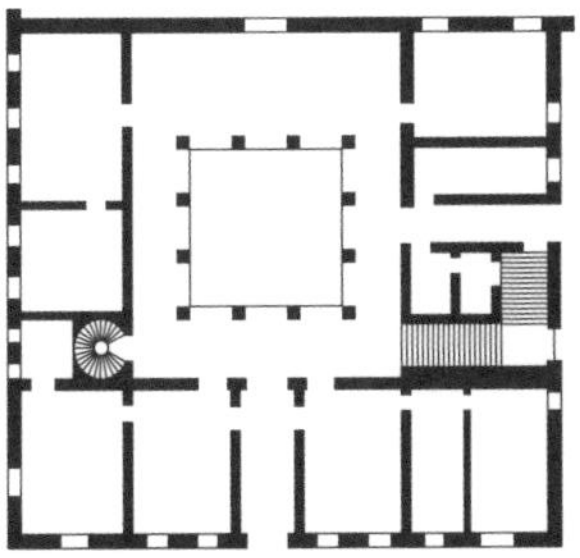

平面図（17世紀の増築前）

Data

名称…パラッツォ・メディチ｛Palazzo Medici｝

所在地…イタリア・フィレンツェ

建設年代…1444～59年。リッカルディ家の所有となったのち1680年増築

設計者…ミケロッツォ・ディ・バルトロメオ

備考…現在名はパラッツォ・メディチ=リッカルディ

6.

パラッツォ・ルチェッライ

Palazzo Rucellai

初期ルネサンス

古代ローマの劇場のようなファサード

この邸宅は、ジョヴァンニ・ルチェッライ（1403〜81）の依頼によりアルベルティが設計したもので、特にファサードが重要である。ここではパラッツォ・メディチ［32頁］と同様に3層構成が踏襲されてはいるものの、すべての層の壁面は滑らかに仕上げられており、コロッセウムのような古代ローマの劇場関連施設にしばしば見られる、オーダーの積み重ねが採用されている。下の第1層から順に見ていくと、ベンチの背もたれにあたる腰板の部分には、古代ローマ建築のような網目積みを模した斜め45度の線が刻まれている。また、フィレンツェのパラッツォでは伝統的に入口にアーチが採用されていたが、ここでは矩形の戸口となっている。戸口の両脇に渦巻き持送りが設けられていることから、古代神殿のイオニア式戸口を手本としていることがわかる。ただし、第2層と第3層の窓は、パラッツォ・メディチと同じく中世風の二連窓となっている。

オーダーはコロッセウムの場合とは異なり、下から順にドーリス式、コリント式、コリント式となっていて、第2層と第3層の柱頭に大きな違いは見られない。それゆえ、第1層は古代、第2層と第3層は中世といった方が正確であるかもしれないが、全体としては古代風で、当時の人びとに斬新な印象を与えたことだろう。しかしながら、フィレンツェではこのパラッツォがのちの手本とされることはなかった。おそらく当時のフィレンツェでは、高価なルスティカ仕上げがステータス・シンボルと見なされ、また矩形の戸口は宗教建築にふさわしいと考えられていたからだろう。けれども、フィレンツェ以外の都市、ピエンツァやウルビーノ、ローマのパラッツォには大きな影響を与えた。とりわけ、パラッツォ・ルチェッライの施工に携わったベルナルド・ロッセッリーノ（1409〜64）が、ピエンツァで設計したパラッツォ・ピッコローミニ［43・53頁］はその代表例といえる。

パラッツォ・ルチェッライ外観

右頁…パラッツォ・ルチェッライ第2層と第3層　右…イオニア式戸口、パラッツォ・ルチェッライ

Data

名称…パラッツォ・ルチェッライ
{Palazzo Rucellai}
所在地…イタリア・フィレンツェ
建設年代…1446〜51年
設計者…レオン・バッティスタ・アルベルティ
備考…パラッツォの向かいにあるロッジア・ルチェッライもアルベルティの設計

7.

サンタ・マリア・ノヴェッラ聖堂ファサード

Chiesa di Santa Maria Novella

初期ルネサンス

地元ロマネスクのリバイバル

ドミニコ会修道院のこの聖堂は、ラテン十字形平面の三廊式バシリカであり、13世紀後半からゴシック様式で建てられた。一般に聖堂のファサードは、堂内で行われる宗教儀式とはあまり関係ないため、フィレンツェではサン・ロレンツォ聖堂［28頁］のファサードは今でも未完のままであり、大聖堂やサンタ・クローチェ聖堂のファサードも19世紀に完成した。だが、ファサードはあった方が立派に見えるのは言うまでもない。宗教建築とは神の家にほかならず、例えば中世の聖堂の正面入口にしばしば見られる「最後の審判」の図像には、参拝者の気を引き締めるような効果があったに違いない。

右頁…両脇の渦巻き装飾、サンタ・マリア・ノヴェッラ聖堂ファサード　右上…聖堂正面中央入口　左上…聖堂ファサード

ジョヴァンニ・ルチェッライの依頼により、アルベルティがこの聖堂ファサードの設計に着手したとき、ファサードを含む外壁の下部にはすでに、尖頭アーチで覆われた小祠のような墓が並置されていた。彼はこれらの中世的な部分を残したまま、全体は2層構成で古代神殿風の三角ペディメントを中央に頂く新しいファサードを提案した。整然とした幾何学文様が特徴的な2階建てのような外観である。だが、1階建ての内部空間と一致していないことは側面から見ても一目瞭然であり、看板建築のような印象を与えるかもしれない。

しかし、ここでアルベルティが心血を注いだのは、おそらく新旧の要素の調和であった。彼は古代ローマ建築に精通していたので、中央の半円アーチを頂く矩形の戸口では、ローマのパンテオンの中央入口を参照した。さらに、ファサード両脇の下層と上層との接続部に見られる渦巻き状の部材では、ブルネレスキ設計の大聖堂ドーム［24頁］の採光塔が手本にされており、アルベルティが古代、中世、そして同時代の要素を必要に応じて的確に取捨選択していたことが読みとれる。けれども、全体としては地元中世のロマネスク様式のサン・ミニアート・アル・モンテ聖堂ファサード［13頁］とよく似ているのは、この聖堂がサン・ジョヴァンニ洗礼堂［12頁］と同様に、「古代風」と見なされていたからだろう。

サンタ・マリア・ノヴェッラ聖堂内観

Data

名称…サンタ・マリア・ノヴェッラ聖堂 {Chiesa di Santa Maria Novella}
所在地…イタリア・フィレンツェ
建設年代…1448〜70年
設計者…レオン・バッティスタ・アルベルティ

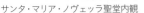

8. Villa Medici

ポッジョ・ア・カイアーノのヴィッラ・メディチ

初期ルネサンス

古代風の別荘建築の先駆け

メディチ家は古くから、フィレンツェ郊外、特に北部のムジェッロ地域に複数のヴィッラ（別荘）を所有していた。しかし、コジモ・イル・ヴェッキオがメディチ家のお抱え建築家であるミケロッツォに設計させたカファッジョーロやカレッジなどの初期のヴィッラは、中世の城塞を改築したものが大半であった。それらには屋上に凹凸をなす狭間や、壁面から張り出した石落しの痕跡が残されていて、中庭も柱間が統一されておらず、不規則な平面となっている。

フィレンツェの西約20キロメートルの地点にあるポッジョ・ア・カイアーノのメディチ家のヴィッラは、コジモの孫であるロレンツォ・イル・マニーフィコの依頼により、ジュリアーノ・ダ・サンガッロの設計で1485年に着工された。それまでの城塞を改築したヴィッラとは異なり、新築された豪華なものであり、室内には建築家が依頼主に模型を提出する場面が描かれている。高い基壇の上にそびえ立ち、平面はH字形で左右対称に部屋が整然と配置されている。16世紀のフランドルの画家ジュスト・ウーテンス（1609没）の絵画から、当初は正面の階段は直線状であり、曲線状の階段や時計台はのちに増改築されたことがわかる。

右…ヴィッラ・メディチ正面外観　上…大広間の円筒ヴォールト天井、ヴィッラ・メディチ

基壇の上の正面入口には、イオニア式オーダーで支えられた古代神殿風の三角破風が設けられ、最初の古代風のヴィッラと見なすことができる。のちの16世紀後半にヴェネト地方で流行したアンドレア・パラーディオのヴィッラの先駆けといえよう。また、H字形平面の横棒にあたる中央の大広間は、円筒ヴォールト天井で覆われている。サンガッロは、フィレンツェのサント・スピリト聖具室前室［30頁］ですでに、小規模でありながらもモニュメンタルな円筒ヴォールト天井を実験済みであり、このヴィッラの大広間ではそれをさらに豪華に発展させた。ロレンツォは1492年に亡くなったが、息子のジョヴァンニ・デ・メディチ（1475〜1521、のちの教皇レオ十世）によって内装が整えられ、完成した。

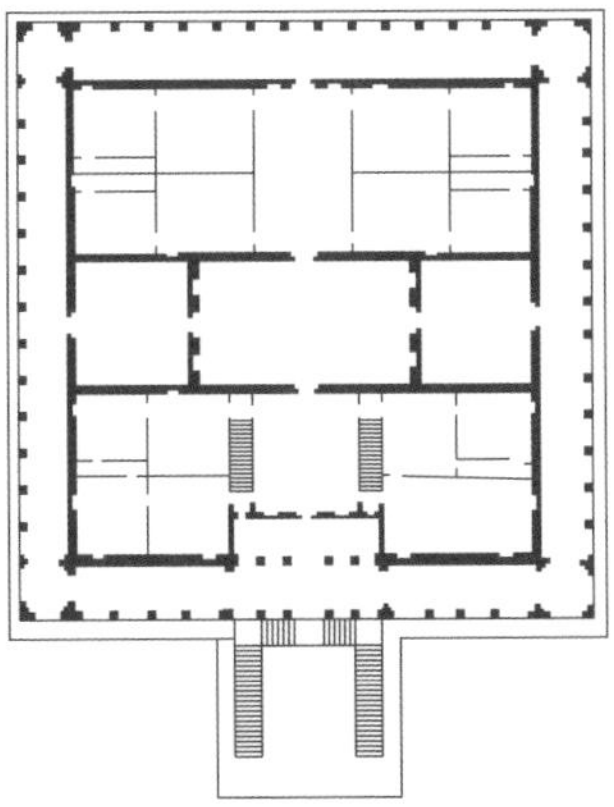

平面図（ジュリアーノ・ダ・サンガッロ計画案）

Data

名称…ヴィッラ・メディチ
{Villa Medici}
所在地…イタリア・ポッジョ・ア・カイアーノ
建設年代…1485〜95年
設計者…ジュリアーノ・ダ・サンガッロ

ルネサンス都市

アルベルティとルネサンスの理想都市

2. Renaissance City

ウィトルウィウスの『建築十書』によれば、建築家にはあらゆる学問に精通していることが必要とされるという。ルネサンス人の理想は万能の天才であり、『絵画論』や『建築論』を著したレオン・バッティスタ・アルベルティはさまざまな都市で活躍した。

2. ブルネレスキ以降の建築家たち

ブルネレスキの建築は、フィレンツェやトスカーナ地方の建築に大きな影響を及ぼした。だが、以降の建築家がみな彼の追随者になったというわけではない。ブルネレスキは、洗礼堂のブロンズ扉のコンクールでギベルティに敗れた後、彫刻の分野で再び彼に挑戦することはなく、建築という別の分野で勝利を収めた。こうした先例にならって、建築の分野でブルネレスキよりも優れた業績を残すなら、まずは彼が手がけなかったものに力を注ぐのが無難だった。実際、ブルネレスキは宗教建築の分野で優れた作品をいくつも残しているものの、住宅や市庁舎、城塞、都市計画といった世俗建築の分野では、彼が独自の手法を確立したとは言いがたい。それゆえ、メディチ家御用達の建築家であったミケロッツォにはブルネレスキのような強い個性はなかったものの、彼はパラッツォ・メディチ［32頁］を設計したことで、フィレンツェではこれがパラッツォのプロトタイプと見なされるほどの成功を収めた。

一方、ブルネレスキとは異なる新たな価値観を提案したのは、レオン・バッティスタ・アルベルティだった。建築の造形面については、彼の建築では円柱が装飾として副次的に扱われ、量塊性のある古代ローマ風の壁構造が大きな特徴となっている。しかし、パラッツォ・ルチェッライ［34頁］は、きわめて革新的であったにもかかわらず、フィレンツェではほとんど受け入れられなかった。また建築家としての経歴も、ブルネレスキとミケロッツォはもともと彫刻家であったことから、両者は同じような経歴を歩んできたといえるが、大学で学んだアルベルティの経歴は学者として始まり、彼らとは根本的に異なっていた。そのため、彼は芸術理論書という形でさまざまな研究の成果を示したのちに、建築設計の実務に取り組んだ。さらに、アルベルティはもっぱら設計をするのみで、施工については他人任せであった。のちに万能の天才レオナルド・ダ・ヴィンチは、絵画が彫刻に勝る理由の1つとして、肉体労働を伴わない知的な作業であることを主張しているが、こうした価値観はアルベルティに由来するのかもしれない。しかしその結果、アルベルティはさまざまな都市で仕事を引き受ける余裕ができたのである。

理想都市・ピエンツァとウルビーノ

ピエンツァやウルビーノ、ローマでは、明らかにパラッツォ・ルチェッライを直接的あるいは間接的に手本としたパラッツォがつくられた。なかでも、ルネサンスの理想都市として名高いピエンツァ［図1］とウルビーノでは、それぞれ教皇ピウス二世（在1458～64）とフェデリーコ・ダ・モンテフェルトロ公爵（1422～82）という当時を代表する人文主義者と傭兵隊長がアルベルティと交流があり、学芸のパトロンとして重要な役割を果たした。ちなみに当時の君主の住居は、城のような外

パラッツォ・ピッコローミニと
ピウス二世広場／ピエンツァ

図1

観をそなえたものが多かった。このことはウルビーノの公爵宮殿であるパラッツォ・ドゥカーレ［図2、54頁］にもある程度当てはまり、ルチャーノ・ラウラーナ（1420頃〜79）やフランチェスコ・ディ・ジョルジョ（1439〜1501）のような美術よりも技術に秀でた建築家が設計に携わった。

フェデリーコは傭兵隊長として稼いだ報酬で多くの貴重な写本を購入し、そのなかにはウィトルウィウスの『建築十書』のような古代文献も含まれていた。さらにウルビーノでは、透視図法の研究もさかんに行われた。透視図法を発明したのはブルネレスキだったが、アルベルティの理論書『絵画論』を介して広く普及したことはまず間違いない。建築と書物とを単純に比べることはできないが、確かにブルネレスキの建築の新規性は、建築の知識がまったくない人にでも容易に理解できるだろう。しかし、建築を見るためには、実際にその場所を訪れなければならない。それに対し、書物を理解するためには、ある程度の教養が必要とされるが、写本などによる複製も、遠方への移動も容易であることは、情報の伝達という点では大変有利となる。

さて、都市計画の規模になると、建築家は広場や道路などの計画を立てることはできても、それを実現させるためには、専制君主の剛腕のようなものを必要とする。すなわち、中世の都市は長い年月をかけて徐々に形成されていくものだったが、ルネサンスの都市計画は、建築家もしくはパトロンの描いた理想図が一気に完成したものと考えればよいだろう。ブルネレスキの建築には都市計画的な配慮に基づいたものもあったが、既存の建物の大規模な取り壊しが必要となれば、共和制のフィレンツェで実現させることは難しかった。しかしピエンツァは、功成り名を遂げた教皇ピウス二世が故郷のコルシニャーノに錦を飾るべく、彼の名にちなんだ都市に刷新したもので、地元ではこの計画を実施するうえでさほど困難は生じなかったのだろう。

15世紀北イタリアの小都市

当時の北イタリアには、このように小規模ではありながらも、優れた君主によって統治されていた魅力的な都市がいくつもあった。例えば、リミニの君主で傭兵隊長のシジスモンド・マラテスタ（1417〜68）は、ライバルのフェデリーコ・ダ・モンテフェルトロと比べると暴君として悪名高いとはいえ、アルベルティや画家ピエロ・デッラ・フランチェスカ（1492没、代表作はアレッツォのサン・フランチェスコ聖堂内陣壁画《聖十字架伝説》など）のパトロンでもあった。また、古代ローマの詩人ウェルギリウス（前70〜前19）の故郷として知られていたマントヴァでは、ゴンザーガ家の庇護のもと、アルベルティや画家アンドレア・マンテーニャ（1431〜1506、代表作はマントヴァのパラッツォ・ドゥカーレの「婚礼の間」の壁画など）が活躍した。アルベルティは、地元の古代建築や「古代風」の建築を参照しながら設計するのが定石であったが、だからといって彼の作品に独創性が乏しいわけではない。だが、彼が新たな問題に取り組むために示した解答は、当時の人びとには難解であったことだろう。彼の作品は現代の我々にとっても美しいのかと疑問に思いたくもなるが、ほかの建築家の作品とは見間違えようのない強い個性を放っている。

また、アルベルティはフェッラーラのエステ家とも親しかった［図3］。

図2

ウルビーノの町並み

この町では公爵エルコレ一世（1431〜1505）の時代に、直線道路で整然と秩序づけられたヨーロッパで最初の近代的な都市計画が実施された。この計画における白眉は、外壁がダイヤモンド状の切石で仕上げられたパラッツォ・デイ・ディアマンティ［58頁］である。この壁面にオーダーは使用されていないものの、上層と下層が等しい仕上げになっているという点では、パラッツォ・メディチよりもパラッツォ・ルチェッライの系譜に連なっているといえよう。

カステッロ・エステンセ／フェッラーラ

図3

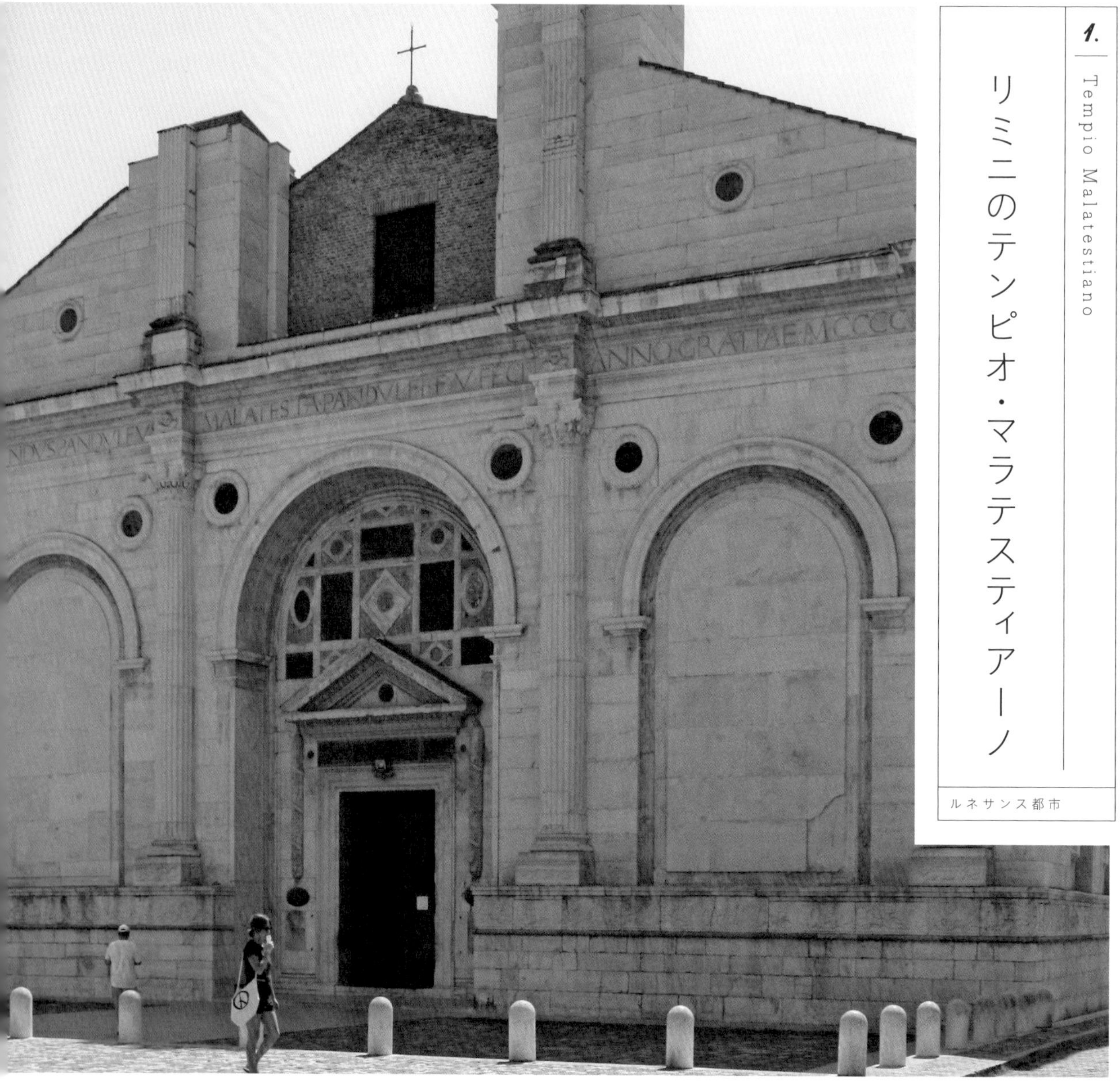

1.

リミニのテンピオ・マラテスティアーノ

Tempio Malatestiano

ルネサンス都市

凱旋門モティーフの聖堂ファサード

この作品は、13世紀後半に建てられたゴシック様式のサン・フランチェスコ聖堂を、依頼主であるリミニの僭主《せんしゅ》シジスモンド・マラテスタと妻イゾッタの記念堂（テンピオ）に転用した

ものである。アルベルティの建築家としてのデビュー作であり、古代ローマの記念門のモティーフを聖堂のファサードに適用した最初の例である。一般に記念門には、アーチが1つのものと3つのものがある。テンピオ・マラテスティアーノは三連アーチで、リミニのアウグストゥス帝の記念門は単一のアーチだが、アルベルティはそれを手本にしたに違いない。

ブルネレスキとは対照的に、アルベルティはファサードを重視し、アーチを支えるのは円柱ではなく角柱にすべきであると主張した。実際、彼が著した『建築論』では、円柱が構造材よりも装飾材として扱われていることは注目に値する。また建物の側面も、古代ローマの水道橋のように基壇の上に重厚な角柱で支えられたアーケードが連続しているが、円柱は使用されていない。建築材料には白色のイストリア石がふんだんに用いられており、君主の墓廟にふさわしい堂々とした印象を与えている。

彫刻家マッテオ・デ・パスティ（1467頃没）が制作したメダルによると、ファサードは半円形のペディメントを頂き、内陣はファサードの幅と同じ直径の巨大な半球ドームで覆われる計画だったが、1468年のシジスモンドの死により、工事は中断され実現しなかった。単廊式バシリカ平面の内部は、既存の建物のレンガや木造の小屋組みが残されたままだが、両側の礼拝堂の内装は彫刻家アゴスティーノ・ドゥッチョ（1418〜81以降、代表作はペルージャのサン・ベルナルディーノ祈禱所ファサードなど）が手がけた。シジスモンドと同名の聖人であるジギスムントに捧げられた礼拝堂には、ピエロ・デッラ・フランチェスカのフレスコ画も見られる。

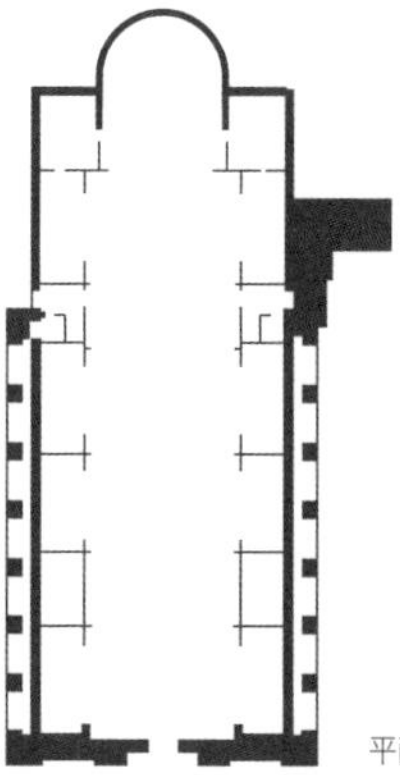

平面図

右頁上…テンピオ・マラテスティアーノ正面外観　右頁下…テンピオ・マラテスティアーノ内観　左頁上…テンピオ・マラテスティアーノ側面　左頁右下…シジスモンドの妻イゾッタの墓碑、テンピオ・マラテスティアーノ　左頁左下…テンピオ・マラテスティアーノ身廊立面

Data

名称…テンピオ・マラテスティアーノ（サン・フランチェスコ聖堂）{Tempio Malatestiano (Chiesa di San Francesco)}

所在地…イタリア・リミニ

建設年代…1450〜68年

設計者…レオン・バッティスタ・アルベルティ

2. マントヴァのサン・セバスティアーノ聖堂

Chiesa di San Sebastiano

クリュプタ平面図

モスクかシナゴーグか？

アルベルティが設計したこの聖堂は、ギリシア十字形平面を用いたルネサンスで最初の例である。殉教者聖堂や墓廟にはこうした平面が採用される伝統があり、実際アルベルティはローマとその郊外にある古代や初期キリスト教時代の類例をよく知っていた。この聖堂は2階建てになっていて、主要階は角柱の林立するクリュプタ（地下祭室）の上に設けられている。ただし、正面の階段は、フィレンツェのサン・ミニアート・アル・モンテ聖堂［13頁］内部や、ヴィッラ・メディチ［38頁］などを参考に、後世に改造されたものである。こうした高い基壇が採用された理由として、アルベルティは『建築論』で、最も高貴な建築類型であるテンプルム（神殿ないしは聖堂）の床面は、都市のなかでほかの建物よりも目立つように高く設置されるべきであると主張していることが想起される。だが、実際の理由としては、マントヴァは湖に囲まれた湿地帯で地盤が悪かったからだろう。

アルベルティは設計と施工を分離した最初の建築家として知られている。ほかの建築家が工事の監督を担当したので、元の設計案とは異なった形で完成されることもあった。この聖堂もいくつかの復元案が提案されているものの、とりわけ古代神殿風のファサードについては不明な点が多い。現在のファサードには4本の付柱が見られるが、柱頭などの装飾は施されていない。中央の柱間は狭いため、元は6本の均等な柱間で計画されていた可能性もあるが、エンタブラチュアの中央部が途切れて半円アーチで覆われた特殊なペディメントは、南仏のオランジュにある記念門に見られるので、アルベルティはこれを参照したと思われる。一方、開口部に着目すると、中央には古代風の立派なイオニア式戸口、その両脇に矩形の戸口があり、これらには低浮彫が施されたパラペットが設けられている。階段と接続された両端の入口は半円アーチとなっていて統一されておらず、また中央の2本の付柱にはイオニア式戸口が重なっているため、全体として不手際な印象を受ける。

さらに、中央の交差部はドームで覆われる計画だったのに、未完のまま交差ヴォールト天井に変更されてしまった。現在の我々にとって、この建築がすばらしいとは言いがたく、むしろ奇妙に見えるのは改築が原因かもしれないが、当時の人びとにも摩訶不思議なアヴァンギャルドの建築に思われたらしく、フランチェスコ・ゴンザーガ（1444〜83）には、モスクかシナゴーグのように見えたという。

右頁…サン・セバスティアーノ聖堂クリュプタ内観　右…聖堂入口　左上…聖堂内観　左下…聖堂ファサード

Data

名称…サン・セバスティアーノ聖堂
{Chiesa di San Sebastiano}
所在地…イタリア・マントヴァ
建設年代…1460年着工、1470年代に中断、1500年代初期完成
設計者…レオン・バッティスタ・アルベルティ

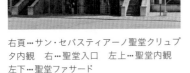

3. マントヴァのサンタンドレア聖堂

Basilica di Sant'Andrea

復元された「エトルリア神殿」

マントヴァは、古代エトルリアにさかのぼる歴史をもつとされる。この町の中心にあるベネディクト会修道院サンタンドレア聖堂には、キリストの血という有名な聖遺物があった。そこで、マントヴァ侯ルドヴィーコ三世・ゴンザーガ（1412～78）はアルベルティに、この聖堂を大人数の巡礼者も収容できるような広い空間に改築することを依頼した。ところが、アルベルティはローマのマクセンティウスのバシリカを「エトルリア神殿」と誤解して、設計の手本とした。というのも、巨大な空間をもつこの古代建築なら、設計条件を満たすのみならず、マントヴァの伝統も尊重した絶好の手本にほかならないからである。アルベルティは古代の文献を通じて、ローマに破壊されたエトルリアのポルセンナ王の王墓をエジプトのピラミッドに匹敵する大建造物と見なしていたので、神殿も同様に大規模なものと認識していたのだろう。

ウィトルウィウスの記述によるエトルリア神殿は、手前半分がポルティコですべて開放され、その後ろには側面が壁で閉ざされたケッラ（祭室）が縦方向に3つ並ぶ。一方、アルベルティはケッラを礼拝堂と解釈し、単廊式の聖堂側面に礼拝堂を横方向に3つずつ並べて、身廊の奥と左右中央の礼拝堂にアプシスを設ける計画としていた。しかし1472年に着工された後、アルベルティはすぐに亡くなってしまった。彼の元の計画についていくつかの復元案が提案されているが、現在のようなラテン十字形平面でなかったことは確かだろう。

アルベルティが設計したほかの聖堂建築と同様、サンタンドレア聖堂でもファサードは重要な役割を担っている。エトルリア神殿であればトスカーナ式の円柱によるポルティコが採用されるところだが、ここではコリント式の付柱をそなえた記念門のモティーフとなっている。さらに三角ペディメントの上には円筒ヴォールトの屋根が載っている。見栄えはよくないが丸窓からの採光を抑えるためのもので、身廊の円筒ヴォールト天井とは一致していない。また、記念門のモティーフは身廊の内部立面にも用いられ、全体としてはエトルリアよりも、ローマの壮麗さを想起させる。

右頁…サンタンドレア聖堂身廊内観
上…聖堂ファサード　下…聖堂ドーム内観

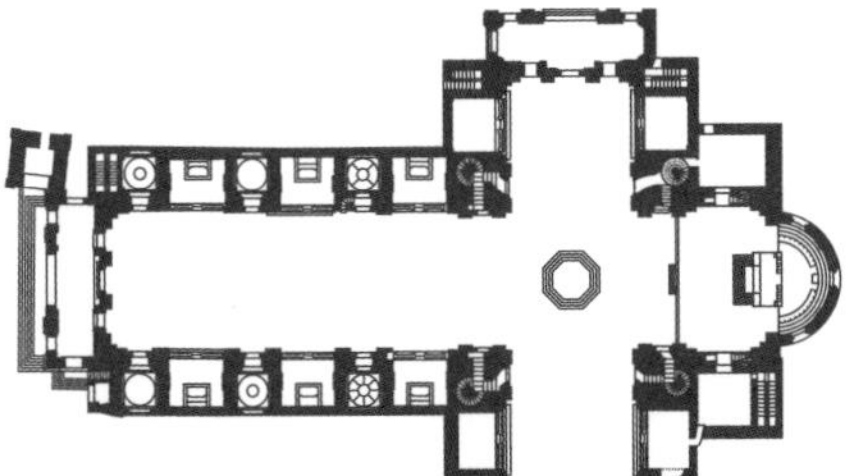

平面図

Data

名称…サンタンドレア聖堂［Basilica di Sant'Andrea］
所在地…イタリア・マントヴァ
建設年代…アルベルティの設計で1472年着工。同年のアルベルティの死後、ルカ・ファンチェッリが1494年までに大部分を完成
設計者…レオン・バッティスタ・アルベルティ
備考…ドームはフィリッポ・ユヴァッラの設計で1732～65年建設

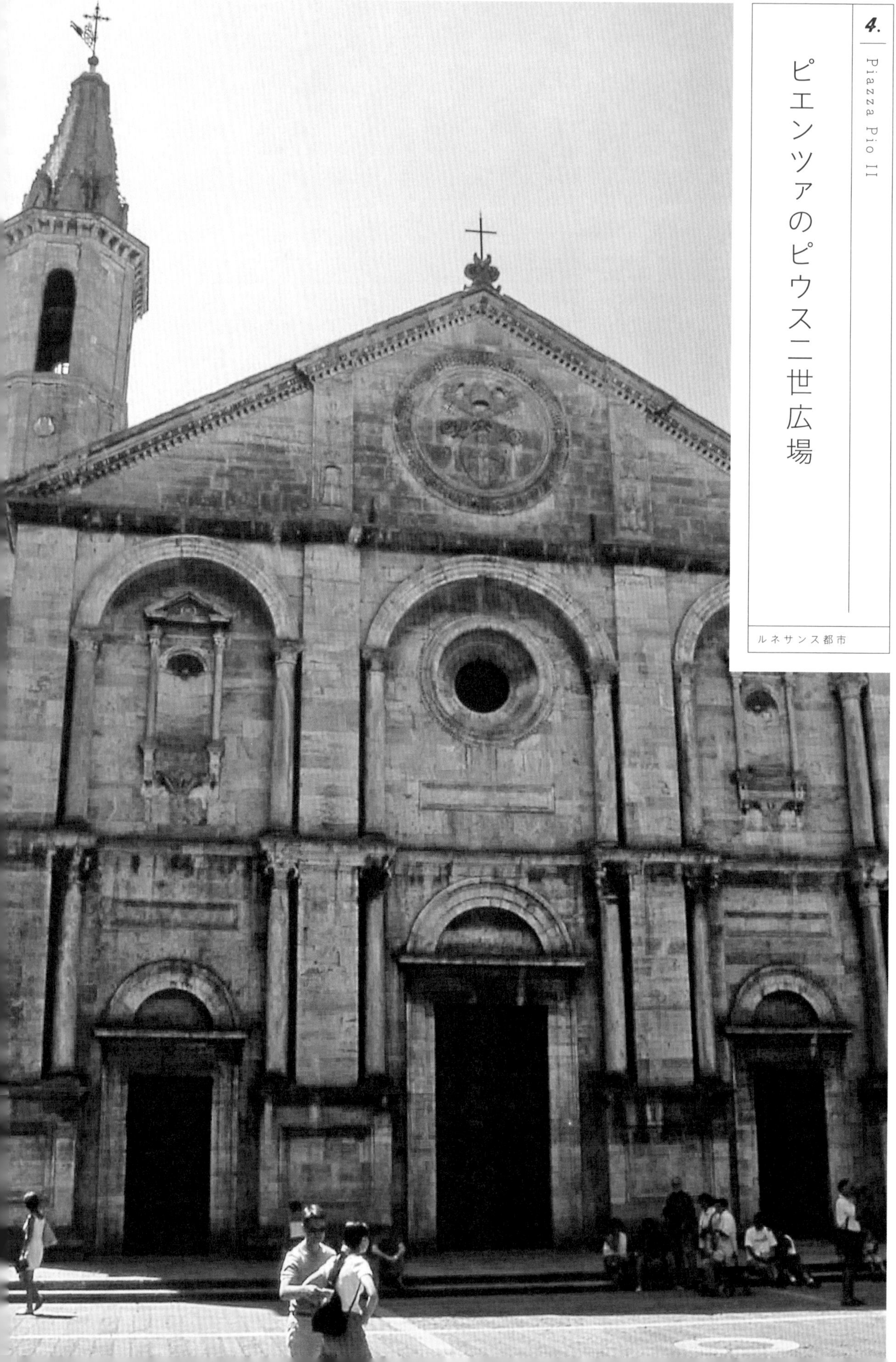

4. ピエンツァのピウス二世広場

Piazza Pio II

ルネサンス都市

理想都市の台形広場

教皇ピウス二世ことアエネオ・シルヴィオ・ピッコローミニ（1405〜64）は、故郷であるコルシニャーノに錦を飾るべく、建築家ベルナルド・ロッセッリーノを登用してこの町を刷新した。東西の目抜き通りである現在のコルソ通りの中間に台形広場を設け、この広場を取り囲むように、南に大聖堂、西にパラッツォ・ピッコローミニ、北に政庁舎（パラッツォ・コムナーレ）、東に司教の館（パラッツォ・ヴェスコヴィーレ）を建てて、この町を自分の名前にちなんで「ピエンツァ」と改名したのである。

これらのうちで最も重要な大聖堂は、三廊式バシリカ平面で後陣は多角形となっている。とりわけ注目すべき点は、身廊と側廊の天井高が等しい「ハレンキルへ」（ホール式聖堂）と呼ばれる形式を採用したことである。身廊では正方形平面、側廊では長方形平面の各ベイがいずれも交差ヴォールト天井で覆われていて、ルネサンス建築でよく見られるドームは採用されていない。こうした形式は、実際にピウス二世が訪れた南ドイツの聖堂にしばしば見られる。中世建築の特徴が支配的であり、4本の柱を束ねた四葉形断面からなる角柱も中世風である。むろんピウス二世は、古代ローマ建築やフィレンツェのルネサンス建築もよく知っていたが、これらの要素は三角ペディメントを頂くファサードに限定されている。

ピウス二世の邸館であるパラッツォ・ピッコローミニは、フィレンツェのパラッツォ・ルチェッライ［34頁］とよく似ており、ベルナルド・ロッセッリーノがいずれの建設にも携わったことが知られている。広場に面した3層構成のファサードはほとんど同じといってよいが、十字形に四分割された矩形の窓は教皇庁の施設に見られる特徴である。パラッツォ・ルチェッライよりも規模は大きく、柱間3つの列柱廊で囲まれた正方形平面の中庭の背後には庭園が設けられている。この庭園に面した南立面には3層のロッジアが設けられ、眺望を楽しめるように開放的なつくりとなっている。

右頁…ピエンツァ大聖堂ファサード　上…政庁舎(左)と司教の館(右)　中…パラッツォ・ピッコローミニ庭園　下…身廊と側廊の交差ヴォールト天井、ピエンツァ大聖堂

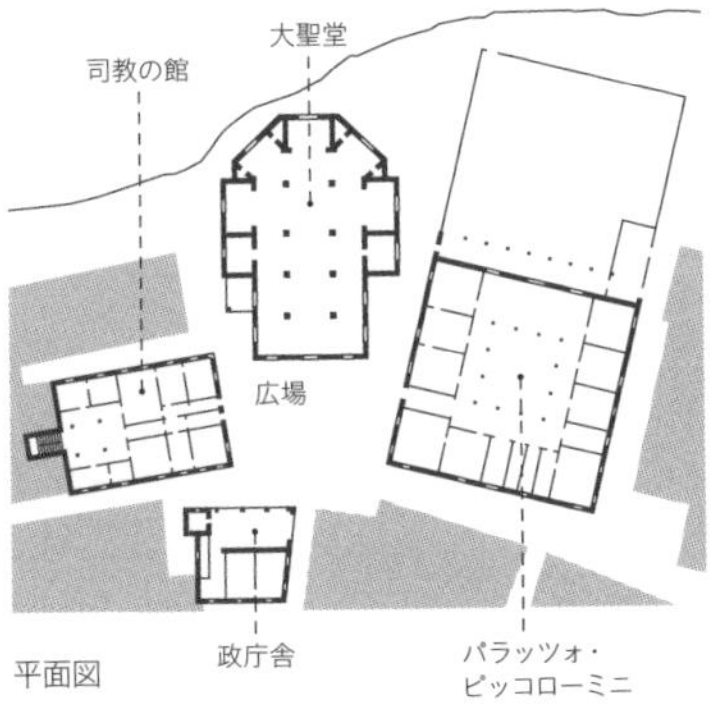

平面図

Data

名称…ピウス二世広場
{Piazza Pio II}
所在地…イタリア・ピエンツァ
建設年代…1460年代
設計者…ベルナルド・ロッセッリーノ

5.

ウルビーノのパラッツォ・ドゥカーレ

Palazzo Ducale

神人同形主義《アントロポモルフィズム》の設計論

ラファエロ（1483～1520）の故郷として知られるウルビーノは、マルケ州の内陸部に位置する小さな町で、現在でも交通の便はあまりよくない。しかし、のちにバルダッサーレ・カスティリオーネ（1478～1529）の『宮廷人』を通じて、ヨーロッパの宮廷社会の手本とされることになる。宮廷社会がこのような僻地に存在していたのは、傭兵隊長として名高いフェデリーコ・ダ・モンテフェルトロ公爵のおかげであった。彼が戦争で稼いだ報酬金は、建築や美術、そのほか学芸に費やされて、ウルビーノは15世紀後半における諸学芸の一大拠点となったのである。

大聖堂と並んで町の中心に位置するパラッツォ・ドゥカーレ（公爵宮殿）は、1465年頃にダルマチア出身のルチャーノ・ラウラーナの設計によって着工された。この宮殿の平面全体は南北方向に展開され、崖に面した西側は閉ざされている。だが、2基の円形平面の塔がそびえ立ち、ロッジアで開放されているため、内部からは町全体を見渡すことができる。こうした構成は、ナポリのカステルヌオーヴォに設けられたアルフォンソ一世の凱旋門［190頁］を手本にしたといわれている。しかし、ラウラーナは技術面は申し分なかったが、古代風の意匠には精通していなかったのか、1472年に途中で解任され、1476年頃にシエナ出身の建築家フランチェスコ・ディ・ジョルジョ（1439～1501）がその後を引き継いだ。

宮殿の東側は、既存の建築を取り込んだ形で1447年にすでに着工していた。正面入口のある北側はフランチェスコ・ディ・ジョルジョが手がけたものであり、開口部などを比べてみると、両者は明らかに異なっている。まず第1層の腰板の部分には、フェデリーコの武人としての美徳を示す武器などを題材とした浮彫のパネルが設置されている。両端にはコリント式のような付柱が設けられ、壁面はトラヴァーティン（石灰華）による滑面仕上げとなる計画だったが、1482年の公爵の死によって大部分が未完のまま中断された。第1層の3つの戸口と、第2層の4つの窓がジグザグに並んでいるのも大きな特徴だ。

フランチェスコ・ディ・ジョルジョは列柱廊で囲まれた中庭も設計し、隅にはL字形断面の角柱を使用することで、円柱とアーチの接続による問題点をうまく解決した。また、書斎（ストゥディオーロ）、ペルドーノ（赦しの）礼拝堂、浴室（バーニョ）を、それぞれ頭、心臓、生殖器になぞらえて、神人同形主義に基づいた設計論を展開したのだった。

右頁…パラッツォ・ドゥカーレ西側　上…パラッツォ・ドゥカーレ西側の双塔　下…パラッツォ・ドゥカーレ東側

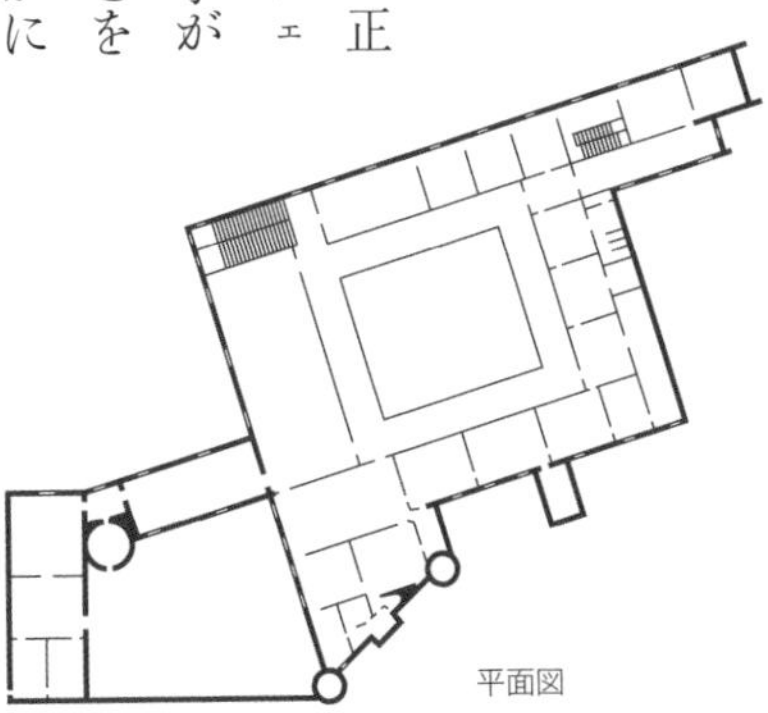

平面図

Data

名称…パラッツォ・ドゥカーレ
{Palazzo Ducale}
所在地…イタリア・ウルビーノ
建設年代…1460年代
設計者…ルチャーノ・ラウラーナ、フランチェスコ・ディ・ジョルジョ
備考…現在は国立マルケ美術館

6\.

サン・レオの城塞

Rocca di San Leo

ルネサンス都市

難攻不落の山頂の砦

サン・マリーノ共和国の南西に位置するサン・レオは山岳地帯にあり、かつては「モンス・フェレトリ」と呼ばれていた。ウルビーノ公フェデリーコ・ダ・モンテフェルトロの家名はこの地名に由来し、天然の要害ともいうべきこの地には中世から砦が存在していた。実際、1441年にモンテフェルトロ家の支配下に置かれるまでは、15世紀を通じてリミニのマラテスタ家との争奪戦が繰り広げられた。その後、フランチェスコ・ディ・ジョルジョの設計によって刷新されたこの城塞は、ニッコロ・マキャヴェッリ（1469〜1527、ルネサンスの代表的な政治思想家）の『戦争の技術』で山城の代表例として言及されたこと、また希代の詐欺師として知られるカリオストロ伯爵ことジュゼッペ・

バルサモ（1743〜95）が終身刑を言い渡され、この城塞で獄死したことでも有名である。

フランチェスコ・ディ・ジョルジョは、1476年頃からウルビーノ公に仕えると、ウィトルウィウスの『建築十書』を学ぶことを勧められ、それを参考にして『建築論』を著した。しかし、建築オーダーのような意匠面であれば、古代建築をそのまま手本にしてよいかもしれないが、大砲などの発明によって大きな進化を遂げた軍事技術の最先端の分野ではそうもいかない。それゆえ彼の設計理論書『建築論』は、柱頭のような小規模なものから都市のような大規模なものに至るまで、神人同形主義に基づいてはいるものの、ウルビーノ公国で多くの城塞の建設に携わったことから、実用的な築城術といった特徴も強く表れている。この書ではサン・レオの城塞については記述されていないが、この城塞の一部をなす円形の大塔と類似する図版が掲載されている。

サン・レオの城塞は町の中心部から離れた639メートルの山頂にあり、まさに難攻不落の印象を与えるだろう。平面は山頂の三角形の敷地に合わせた形をとり、2辺は入口のない断崖絶壁で、町から急坂を登ってアプローチする残りの1辺に入口と円形平面の2基の大塔が設置されている。鈍角二等辺三角形の中庭を囲い込むように、ブーメランのように屈曲した斜辺の部分が2階建てとなっている。一方、2基の大塔に挟まれた入口側の壁面が若干折れ曲がっているのは、両方の塔から壁面に沿って挟み撃ちをするように射撃したときに、向かい合う塔を破壊しないようにするためで、弾道を考慮した設計となっている。

右頁上…サン・レオの城塞外観　右頁下…北側の大塔、サン・レオの城塞　右…サン・レオの城塞西側

Data

- 名称…サン・レオの城塞 {Rocca di San Leo}
- 所在地…イタリア・サン・レオ
- 建設年代…1470年代末以降
- 設計者…フランチェスコ・ディ・ジョルジョ

7.

フェッラーラのパラッツォ・デイ・ディアマンティ

Palazzo dei Diamanti

ルネサンス都市

ヨーロッパ初の近代的都市計画のシンボル

ポー川下流域に位置するフェッラーラは、13世紀から16世紀にかけてエステ家の支配下で繁栄した都市である。中世には、現在の東西の目抜き通りであるカヴール大通りとジョヴェッカ大通りを結ぶように北側の市壁が設けられていて、その中間地点にエステ家の居城が設けられていた。15世紀後半の公爵エルコレ一世・デステの時代にこの市壁は取り壊され、北側に拡張された。つまり、エステ家の城が都市の中心に位置するよう、北側に新市街がつくられたのである。南側の中世の旧市街では道路が入り組んでいるのに対し、新市街は直線道路で構成されている。フェッラーラはヨーロッパで最初の近代的な都市計画が実施された都市として、1995年にユネスコの世界遺産に登録された。

この都市計画によって、エステ城の北側には南北方向にアンジェリ通り（現在のエルコレ・プリモ・デステ大通り）が、東西方向にはプリオーリ通り（現在のビアージョ・ロッセッティ大通りとポルタマーレ大通り）が開削された。そして、これらの交差点にパラッツォ・デイ・ディアマンティ（ダイヤモンド宮殿）が建てられたということは、この宮殿が重要であることを示しており、実際にフェッラーラのルネサンス建築のなかでは、最も豪華なものといえる。この宮殿は1492年に、エルコレ一世・デステの弟シジスモンドの依頼により、ビアージョ・ロッセッティ（1447頃～1516）が設計し、1493～1503年に建設されたといわれていた。しかし、設計者の役割については1990年代から疑問視されるようになり、現在ではエルコレ一世による都市計画や軍事政策の一環として捉えるべきと考えられている。

この宮殿は西側にコの字形に開かれた平面形状で、広い庭がある。わずかに傾斜した基壇の上が2層構成のファサードとなっており、基壇を含めたいずれの層もダイヤモンド仕上げの石灰岩でびっしりと埋め尽くされている。その四角錐状の切石の数は約8500個あり、この独特な仕上げが建物の名称の由来となっている。ここでは、層ごとに切石の切断面の角度と頂点の向きが微妙に異なっており、一番下の基壇では上向き、第1層では水平、第2層では下向きになっている。角と入口部分には付柱が設置され、角のバルコニーもアクセントとなっているが、これは16世紀以降に設置されたものである。なお、ダイヤモンド仕上げはセルリオ（1475～1554）の建築書『第四書』ではルスティカ仕上げの一種と見なされている。

右頁…パラッツォ・デイ・ディアマンティ外観　左上…入口のコリント式柱頭とダイヤモンド仕上げの詳細部　下…中庭のロッジア内観、パラッツォ・デイ・ディアマンティ

Data

名称…パラッツォ・デイ・ディアマンティ {Palazzo dei Diamanti}
所在地…イタリア・フェッラーラ
建設年代…1493～1503年
設計者…不詳
備考…現在はフェッラーラ国立美術館

15世紀の北イタリア

ヴェネツィアとミラノでの開花

3. Il Quattrocento in North Italy

15世紀のイタリアは大小さまざまな国家による群雄割拠の時代だったが、15世紀後半の平和な時代には、北イタリアのヴェネツィアやミラノにもフィレンツェからルネサンス様式が導入された。ブラマンテがレオナルド・ダ・ヴィンチと出会ったのも、ミラノであった。

3. 北イタリア諸国家と平和な時代

15世紀のイタリアには、今まで見てきたフィレンツェのような共和制の都市国家と、ウルビーノやマントヴァ、フェッラーラのような君主制の都市国家があったが、北イタリアではヴェネツィア共和国が前者に、ミラノ公国が後者に相当する。ヴェネツィアはおおむね現在のヴェネト地方とフリウリ＝ヴェネツィア・ジュリア地方、ミラノはロンバルディア地方に相当する領土を支配しており、中部イタリアのローマ教皇領や、南イタリアのナポリ王国に匹敵する大国であった。これら5つの大国（フィレンツェ、ヴェネツィア、ミラノ、ローマ、ナポリ）はしばしば対立と同盟を繰り返していたが、1453年のオスマン帝国によるコンスタンティノープル陥落はイタリアの諸国家の団結を促し、翌1454年にローディの和が成立した。この平和な時代は、1494年にフランス国王シャルル八世（在1483〜98）がイタリアに攻めてくるまで、およそ40年間続いた。戦時中には住宅や聖堂などの建設事業は中断されて、建築家は軍事技術者として働くことを要請されることが多いが、軍事施設は実用一点張りであるため、芸術性とは直接結びつかない。15世紀後半のイタリアは平和な時代だったからこそ、さまざまな都市でブルネレスキやアルベルティの影響を受けた建築が多く建てられたのだ。

水の都ヴェネツィアのルネサンス

本章では、おもに15世紀後半のヴェネツィアとミラノの例を取り上げる。個性的な都市が多いイタリアのなかでも、潟（ラグーナ）に創建された水の都ヴェネツィアが類例のない都市であることは誰もが認めるだろう。ヴェネツィアは大小さまざまの島からなる群島だが、魚の形をしたヴェネツィア本島では逆S字形に大運河（カナル・グランデ）が蛇行し、路地と小さな運河が網目のように密集している。政治と宗教の中心は都市の玄関口でもあるサン・マルコ広場〔図1・124頁〕、経済の中心はリアルト地区だった。一方で、司教座は19世紀に至るまで中心部からはかなり離れた、魚の形で例えるなら尾のあたりにあたるサン・ピエトロ・ディ・カステッロ大聖堂に置かれていたように、ヴェネツィア共和国は政治的にもローマ教皇庁とは常に一定の距離を保っていた。

ヴェネツィア共和国は東方との交易によって栄えた国でもあり、15世紀にはイタリア本土の後背地であるテッラフェルマのみならず、現在はクロアチア領であるアドリア海岸沿いの大部分を支配していた。それゆえ、ヴェネツ

中央のピアッツェッタ（小広場）を挟んで、右にパラッツォ・ドゥカーレ、左にサンソヴィーノの図書館、その背後にサン・マルコの鐘塔／ヴェネツィア

図1

ィアの中世建築を見ると、本島ではサン・マルコ聖堂［図2］に代表されるコンスタンティノープルなどの東方からのビザンティン様式の例や、統領宮（パラッツォ・ドゥカーレ）に代表されるフランスからのゴシック様式の例が多い。一方で、テッラフェルマのヴェネト地方に見られるような、イタリア固有（特にロンバルディア地方）ともいえるロマネスク様式の例は少ない。なお、かつてヴェネツィアの支配下にあった都市は、守護聖人である聖マルコを象徴する有翼の獅子の図像が施された建築からしばしば確認できる。ヴェローナ、ヴィチェンツァ、パドヴァといったこれらの都市のルネサンス建築については、5章で説明することにしたい。

ヴェネツィアは中世起源の都市のため、古代ローマ期に創建されたテッラフェルマのヴェローナに現存するような古代建築は地下にも存在しない。そのためヴェネツィアの島々では、ビザンティン建築が「古代風」あるいは「ローマ風」の建築と見なされていたとしても不思議ではない。特に興味深い点は、ドームで覆われた集中式平面をもつ聖堂が、ヴェネツィアではルネサンスの時代にもしばしば踏襲されたということである。こうした特徴は、マウロ・コドゥッシ（1440頃〜1504）の建築作品にも見出すことができる。彼がブルネレスキやアルベルティの建築から影響を受けたことは間違いないが、ビザンティン建築との類似性については、地元の中世の伝統に従ったというよりは、地元の「古代風」の様式を採用したためといえるだろう。なお、絵画の分野におけるビザンティン様式は、ルネサンスの時代には「ギリシア様式」（マニエラ・グレカ）と呼ばれ、低い評価を受けていたことも付言しておこう。

古代起源の都市・ミラノのルネサンス

ミラノは古代ローマ起源の植民都市であり、3世紀末までには帝国における政治経済の中心地、かつ戦略上の要地となった。4世紀後半にミラノ司教として活躍し、この都市の守護聖人となった聖アンブロシウス（397没、四大ラテン教父の1人）の墓に創設されたロマネスク様式のサンタンブロージョ聖堂［図3］は、ヴェネツィアであればサン・マルコ聖堂に匹敵する重要な聖堂であり、ロンバルディア地方の中世建築に大きな影響を及ぼした。13世紀にはヴィスコンティ家の支配下で繁栄し、現在の大聖堂［図4］やスフォルツァ城は14世紀末のジャン・ガレアッツォ・ヴィスコンティ公爵（1351〜1402）の時代に着工された。ロンバルディア地方では伝統的に優れた石工を多く輩出していたため、大聖堂の建設にあたってゴシック様式を導入すべくフランスやドイツから工匠が招かれたときには、地元の工匠たちとしばしば対立した。これと同じことは、1450年に傭兵隊長フランチェスコ・スフォルツァ（1401〜66）がヴィスコンティ家の後を継ぎミラノ公となり、ルネサ

図2

図3

図2…サン・マルコ聖堂／ヴェネツィア
図3…サンタンブロージョ聖堂／ミラノ

ンス様式がミラノに導入されるようになったときにも当てはまり、地元の中世の伝統が引き続き尊重された。ブルネレスキの孤児養育院［26頁］を手本にフィラレーテ（1400頃〜69頃）が設計したオスペダーレ・マッジョーレ［76頁］は、その代表例の1つである。

ミラノでも、15世紀にはもはや目立った古代建築は残されてはいなかったが、初期キリスト教時代のサン・ロレンツォ・マッジョーレ聖堂［図5］は、当時「古代風」の建築と見なされていた。前述のフランチェスコ・スフォルツァ以降、15世紀後半のミラノの宮廷ではルドヴィーコ・スフォルツァ公爵（1452〜1508、通称イル・モーロ）の時代に、レオナルド・ダ・ヴィンチやブラマンテが活躍した。レオナルドの建築素描には集中式平面の聖堂が多く見られ、そのなかには明らかにこのサン・ロレンツォ聖堂に刺激を受けたと思われるものがある。ブラマンテはのちにローマでサン・ピエトロ大聖堂［156頁］の設計に携わるが、ここでもサン・ロレンツォ聖堂の影響を確認できる。ブラマンテの作風は、ミラノからローマに移住したことによって大きな進歩を遂げたが、ミラノや北イタリアでの体験も重要であったに違いない。ロンバルディア地方におけるブラマンテの建築作品としては、ほかにもサンタンブロージョ聖堂カノニカ（司祭の住居）と2つの回廊［図6］、ヴィジェーヴァノのドゥカーレ広場［図7］、パヴィア大聖堂、アッビアーテグラッソのサンタ・マリア・ヌオーヴァ聖堂ファサードなどが挙げられる。

図4
ミラノ大聖堂

図5

図7

図6

図5…サン・ロレンツォ・マッジョーレ聖堂／ミラノ　図6…ブラマンテ、サンタンブロージョ修道院ドーリス式回廊／ミラノ　図7…ブラマンテ、ドゥカーレ広場／ヴィジェーヴァノ（パヴィア）

1.

ヴェネツィアのサンタ・マリア・デイ・ミラーコリ聖堂

Chiesa di Santa Maria dei Miracoli

15世紀の北イタリア

珠玉のヴェネツィア・ルネサンス

この聖堂は、古い家のニッチに描かれていた聖母像から生じた奇蹟により、それを覆う形で新たにマリアに捧げた聖堂としたものである。

この聖堂の設計競技が行われたのち、ピエトロ・ロンバルド（1435頃〜1515）が「その模型に従って」建てるという契約を結んだ。しかし、彼の本業はむしろ彫刻であった。実際、彼の手法はおもに彫刻装飾に確認されるので、建築の設計はマウロ・コドゥッシが手がけたと

いう説もある。

設計者が誰かはさておき、この聖堂は小規模でありながらも、内部・外部ともに各種の大理石がふんだんに用いられ、細部に至るまで装飾が豊かに施されているという点で、多くの人びとに称讃されてきた。全体はおおむね矩形の単廊式平面で、身廊部は円筒ヴォールト天井、正方形平面で突出する内陣はペンデンティヴ・ドームで覆われている。内陣は身廊の床面よりもかなり高く持ち上げられ、下には聖具室が設けられている。ロマネスクの聖堂では内陣の下にクリュプタ（地下祭室）を設けることが多いが、水面上にあるヴェネツィアでこのような手法はきわめて異例である。

半円形のペディメントを頂く2層構成のファサードは、コドゥッシの設計による同時代のヴェネツィアの聖堂にも見られる。アルベルティによるリミニのテンピオ・マラテスティアーノ［46頁］が参考にされたと思われるが、ここでは複数の円形窓が印象的であり、いっそうにぎやかなファサードとなっている。また、コリント式の付柱の上にはイオニア式の付柱とアーチが積み重ねられていて、本来とは上下が逆になっている点にも注目したい。その理由はおそらく、装飾豊かなコリント式が近くで見えるように配慮したからだろう。しかし、ファサードの5つの柱間は均等ではなく、正面入口が設けられた中央の柱間が少し広くなっているため、その上層は完全な半円アーチではなく、少し横長になっている。比例関係よりも装飾が重視されているという点では、絵画の分野における素描のフィレンツェと色彩のヴェネツィアとの対比を想起させるようだ。

右頁上…サンタ・マリア・デイ・ミラーコリ聖堂ドーム内観　右頁下…聖堂アプシス外観　上…聖堂ファサード　下…聖堂身廊内観

Data

名称…サンタ・マリア・デイ・ミラーコリ聖堂
{Chiesa di Santa Maria dei Miracoli}
所在地…イタリア・ヴェネツィア
建設年代…1480年頃着工、1489年にほぼ完成
設計者…ピエトロ・ロンバルド

2.

サンタ・マリア・フォルモーザ聖堂

Chiesa di Santa Maria Formosa

15世紀の北イタリア

ビザンティン様式のリバイバル

15世紀のヴェネツィアでは、ロンバルディア出身の工匠マウロ・コドゥッシが数多くの優れた建築を残した。彼の作品には、地元の伝統を継承しながらも、ブルネレスキやアルベルティの新たな手法を試みていることが確認できる。例えば、処女作のサン・ミケーレ・イン・イゾラ聖堂では、未完に終わったリミニのテンピオ・マラテスティアーノ［46頁］のファサードが手本とされている。聖堂ファサードでコドゥッシは、サン・ザッカリア聖堂や、最後の作品サン・ジョヴァンニ・クリゾストモ聖堂に至るまで、半円形ペディメントを好んで採用した。これはヴェネツィア中世の伝統ともいえるが、さらに注目に値するのは、同地にはドームや集中式平面という伝統も存在していたことである。

サン・マルコ広場［124頁］とリアルト橋のおよそ中間地点に位置するこの聖堂は、ヴェネツィアで最初に聖母に捧げられたものである。元は「サンタ・マリア・デッラ・プリフィカツィオーネ聖堂」と呼ばれ、12世紀初めにはビザンティン様式で建てられていたという。15世紀末にこの聖堂の改築計画がコドゥッシに依頼されると、彼は既存のギリシア十字形平面を踏襲しながら、新たなルネサンスの建築空間を生み出した。ヴェネツィアでは入り組んだ運河や小道によって敷地条件がかなり制限されることに加え、コンスタンティノープルなど東方からの影響を強く受けてきたため、ドームをそなえた集中式平面の小規模な聖堂が中世にも多く存在していた。連続する3つのアプシスは、改築前の状態に従っていることを示している。

しかし、内部ではブルネレスキの作品のような白と灰色のコントラストによるアーケードが、簡素で軽快な印象を与えている。コドゥッシは、この聖堂では比例関係や柱頭の装飾にはまるで無関心だったようだが、そのかわりに多様な天井形式が織りなす内部空間に精力を傾けたのだろう。身廊は交差ヴォールト天井、中央の交差部と側廊はペンデンティヴ・ドーム、そして側面に並ぶ礼拝堂は円筒ヴォールト天井で覆われている。なお、交差部のペンデンティヴ・ドームは、１６８８年の地震後の修復で八角形に変更されたが、１９１６年の爆撃後の修復で再び円形に復元された。

右頁…サンタ・マリア・フォルモーザ聖堂天井見上げ
上…聖堂アプシス外観　下…聖堂内観

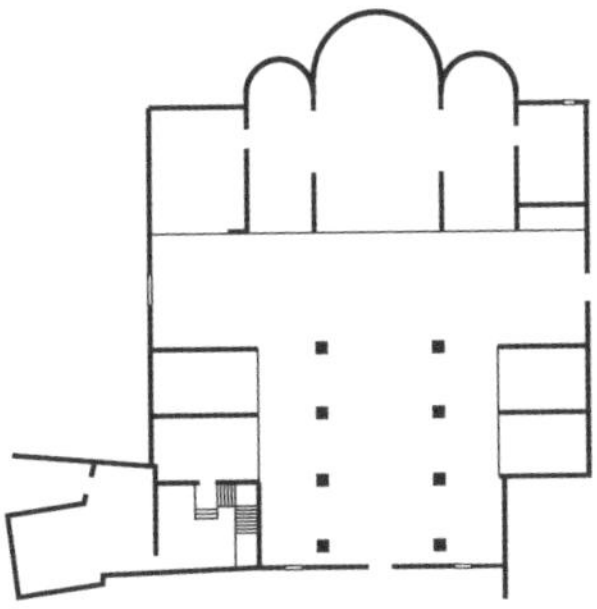

平面図

Data

名称…サンタ・マリア・フォルモーザ聖堂
{Chiesa di Santa Maria Formosa}
所在地…イタリア・ヴェネツィア
建設年代…1492～85年
設計者…マウロ・コドゥッシ

3.

聖マルコ大信徒会館

（スクオーラ・グランデ・ディ・サン・マルコ）

Scuola Grande di San Marco

15世紀の北イタリア

ヴェネツィア特有の建築類型・スクオーラ

ヴェネツィアでは13世紀半ばから設立されるようになったスクオーラ（信徒会）は、ギルドのような同業組合のスクオーラ・ピッコラ（小信徒会）と、職業とは無関係に慈善事業などを行うスクオーラ・グランデ（大信徒会）に二分される。フィレンツェなどのほかの都市では「コンフラテルニタ」（兄弟会）と呼ばれることが多いが、15世紀末のヴェネツィアにはおもに聖人の名にちなんだ6つの大信徒会があり、サン・マルコ大信徒会もその1つだった。

現在の建物は1485年の火災ののち、1488年頃にピエトロ・ロンバルドとジョヴァンニ・ブオーラ（1513没）によって着工され、1490年から後を継いだマウロ・コドゥッシによって完成した。サンティ・ジョヴァンニ・エ・パオロ広場の北側に面しており、東側には同名の修道院聖堂が位置している。建物の西側が運河に面した南北方向に細長い台形の敷地で、大階段を挟んで東西に二分された平面は、ファサードにも反映されている。1階の西半分には、三廊式バシリカのように、高い柱台に載せられた円柱が2列に並んだ大広間が設けられている。この大広間の上階に会員たちの大会議室がある

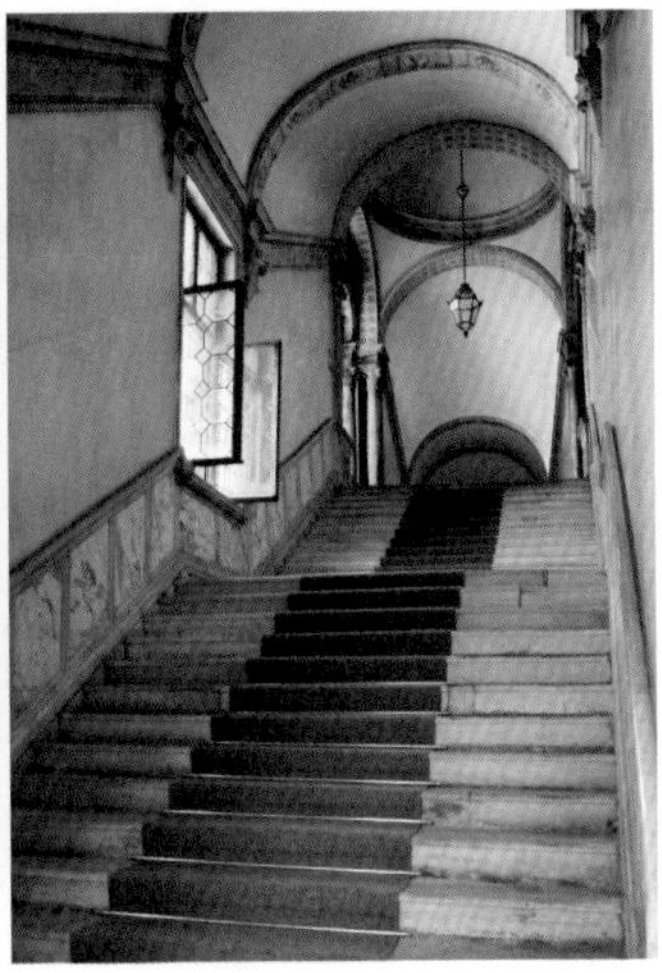

右頁…聖マルコ大信徒会館1階内観　右上…マウロ・コドゥッシ、福音書記者聖ヨハネ大信徒会館階段室　左上・下…聖マルコ大信徒会館ファサード

が、こちらは柱のない空間が広がり、壁面は聖マルコに関する絵画などで飾り立てられている。

左右2方向から昇れる階段室は、コドゥッシの設計で1494年に着工した。階段部分は円筒ヴォールト天井、最下部の入口部分と最上部の出口部分はペンデンティヴ・ドームで覆われていて、昇るにつれて明るさと装飾が増すように工夫されている。この階段室は19世紀に一度取り壊されたのち、20世紀初期に再建されたため、コドゥッシの原案とは多少異なっている。

しかし、1498年にコドゥッシはこれとほぼ同じような階段室を、ライバルの福音書記者聖ヨハネ大信徒会館（スクオーラ・グランデ・ディ・サン・ジョヴァンニ・エヴァンジェリスタ）でも設計しており、こちらでは建設当初の状態が保たれている。

半円形のペディメントが連続するファサードは、上下ともにコリント式の付柱で分割された6つの柱間による2層構成で、全体としては左右対称ではない。だが、柱間3つずつを左右で二分すると、左半分には屋階《おっかい》があるため少し高くなっているが、それぞれは左右対称である。いずれも中央の入口両脇の柱間には、トゥッリオ・ロンバルド（1455頃～1532）による透視図法を利用した低浮彫が施されている。

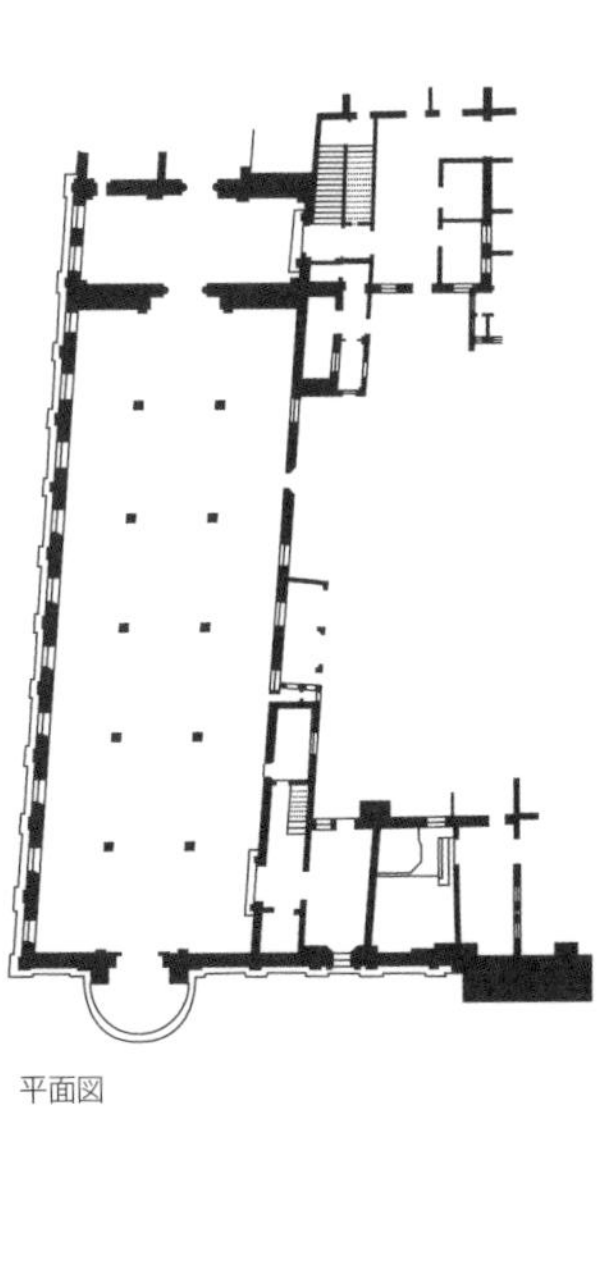

平面図

Data

名称…聖マルコ大信徒会館（スクオーラ・グランデ・ディ・サン・マルコ）{Scuola Grande di San Marco}

所在地…イタリア・ヴェネツィア

建設年代…1488頃～95年頃

設計者…マウロ・コドゥッシほか

備考…現在は建物の2階が美術館、奥には市立サンティ・ジョヴァンニ・エ・パオロ病院が併設

4.

シベニク大聖堂

Katedrala Sveti Jakova

クロアチアのルネサンス建築

15世紀にイタリアで活躍したダルマチア（現在のクロアチアの大部分に相当）出身の建築家・彫刻家は少なくない。というのも、15世紀初期にラグーザ（現ドゥブロヴニク）を除いたダルマチア全域はヴェネツィア共和国の支配下に置かれたからである。ザラ（現ザダル）出身のジョルジョ・オルシーニ、通称ジョルジョ・ダ・セベニコ（1410頃～73）は、ヴェネツィアでジョヴァンニ・ブオン（1443頃没）のもとで修業し、1441年にはセベニコ（現シベニク）で大聖堂の改築計画のために工匠長として招かれた。彼が手がけたシベニク大聖堂は、クロアチアにあるヴェネツィア・ルネサンス建築の代表例の1つである。

聖ヤコブに捧げられたこの大聖堂の改築はすでに1431年に着工され、下半分がゴシック様式で建設されていた。ラテン十字形平面の三廊式バシリカだが、交差廊は側面から突出していない。身廊の内部立面は大アーケード、トリフォリウム、高窓の3層構成をとるものの、尖頭アーチが用いられた大アーケードまでゴシック様式で建てられた。その上半分がルネサンス様式となっているのは、後を継いだジョルジョ・ダ・セベニコがそこを手がけたからである。交差部には八角形のドームが設けられるように計画された。

また外観は、多角形のアプシスが3つ連続する東側の部分で、彼は建築設計のみならず彫刻装飾にも関与した。特に印象的なのは、71個の突出した頭像が並んだフリーズで、北側の角柱にある巻紙をもつ2人の童子の彫刻もセベニコが担当した。フリーズの上の壁面にはコリント式のような付柱と貝殻状のニッチが設けられているが、矩形の窓ではトレーサリーとオーダー、すなわちゴシックとルネサンスが組み合わされている点が興味深い。彼はこれらのほか、南側にある三葉形平面の洗礼堂や、聖具室の彫刻制作にも携わった。

ファサードは、中央入口やバラ窓などの細部はゴシック様式だが、全体としてはルネサンス様式が支配的である。セベニコが完成させたのはおそらく下層の柱頭までにとどまったが、身廊と側廊頂部の曲線状のペディメントも彼の設計によるものである。身廊の円筒ヴォールト天井と、それに合わせた同じ形の屋根は、セベニコの死後に工事を引き継いだニッコロ・ディ・ジョヴァンニ・フィオレンティーノ（1418～1506）が完成させた。ファサードの半円形ペディメントは内部空間から導き出された結果であり、古代神殿や凱旋門のような正面性を強調すべく後から貼り付けた「看板建築」ではない点は、特筆すべきだろう。

平面図

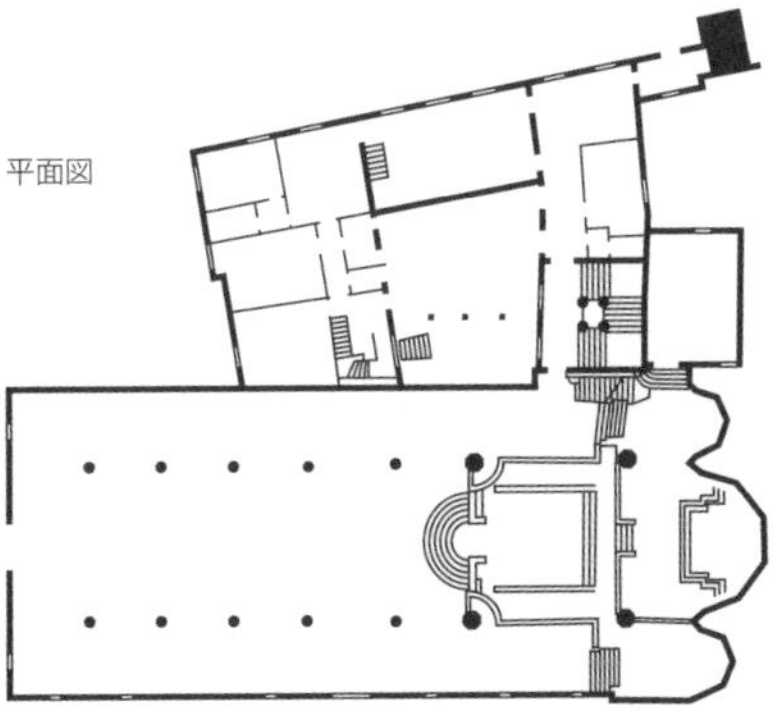

右頁…シベニク大聖堂身廊内観　下…大聖堂アプシス外観

Data

名称…スヴェティ・ヤコヴァ大聖堂 {Katedrala Sveti Jakova}
所在地…クロアチア・シベニク
建設年代…1431年着工、ジョルジョ・ダ・セベニコの関与は1441～73年
設計者…ジョルジョ・ダ・セベニコほか

5.

チェルトーザ・ディ・パヴィア

Certosa di Pavia

ゴシックからルネサンスへ

このカルトゥジオ会修道院は、パヴィアから北に約8キロメートル離れた場所にある。1396年に初代ミラノ公爵ジャン・ガレアッツォ・ヴィスコンティによって創設された聖堂

右頁…ティブリオ外観、チェルトーザ・ディ・パヴィア　右上…聖堂ドーム内観、チェルトーザ・ディ・パヴィア　左上…修道院回廊、チェルトーザ・ディ・パヴィア　下…聖堂ファサード、チェルトーザ・ディ・パヴィア

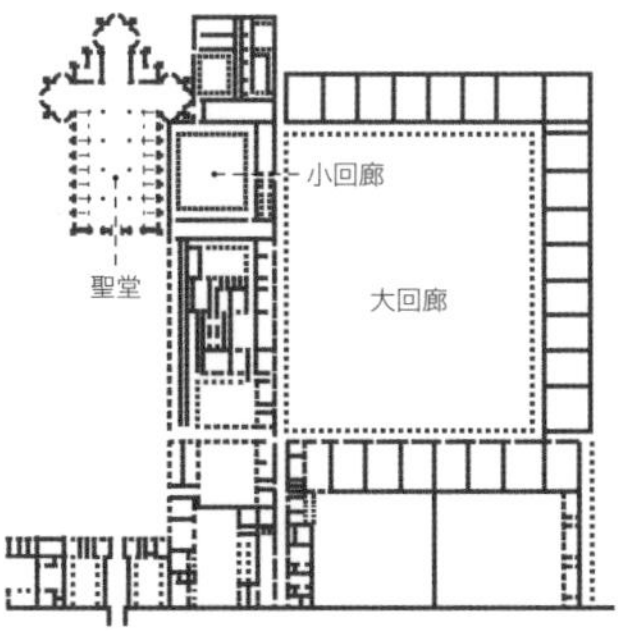

平面図

は、ヴィスコンティ家の墓廟としても定められ、同時期のパヴィアのヴィスコンティ城やミラノ大聖堂［65頁］のようにゴシック様式で建てられた。1402年にジャン・ガレアッツォが亡くなったのち、工事は長期化し、聖堂ファサードは16世紀半ばにようやく完成した。

聖堂の南には大小2つの回廊がある。小回廊を取り囲むように設けられた参事会室や新聖具室、図書室、食堂などの諸施設は、1428～62年にジョヴァンニ・ソラーリ（1400頃～82）の設計で建てられたが、聖堂内観も含め、まだゴシック様式の特徴をとどめている。一方で、125×102メートル四方の大回廊はカルトゥジオ会特有のものであり、23個の部屋というよりも小屋で取り囲まれている。こちらはジョヴァンニの息子グイニフォルテ（1429～81）の設計で、1462年以降に建てられた。大小いずれの回廊でも、立面は白大理石の円柱とテラコッタ装飾が施された半円アーチによるアーケードで構成され、15世紀後半からルネサンス様式が導入された。装飾は、リナルド・デ・スタウリス（生没年不詳）や、クリストフォロ（1430頃～82）とアントニオ（1440頃～95）のマンテガッツァ兄弟などが担当した。

聖堂本体はラテン十字形平面の三廊式バシリカで、身廊は六分リブ・ヴォールト天井で覆われている。ただし内陣周辺部は、ジョヴァンニ・ソラーリによって設計が変更されたのち、1450～73年頃に建てられたもので、三葉形平面の後陣と交差廊が特徴的だ。内陣の天井は八角形ドームで覆われ、その外側はティブリオ（塔状のドーム外殻）で包まれている。

ルネサンス様式の聖堂ファサードは1473年に着工された。下層の柱間が5つ、上層の柱間が3つの2層構成である。下層は1491～99年に、おもにジョヴァンニ・アントニオ・アマデオ（1447頃～1522）が手がけた。大理石製のメダイヨン（大型のメダル）は、古代ローマ皇帝などの肖像を手本としたものである。また、キリスト教の聖人の図像のみならず、異教の神々の彫像なども豊かに飾り立てられており、同じく彼が手がけたベルガモのコッレオーニ礼拝堂との共通点が見られる。一方、クリストフォロ・ロンバルド（1555没）が設計したファサード上層の装飾は控えめで、頂部に計画されていた三角ペディメントも未完に終わった。

Data

名称…チェルトーザ・ディ・パヴィア
{Certosa di Pavia}
所在地…イタリア・パヴィア郊外
建設年代…聖堂は1396年に着工、1497年に献堂式。聖堂ファサードは1473～1555年頃に建設
設計者…ジョヴァンニ・アントニオ・アマデオほか

6. ミラノのオスペダーレ・マッジョーレ

Ospedale Maggiore

15世紀の北イタリア

ルネサンス期の病院建築の代表作

オスペダーレ・マッジョーレ（大施療院）は、フィレンツェの孤児養育院［26頁］や、シエナのサンタ・マリア・デッラ・スカーラなどと並ぶ、ルネサンスにおける病院建築の代表例の1つだ。15世紀半ばにミラノ公フランチェスコ・スフォルツァによって設立され、フィレンツェ出身の建築家アントニオ・アヴェルリーノ、通称フィラレーテが設計した。彼の経歴は彫刻家として始まり、ローマではサン・ピエトロ大聖堂［156頁］のブロンズ扉を制作したが、ミラノでは建築家として活躍した。

オスペダーレ・マッジョーレでは、ブルネレスキが設計した孤児養育院のロッジアが手本にされているが、高い基壇の上に全体が設置され

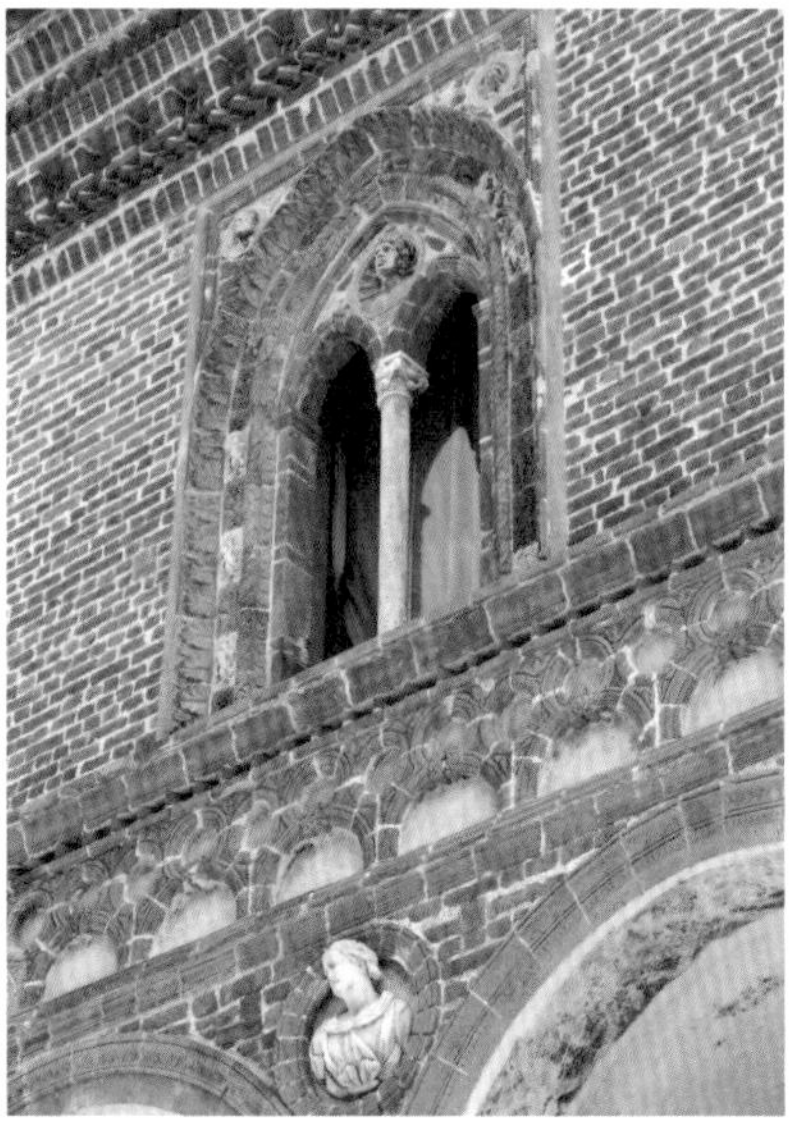

右頁上…ロッジア内観、オスペダーレ・マッジョーレ　右頁下…ゴシック様式の二連窓、オスペダーレ・マッジョーレ　上…回廊、オスペダーレ・マッジョーレ

ている点で大きく異なる。フィラレーテの著書『建築論』にもその平面図と立面図が掲載されているように、平面全体は連続する3つの回廊で構成されている。中央の長方形の回廊には集中式平面の礼拝堂が設けられる計画だったが、これがミラノのサン・ロレンツォ・マッジョーレ聖堂［65頁］を参考にしたものであることは間違いない。その両脇には男女別の病棟が配置され、ともに正方形平面を十字形に4分割した、4つの等しい回廊からなる。フィラレーテはミラノに最初にルネサンス様式をもたらしたが、この建築の評判があまりよくなかったため、彼は1465年にミラノを去り、地元の工匠であるグイニフォルテ・ソラーリが後を継いだ。尖頭アーチやテラコッタ装飾など、ゴシック様式の細部が散見されるのはそのためだろう。建設工事はさらに19世紀初頭まで長引いたが、結局、中央の礼拝堂は実現しなかった。

ところで、フィラレーテの『建築論』はヴァザーリによって酷評されたルネサンスの奇書である。全25巻からなり、おもに会話体で書かれているので、論文というよりは「スフォルツィンダ」という理想都市の物語であり、彼のパトロンであるフランチェスコ・スフォルツァに献呈された。星形平面からなる理想都市の計画は、イタリアではパルマノーヴァ［140頁］で実現した。

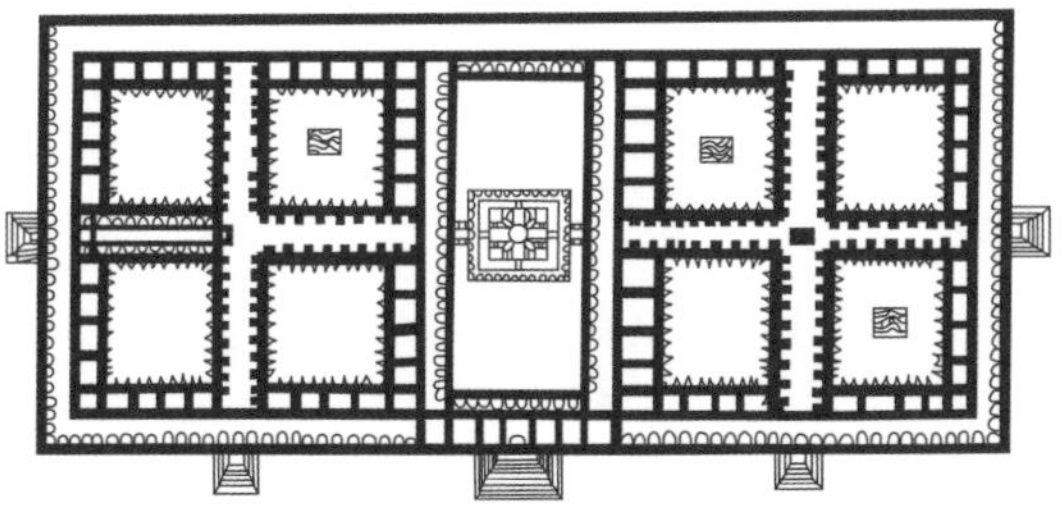

平面図（フィラレーテ『建築論』より）

Data

名称…オスペダーレ・マッジョーレ
{Ospedale Maggiore}
所在地…イタリア・ミラノ
建設年代…1456〜65年
設計者…アントニオ・アヴェルリーノ（通称フィラレーテ）
備考…現在はミラノ大学の校舎

7.

サンタ・マリア・プレッソ・サン・サティロ聖堂

Chiesa di Santa Maria presso San Satiro

絵画と建築の融合

この聖堂の創建は、9世紀後期のカロリング朝時代に建てられた円形平面の祈禱用小礼拝堂（サチェッロ）にさかのぼる。聖サテュロスに捧げられたこの建物の外壁には聖母像が描かれていて、13世紀半ばにそこで奇蹟が生じたことからマリア聖堂の建設が始まった。その後、15世紀末に現在の聖堂がブラマンテの設計で着工され、同時にサチェッロの改築も行われた。要するに、聖サテュロス（サン・サティロ）礼拝堂のそばの（プレッソ）マリア聖堂という意味である。

ブラマンテはウルビーノ近郊の出身で、初めは画家として修行し、1470年代末にミラノに移住するまで北イタリアを遍歴していた。彼が得意とする透視図法は、画家のピエロ・デッラ・フランチェスカやアンドレア・マンテーニャ（1431〜1506）などから学んだといわれている。ブラマンテの絵画作品のなかでは、この聖堂とほぼ同じ時期の1481年に制作された《プレヴェダーリの版画》は注目に値する。この版画では透視図法が駆使され、古代の神殿と、中世やルネサンスの聖堂の両方の特徴をもつ内部空間が表現されている。

マリア聖堂では、しばしば集中式平面が用いられる伝統があったが、ここでは敷地の制約上、ギリシア十字形平面ではなく、T字形平面が採用された。ブラマンテは透視図法によって、最奥の壁に浮彫による二次元的な「偽の内陣」（フィント・コーロ）をつくり、正面入口の場所からは三次元的な内陣が奥まで続いて見えるように工夫したのである。

当時のブラマンテはまだローマを訪れていなかったため、アルベルティなどの初期ルネサンス建築や北イタリアの中世建築を手本にしたのだろう。身廊は、マントヴァのサンタンドレア聖堂［50頁］のようにモニュメンタルな円筒ヴォールト天井で覆われ、ペンデンティヴ・ドームも堂々たるものである。一方、右側廊と交差廊の間にある八角形平面の聖具室もドームで覆われてはいるものの、装飾が豊かに施され、垂直性が強調された空間となっている。

右頁…透視図法による「偽の内陣」、サンタ・マリア・プレッソ・サン・サティロ聖堂　上…聖具室内観、サンタ・マリア・プレッソ・サン・サティロ聖堂　下…サン・サティロ礼拝堂内観、サンタ・マリア・プレッソ・サン・サティロ聖堂

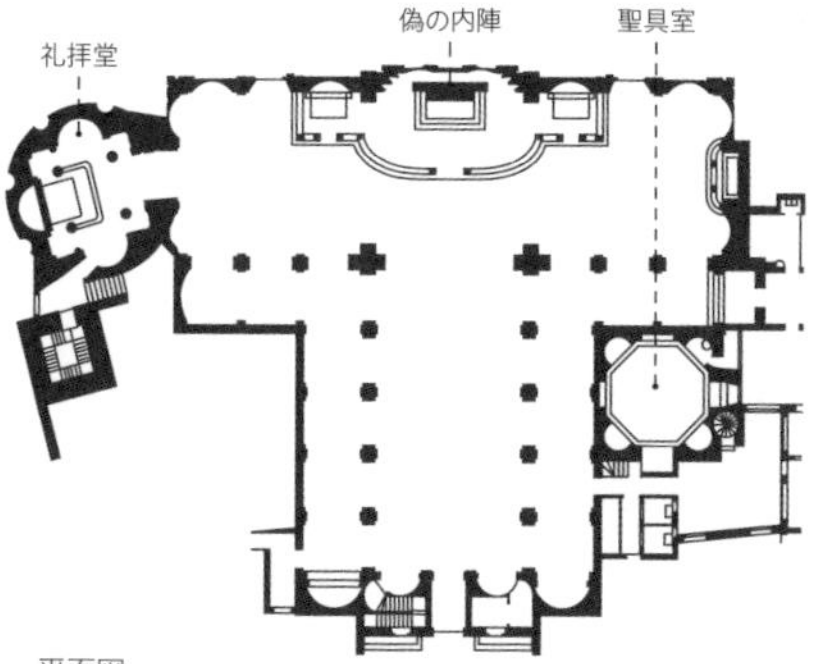

平面図

Data

名称…サンタ・マリア・プレッソ・サン・サティロ聖堂〔Chiesa di Santa Maria presso San Satiro〕
所在地…イタリア・ミラノ
建設年代…1480年頃着工
設計者…ドナート・ブラマンテ

8.

サンタ・マリア・デッレ・グラツィエ聖堂内陣

Chiesa di Santa Maria delle Grazie

スフォルツァ家の墓廟

地元の工匠であるグイニフォルテ・ソラーリの設計によって、15世紀後半に建設されたこのドミニコ会修道院聖堂は、三廊式バシリカの側面に礼拝堂が並ぶ典型的なロンバルディア中世の形式である。横長で逆ホームベース形のファサードからも推測できるように、水平に広がる身廊の中央部までは十分な採光が得られにくい。そこで15世紀末にその内陣部を取り壊して、ミラノ公ルドヴィーコ・スフォルツァ（通称イル・モーロ）と妻ベアトリーチェ・デステの墓廟として、改築が計画された。この新たな内陣はブラマンテの設計によるものである。ペンデンティヴ・ドームと大オーダーが用いられ、身廊とは対照的に垂直性が強調された明るい空間となっている。しかし、ドームの外観を見ると、幾層にも細分化された壁面とティブリオ（ドームの外殻）で覆われている点や、豊かな装飾が施されている点は、むしろ地元の中世の様式に近い。その理由は、ブラマンテはミラノでは常に、地元の工匠ジョヴァンニ・アントニオ・アマデオとの共同設計を要求されたからである。

家族の墓所という建築類型は、特にルネサンスの時代に集中式平面やドームと関連して華々しく発展した。サンタ・マリア・デッレ・グラツィエ聖堂内陣の設計では、フィレンツェのメディチ家礼拝堂（旧聖具室［28頁］）やリミニのテンピオ・マラテスティアーノ［46頁］などの先例が検討されたと考えられるが、ルドヴィーコ・スフォルツァにとっての理想の君主は、おそらくジャン・ガレアッツォ・ヴィスコンティであった。実際、1492年にルドヴィーコはチェルトーザ・ディ・パヴィア［74頁］のジャン・ガレアッツォの墓をジャン・クリストフォロ・ロマーノ（1456～1512）につくらせた。ジャン・ガレアッツォが家族の墓廟として創設し、サンタ・マリア・デッレ・グラツィエ（慈悲の聖母）に捧げたチェルトーザの聖堂でも三葉形平面が用いられていたことから、この聖堂が手本とされた可能性は高い。

サンタ・マリア・デッレ・グラツィエ聖堂における身廊部と内陣部との対比については、聖堂北に隣接する「死者の回廊」（キオストロ・デイ・モルティ）と、それより奥の内陣北に隣接する「ブラマンテの回廊」を比較しても同様の関係がうかがえる。前者では各面の柱間の数にばらつきがあり、段階的につくられたのに対し、後者は整然とした柱間5つの正方形平面であり、内陣とほぼ同時期につくられたものである。なお、「死者の回廊」の西に面した細長い平面の食堂には、レオナルド・ダ・ヴィンチによる《最後の晩餐》のフレスコ画があることで非常に有名である。

右頁…サンタ・マリア・デッレ・グラツィエ聖堂ドーム内観　上…聖堂アプシス外観　下…ブラマンテの回廊、サンタ・マリア・デッレ・グラツィエ聖堂

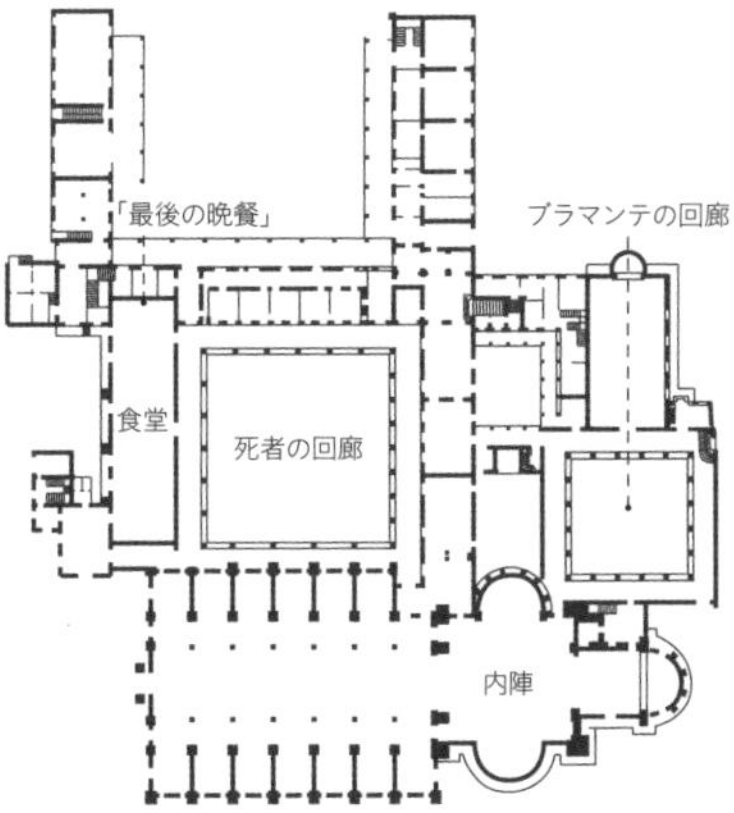

平面図

Data

名称…サンタ・マリア・デッレ・グラツィエ聖堂
{Chiesa di Santa Maria delle Grazie}
所在地…イタリア・ミラノ
建設年代…1492～97年
設計者…ドナート・ブラマンテ
備考…修道院食堂にはレオナルド・ダ・ヴィンチの壁画《最後の晩餐》がある

盛期ルネサンス

ブラマンテとローマの時代

4. High Renaissance

映画『第三の男』に、イタリアは
悪名高いボルジア家の支配下でルネサンスを生んだが、
スイスの平和が生んだのは鳩時計だ、という台詞がある。
そしてボルジア家の天敵ユリウス二世の時代に、
新しいサン・ピエトロ大聖堂が着工されたのである。

4.

ローマの隆盛

14世紀のローマ教皇庁は、フランス人の枢機卿が多数を占めていたこともあって、しばらく南フランスのアヴィニョンに移転した結果、ローマは廃れてしまった。その後教皇庁はローマに復帰したが、ローマでの建設事業が始まるのは、15世紀半ばの教皇ニコラウス五世（在1447〜55）の時代である。彼はアルベルティを顧問としてサン・ピエトロ大聖堂［156頁］の改築計画を立てたが、本格的な改築は16世紀初頭の教皇ユリウス二世（在1503〜13）と建築家ブラマンテの登場を待たなければならなかった。15世紀半ばのフィレンツェでは、すでにブルネレスキのドーム［24頁］が完成していたことを勘案すると、ローマにはまだ目を見張るようなルネサンス建築はなかったといってよい。加えて教皇ピウス二世は、ローマよりも故郷のピエンツァの都市計画に力を入れたため、ローマでの建設事業はあまり進まなかった。

ヴェネツィア出身の教皇パウルス二世（在1464〜71）の時代になり、ようやく大規模な建築が建てられるようになった。彼はフランチェスコ・デル・ボルゴ（1415〜68）を登用し、パラッツォ・ヴェネツィア［90頁］を建てさせた。サン・マルコ聖堂を含むこの宮殿には、屋上部の狭間などに中世的な要素がまだ見られるが、聖堂部分の入口やアーケードをそなえた中庭にはコロッセウムなどの古代ローマ建築の影響が色濃く表れている。同じ建築類型としては、15世紀末に建てられた設計者不詳のパラッツォ・デッラ・カンチェッレリーア（教皇庁尚書院）［図1］がある。これは枢機卿ラファエーレ・リアーリオ（1461〜1521）の邸館だが、サン・ロレンツォ・イン・ダマーゾ聖堂を含む複合施設でもある。かつてはブラマンテの設計によるものと見なされていたが、全体としてはウルビーノのパラッツォ・ドゥカーレ［54頁］の影響がうかがえる。

図1 パラッツォ・デッラ・カンチェッレリーア中庭／ローマ

西洋美術史上の黄金期

次の教皇シクストゥス四世（在1471〜84）の時代には、宗教建築ではサンタ・マリア・デル・ポポロ聖堂［図2］やサンタ・マリア・デッラ・パーチェ聖堂［図3］、サンタゴスティーノ聖堂などが建てられた。ことに前者2つには、16世紀初期にブラマンテやラファエロも増改築に携わったことで、見どころの多い建築となった。ヴァティカン宮殿のシスティーナ礼拝堂についても同様で、この礼拝堂がモニュメントとしての絶対的な存在感を増すのは、1503年にシクストゥス四世の甥であるジュリアーノ・デッラ・ローヴェレ（1443〜1513）が教皇ユリウス二世に選出され、ミケランジェロに天井画の制作が依頼されてからのことである。

1499年にブラマンテがミラノからローマにやってきたときは、悪名高いボルジア家（スペイン語ではボルハ）のスペイン人教皇アレクサンデル六世（在1492〜1503、息子チェーザレと娘ルクレツィアも有名）の時代だった。ブラマンテはすでに高齢だったが、建築設計の仕事が即座に依頼されたわけではないので、しばらくはローマと近郊の古代建築の研究に励んだようである。その後、枢機卿オリヴィエーロ・カラファ（1430〜1511）の依頼でサンタ・マリア・デッラ・パーチェ聖堂回廊を設計すると、ブラマンテの名はローマでも知れ渡るようになったという。それにしても、前述の野心的な教皇ユリウス二世が、サン・ピエトロ大聖堂やヴァティカン宮殿のような大規模な建設事業を計画していたことは、ブラマンテにとって実に幸運であった。やがてブラマンテは同郷のラファエロをローマに呼び寄せ、彼に絵画の仕事を紹介するとともに、建築の基礎知識も教えた。ユリウス二世と次のメディチ家出身の教皇レオ十世（在1513〜21）の庇護下で、ブラマンテやラファエロ、ミケランジェロが腕を競い合った時代は「盛期ルネサンス」と呼ばれ、まさに西洋美術史上の黄金時代であった。

話は少し逸れるが、日本の近代化があらゆる分野で「西洋に追いつき追い越せ」を目指したものであったとすれば、少なくとも美術の分野でのイタリア・ルネサンスとは「古代に追いつき追い越せ」であった。15世紀のフィレンツェでは、ブルネレスキは名誉ある仕事を獲得すべくライバルのギベルティとしのぎを削っていたが、フィレンツェ大聖堂ドームの建設において乗り越えるべき目標は、ローマのパンテオンであった。ブラマンテの設計による新しいサン・ピエトロ大聖堂でも、パンテオンはいっそう大きな影響を与えている。彼にとってのライバルは同世代の建築家ジュリアーノ・ダ・サンガッロでも、偉大な先達のブルネレスキでもなく、古代の建築家だったに違いない。ブラマンテのサン・ピエトロ大聖堂は完成までは至らなかったものの、それも含めた彼の建築作品は、セバスティアーノ・セルリオの建築書『第三書』で古代建築と同格に扱われている。それにもかかわらず、ブルネレスキやアルベルティの建

サンタ・マリア・デル・ポポロ聖堂／ローマ

図2

築作品がまったく取り上げられていないことは意味深長である。ボローニャ出身の画家だったセルリオにとって、フィレンツェとブルネレスキの時代（初期ルネサンス）は、もはやローマとブラマンテの時代（盛期ルネサンス）に取ってかわられたように思われたのだろう。もしセルリオがトスカーナ地方の出身か、あるいは彫刻家や技術者であったなら、ブルネレスキの評価も多少は異なっていたことだろう。

盛期ルネサンスの評価とその終焉

ラファエロやミケランジェロによって古代美術が凌駕されたというヴァザーリの16世紀半ばの評価は、絵画や彫刻の分野では妥当なのかもしれない。しかし、建築の分野ではどうだろうか。建築にはそもそも、人物や風景などを本物のように再現するという目的は存在しない。それゆえ絵画や彫刻のように自然ではなく、もっぱら建築を手本にせざるを得ない。だが手本をいくら正確にまねることができても、そこには何も独創性はないので、古代建築を超えることはできない。15世紀のアルベルティの建築は「古代風」で威厳があり、かつ独創的でもあったけれども、難解であり、表現力に欠けていた点は否めない。一方で、16世紀のヴァティカン宮殿ベルヴェデーレの中庭［94頁］やテンピエット［92頁］は古代建築を

ブラマンテ、サンタ・マリア・デッラ・パーチェ聖堂回廊／ローマ

図3

彷彿とさせながらも明解であり、造形的にははるかに強い説得力があった。ラファエロやミケランジェロよりも前に、ブラマンテによって古代建築はすでに乗り超えられたといってよいだろう。なお、1514年のブラマンテの死後、ラファエロはサン・ピエトロ大聖堂の建築家に就任し、1546年にはミケランジェロも同じ職に就任した。

最後に、レオ十世の在位中の1517年にマルティン・ルター（1483～1546）の宗教改革が生じた原因の1つは、サン・ピエトロ大聖堂の建設費を集めるために贖宥状《しょくゆうじょう》を乱発したためであったことも補足しておこう。1520年にラファエロは37歳でこの世を去り、翌1521年にはレオ十世も亡くなり、芸術にはまるで無関心なオランダ人教皇ハドリアヌス六世（在1522～23）が選出された。彼の在位期間は2年間にとどまり、その後選出されたのはメディチ家出身のクレメンス七世（在

1523～34）であった。彼は芸術のパトロンとしては申し分なかったが、政治家としては無能であり、1527年のローマ劫掠を引き起こしてしまった。それによってサン・ピエトロ大聖堂をはじめとする建設事業はすべて中断し、芸術家たちは各地に離散した。こうしてローマでの盛期ルネサンスは幕を閉じたものの、ブラマンテやラファエロが残した莫大な遺産は、北イタリアで広範囲に分与されたのである。

盛期ルネサンスの後継者たち

ラファエロの後継者となったのは、彼と同世代のアントニオ・ダ・サンガッロ・イル・ジョーヴァネ（1484～1546）と、バルダッサーレ・ペルッツィである。前者はジュリアーノ・ダ・サンガッロとアントニオ・ダ・サンガッロ・イル・ヴェッキオ（1453頃～1534）の甥であり、ブラマンテやラファエロが苦手としていた建設技術に秀でていたため、サン・ピエトロ大聖堂の建設事業にも早くから携わっていた。また、クレメンス七世の時代にはローマ劫掠ののちに、軍事技術者として教皇領内の城塞などの整備に取り組み、教皇パウルス三世（在1534～49）とは彼が枢機卿の時代から邸館の設計を任されるほどの親しい間柄だった。アントニオの作風はウィトルウィウスの規則を遵守した堅実なものであり、ライバルのミケランジェロとはしばしば対立したが、この邸館こそ、彼の代表作であるパラッツォ・ファルネーゼ［102頁］にほかならない。

一方、シエナ出身の画家・建築家ペルッツィは、ブラマンテと同様に透視図法を得意とした。彼が同郷のアゴスティーノ・キージ（1466～1520、16世紀初頭に教皇庁御用達の銀行家として富を築いた芸術のパトロン）のために設計したヴィッラ・ファルネジーナ［104頁］では、一部の内装も自ら担当しており、ことに建築と絵画が一体となった「透視図法の間」で彼の才能が発揮されている。けれども、ローマ劫掠のときには運悪く敵の捕虜となってしまった。その後、教皇パウルス三世が選出された頃からローマでは建設事業が再開され、ペルッツィは独創的なパラッツォ・マッシモ・アッレ・コロンネ［106頁］を設計したが、作風は大きく変化した。彼は1536年に亡くなったが、それは北イタリアにブラマンテの手法が広まっていくのと同時に、ローマでは再び新しい局面に差しかかり、さらに個性的なミケランジェロの活躍の場が広がった時期でもあった。当時のミケランジェロは、システィーナ礼拝堂に《最後の審判》を描いているところだった。

1.

ローマのパラッツォ・ヴェネツィア

Palazzo Venezia

盛期ルネサンス

コロッセウムに触発されたルネサンス

ローマのカピトリヌスの丘の北に位置するこのパラッツォは、1455年に着工したローマで最初の本格的なルネサンス建築である。ヴェネツィア出身の枢機卿ピエトロ・バルボ（1417～71）の邸宅で、彼名義の聖堂であるサン・マルコ聖堂が組み込まれ、さらに「パラッツェット」（「小さなパラッツォ」という意味）と呼ばれる離れのような一画が隣接している。ローマは教皇庁関係の聖職者が多かったため、のちのパラッツォ・デッラ・カンチェッレリーア［85頁］もそうだったが、彼らの家はしばしば聖堂も含む巨大な複合施設として建てられた。彼は1464年に教皇パウルス二世として選出された後もこのパラッツォに住み、ローマにおけるヴェネツィア共和国の大使館としても利用された。なお、ヴェネツィアの守護聖人が聖マルコであるように、このパラッツォと聖堂の名称からも両者の強い結びつきが読みとれる。

東南の角には大きな塔が設置されているが、サン・マルコ聖堂の入口を除いた全体の立面は3層構成である。屋上には凹凸の狭間が連続し、開口部も不規則に配列されていて、いまだ中世の特徴が多く残されている。しかし、新しいルネサンス様式の特徴は、聖堂正面の2層構成のロッジアや、未完に終わったが同じく2層構成のアーケードをそなえた中庭、格間が施された円筒ヴォールト天井のウェスティブルム（玄関）に見られる。とりわけ半円アーチを頂く角柱と半円柱を組み合わせる手法は、古代ローマのコロッセウムなどを手本としたのだろう。建設にはフランチェスコ・デル・ボルゴをはじめ多くの工匠が携わっていたことが知られているが、アルベルティが設計に関与したことを指摘する研究者もいる。けれども、フランチェスコ・デル・ボルゴは、前任教皇ピウス二世の時代にサン・ピエトロ大聖堂［156頁］の正面にもっと大規模な「祝福のロッジア」を設計しており、これもコロッセウムのようであったことを勘案するなら、パラッツォ・ヴェネツィアでも少なからず重要な役割を果たしたことは間違いない。

パラッツェットはもともと一方が直角の台形平面で、パラッツォ本体の東南の角から突出した場所にあったが、1910年のヴェネツィア広場の整備に伴い正方形平面に改築され、西南の角に移築された。パラッツェットの立面も、パラッツォ本体と同様に外観が3層、アーケードをそなえた中庭が2層で構成されている。

右頁…パラッツォ・ヴェネツィア中庭
上…サン・マルコ聖堂ファサード　下…サン・マルコ聖堂内観

Data

名称…パラッツォ・ヴェネツィア {Palazzo Venezia}
所在地…イタリア・ローマ
建設年代…1455～71年頃、フランチェスコ・デル・ボルゴの関与は1468年まで
設計者…フランチェスコ・デル・ボルゴほか
備考…現在はパラッツォ・ヴェネツィア国立美術館

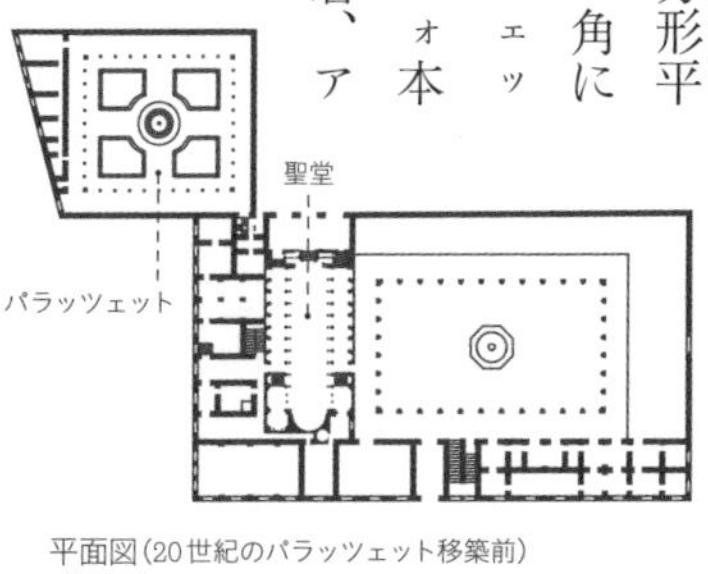

平面図（20世紀のパラッツェット移築前）

2.

ブラマンテのテンピエット

Tempietto di Bramante

盛期ルネサンス

平面図
（セルリオ『第三書』より）

「古代風」の円形聖堂

キリストの一番弟子であったペテロは、ネロ帝（在54～68）の時代にローマで殉教したが、その場所についてはヴァティカヌス（ヴァティカン）の丘のほかに、ヤニクルム（ジャニコロ）の丘という説も伝えられていた。ジャニコロの丘にある現在のサン・ピエトロ・イン・モントリオ修道院は、教皇インノケンティウス八世（在1484～92）の時代にスペイン王家の援助で再建された。聖堂の設計は、フランチェスコ・ディ・ジョルジョの弟子である建築家バッチョ・ポンテッリ（1450頃～92、セニガッリアやオスティアなど多くの城塞を設計した）が手がけた。ブラマンテの設計により、回廊の中心に記念堂としてのテンピエット（小神殿）が着工されたのは、クリュプタ（地下祭室）の碑文に記載されている1502年よりももう少し後の1508年頃と考えられる。

テンピエットは、ルネサンスの集中式聖堂の代表作として筆頭に挙げられる。小規模ながらもきわめて存在感のあるモニュメントだ。ドームで覆われた円形平面の周囲は、古代神殿のように16本のドーリス式円柱で囲まれている。ドーリス式が採用された理由は、戦闘的な男性の聖人であるペテロにふさわしいと考えられたからだが、プロポーションはコリント式のように細身である。ルネサンスの建築では、フリーズにトリグリフが設けられた本格的なドーリス式オーダーとしては最初の例である。当時フォルム・ロマヌムに存在していたバシリカ・アエミリアを参考にしたと思われるが、ドーリス式はテンピエット以降、頻繁に使用されるようになったことからも、その影響力の大きさがうかがえる。実際、セルリオの建築書『第三書』やパラーディオの『建築四書』「第四書」で、テンピエットが古代建築と一緒に掲載されていることは、ルネサンスの時代にすでに古典と見なされていたからにほかならない。

セルリオの平面図によると、テンピエットは当初の計画では、同心円状の列柱廊をそなえた円形平面の中庭に建てられる予定だった。その場合、平面全体としては円形平面の古代神殿よりも、初期キリスト教時代のサント・ステファノ・ロトンド聖堂やサンタ・コスタンツァの墓廟に近いものとなっていたに違いないが、ブラマンテはこの作品で古代建築を凌駕することを目指していたのだろう。

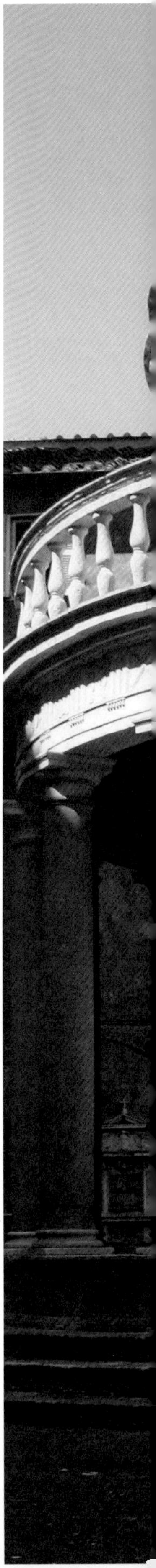

右頁…テンピエット外観、サン・ピエトロ・イン・モントリオ修道院回廊
上…ドーム内観、テンピエット 下…聖ペテロ像、テンピエット

Data

名称…ブラマンテのテンピエット（サン・ピエトロ・イン・モントリオ修道院）{Tempietto di Bramante (Convento di San Pietro in Montrio)}
所在地…イタリア・ローマ
建設年代…1508～12年
設計者…ドナート・ブラマンテ

3.

ヴァティカン宮殿 ベルヴェデーレの中庭

Cortile del Belvedere, Palazzi Vaticani

盛期ルネサンス

古代ローマからバロックへ 透視図法を駆使した巨大な中庭

ブラマンテは、15世紀末に建てられた城塞のようなインノケンティウス八世のヴィッラと、サン・ピエトロ大聖堂〔156頁〕北側にあった旧ヴァティカン宮殿との間の傾斜地を平行な2本の長い廊下で結んで、そのまま取り囲んだ形で3段階のテラスによる巨大な中庭を設計した。彼は、おそらくパレストリーナのフォルトゥーナ・プリミゲニア神域や、小プリニウス（61〜114頃、『博物誌』の著者大プリニウスの甥で養子）の『書簡集』で説明されているヴィッラの記述などを参考にしながら、古代ローマを彷彿とさせるような都市的スケールのモニュメントを構想していたのだろう。この計画は野心的な教皇ユリウス二世の要望とも一致していた。古代の皇帝の宮殿には娯楽施設が不可欠だったが、この中庭の広さはおよそ300×100メートルと、馬上槍試合や模擬海戦が行われるほど巨大で、劇場のような機能も十分にそなえていた。

ユリウス二世は、前任の教皇アレクサンデル六世が住んでいたヴァティカン宮殿のアパルタメント・ボルジアを嫌い、その上階に新たにいくつかの部屋（スタンツェ）をつくらせた。これ

らは宮殿南棟中央の最上階にあり、ラファエロが描いた一連のフレスコ画で有名である。ブラマンテは透視図法を駆使して、これらの部屋から中庭を眺めると、最奥部中央にある半円形平面のエクセドラが舞台背景となるように配慮したのである。ちなみに、同じ時期にミケランジェロは、すぐそばにあるシスティーナ礼拝堂の天井画を描いていた。まさに盛期ルネサンスを代表する大巨匠たちが、教皇の保護下で一堂に会し、卓越した技量を競い合うことになったのである。

右…ヴァティカン宮殿ベルヴェデーレの中庭最上階　上…ブラマンテの螺旋階段、ヴァティカン宮殿　下…ベルヴェデーレの中庭全体

さらに注目すべき点は、階段のデザインである。劇的な効果をもつ階段は、バロック建築の大きな特徴と考えられているが、それに先立つブラマンテの功績も忘れてはならない。この中庭の中心部に左右対称に設置されていたスロープは、16世紀のローマの庭園では泉や噴水と組み合わされて広く応用されるようになったが、のちに増築された図書館によって隠されてしまった。また、最上部のテラスのエクセドラへと至る円形平面の階段は、前半が凸型で後半が凹型という独創的なものだったが、これものちに変更されてしまった。それでも、宮殿の北棟角にある4種のオーダーを積み重ねた見事な螺旋階段は現存しており、のちの宮殿建築でしばしば手本とされた。

Data

名称…ヴァティカン宮殿ベルヴェデーレの中庭 {Cortile del Belvedere, Palazzi Vaticani}

所在地…ヴァティカン市国

建設年代…1504年着工

設計者…ドナート・ブラマンテ

備考…現在はヴァティカン美術館、図書館などを含む複合施設。のちにヴァティカン図書館とブラッチョ・ヌオーヴォの増築によって中庭は3つに分割されたため、現在は南の中庭が「ベルヴェデーレの中庭」と呼ばれ、北の中庭は「マツの中庭」と呼ばれる

4.

ヴィッラ・マダマ

Villa Madama

盛期ルネサンス

「古代風」の生活への憧れ

ヴィッラ・マダマは、枢機卿ジュリオ・デ・メディチ（1478〜1534、のちの教皇クレメンス七世）の依頼によりラファエロが設計した、ローマ郊外の別荘である。建物の名称は、のちにメディチ家に嫁いで所有者となったオーストリア皇女マルゲリータ（1522〜86）に由来する。ラファエロは画家として有名だが、ローマのサンタ・マリア・デル・ポポロ聖堂キージ家礼拝堂やフィレンツェのパラッツォ・パンドルフィーニなどを設計しており、また同時代の建築家のように、古代遺跡の実測調査やウィトルウィウス研究に並々ならぬ情熱を注いだ。そして、その成果がさまざまな形で実践されたのが、このヴィッラ・マダマにほかならない。

中央の円形中庭を挟んだ南北2つの棟による構成は、小プリニウスのヴィッラを参考としたもので、それぞれ冬用の部屋と夏用の部屋として計画された。さらに、クリプトポルティコ（地下の開廊）、塔の上に設けられたあずまや、劇場、浴場なども含む豪華なものだった。すなわち、このヴィッラでは、古代風の余暇（オティウム）を楽しむための娯楽施設としての要素が重視されていたのである。ラファエロの夭折とそれに続くローマ劫掠などにより、実現したのは北棟半分程度にとどまったものの、古代風のグロテスク装飾が施された見事なロッジアや、古代の彫像を飾るためのニッチが設けられた養魚池などから、元の計画の壮大さが想像できる。

アントニオ・ダ・サンガッロ・イル・ジョーヴァネらによる多くの図面や素描から明らかな

ように、このヴィッラでは古代劇場の復元計画が中心に据えられていた。このヴィッラが位置するモンテ・マリオの丘からは、ローマの都市全体を一望することができ、確かに劇場としての性格をそなえている。のちのパラーディオのヴィッラでも同様だが、内から外、外から内の眺めが、両方ともすばらしいものとなるように考慮されている。

細部では、外壁のイオニア式オーダーに見られる膨らんだフリーズは注目に値する。ウィトルウィウスの『建築十書』にこのような膨らんだフリーズの記述は見られず、古代建築にはハドリアネウムやサンタ・コスタンツァの墓廟などのわずかな例が現存するのみで、15世紀の建築やブラマンテの作品にも、このような例は存在しない。けれども、ラファエロ以降の建築家たちはこの意匠を好んだようで、セルリオの建築書『第四書』のイオニア式オーダーのみならず、パラーディオの『建築四書』でもイオニア式とコンポジット式オーダーに登場し、実際にバシリカ〔128頁〕やラ・ロトンダ〔132頁〕でも採用されている。

前頁右…養魚池、ヴィッラ・マダマ　前頁左…ヴィッラ・マダマ庭園　右頁…グロテスク装飾が施されたロッジア、ヴィッラ・マダマ　上…半円形の中庭、ヴィッラ・マダマ　左…ヴィッラ・マダマ外観

Data

名称…ヴィッラ・マダマ
{Villa Madama}
所在地…イタリア・ローマ
建設年代…1518年着工、ラファエロの関与は1520年まで
設計者…ラファエロ
備考…現在はイタリア政府の迎賓館

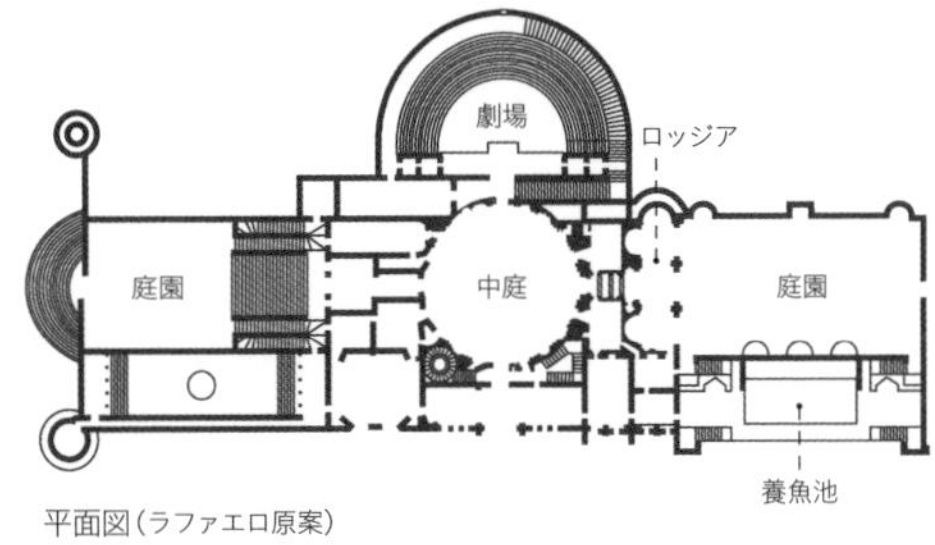

平面図（ラファエロ原案）

5.

モンテプルチャーノのマドンナ・ディ・サン・ビアージョ聖堂

Chiesa della Madonna di San Biagio

盛期ルネサンス

マリア聖堂と集中式平面

イタリアでの聖母崇拝の流行は中世末期から始まったといわれる。１４３９年のバーゼル公会議で「無原罪の御宿り」が推奨され、１４７６年に教皇シクストゥス四世によってこれが承認されてからは、実際に多くのマリア聖堂が建てられた。モンテプルチャーノにおけるこの聖堂建設のきっかけは、ある市民が聖母の奇蹟を偶然目撃したのち、多くの人びとにも同様の奇蹟が確認されたことで、奇蹟が生じた場所にマリア聖堂建設の計画が持ち上がったことによる。ほかの町でもおおむね同じパターンで、その後教皇の承認や資金の援助などを得て、建築家に設計が依頼される。なお、奇蹟の種類としては、建物に描かれた聖母像が血や涙を流したり、人に語りかけたりする、といったものが多い。

さらに興味深い点は、ルネサンスのマリア聖堂にしばしば集中式平面が採用されたことである。このことは、中世にローマのパンテオンが聖母とすべての殉教者に捧げられた聖堂に転用されてからの伝統であるともいわれているが、ルネサンスの集中式聖堂と、中世のそれらとの間にはいくつかの違いが確認できる。例えば、ルネサンスの聖堂では内から見ても外から見ても、モニュメンタリティが強調されている。す

右…マドンナ・ディ・サン・ビアージョ聖堂外観
上…聖堂鐘塔第2層詳細

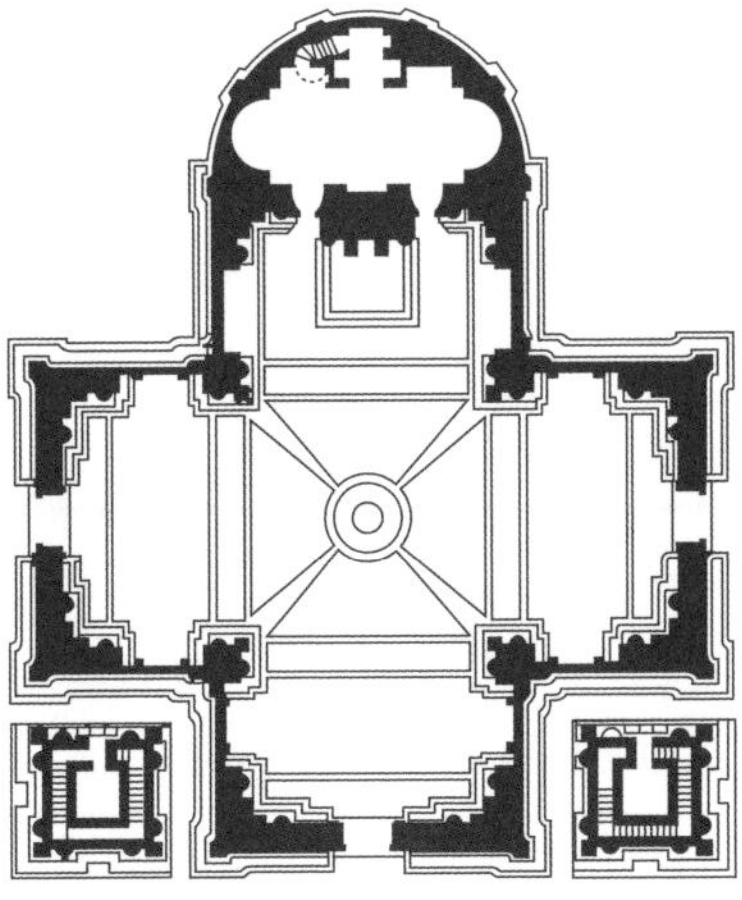

平面図

なわち、市壁の外や大きな広場のように、周囲が開かれた場所に独立して建てられ、しかもドラムを採用することによってドームが一段と際立って、都市景観を決定するほどの存在感を示しているのである。

　アントニオ・ダ・サンガッロ・イル・ヴェッキオの代表作であるこの聖堂は、ギリシア十字形平面で、ドームのみならず鐘塔もそなえている。規模は小さいながらも、聖母に捧げられた聖堂にしてはまことに堂々としている。古代ローマのバシリカ・アエミリアや、ブラマンテのテンピエット［92頁］に見られるような本格的なドーリス式オーダーの採用は、男性の聖人に捧げられた聖堂にふさわしいかもしれないが、「古代風」のモニュメントとしては、同じ集中式聖堂のプラートのサンタ・マリア・デッレ・カルチェリ聖堂やトーディのサンタ・マリア・デッラ・コンソラツィオーネ聖堂よりも勝っている。

Data

名称…マドンナ・ディ・サン・ビアージョ聖堂｛Chiesa della Madonna di San Biagio｝
所在地…イタリア・モンテプルチャーノ
建設年代…1518〜40年
設計者…アントニオ・ダ・サンガッロ・イル・ヴェッキオ

6.

ローマのパラッツォ・ファルネーゼ

Palazzo Farnese

盛期ルネサンス

教皇邸宅の壮麗さ

このパラッツォは、枢機卿アレッサンドロ・ファルネーゼ（1468〜1549、のちのパウルス三世）の依頼により、アントニオ・ダ・サンガッロ・イル・ジョーヴァネが設計した、ローマの中心部カンポ・デ・フィオーリにそびえ立つ豪邸である。1517年の着工時、正面広場が劇場空間として用いられるように、正面入口に至る直線道路の整備もされたことは、この計画がすでに都市的規模であったことを示している。その後1527年のローマ劫掠による工事の中断もあったため、1530年代半ばまで工事はあまり進まなかった。しかし、アレッサン

ドロが教皇パウルス三世として選出されると、「もはや枢機卿のパラッツォではなく、教皇のパラッツォ」へと、さらに野心的な計画に変更された。確かに建築の規模の壮大さはもとより、古代建築から再利用された高価な石材、展示されている多くの古代彫刻、壮麗な内部装飾など、どれもが教皇の邸館にふさわしい立派なものである。

1534年以降、パウルス三世が亡くなる1549年まで工事は活発に行われたが、アントニオは1546年に亡くなっていた。この時点では第2層のファサードまでが完成していたと思われ、ミケランジェロが第3層の建設を引き継いだ。しかしヴァザーリによると、すでにアントニオの存命中にコーニス部分の設計競技が新たに行われ、ミケランジェロ案が採用されたという。ミケランジェロの巨大なコーニスは、ウィトルウィウスの規則に反するとアントニオの弟子たちから批判されたが、窓列はアントニオの案に従いながらも階高を多少高めにすることで、巨大なコーニスとつりあうようにしたのである。

中庭の立面では、下から順にドーリス式、イオニア式、コリント式オーダーが積み重ねられている。第2層まではアントニオの設計による正統派の古典主義であるのと対照的に、第3層では明らかにミケランジェロの個性が強く表現されている。さらにミケランジェロは、正面から奥へと向かう1本の中心軸をこのパラッツォに与えることを計画していた。すなわち、正面広場に碁盤の目のような舗装をし、パラッツォの中央入口から小さな三廊式バシリカのようなウェスティブルム（玄関）、正方形の中庭、背後の庭園を順に並べて、最後にテヴェレ川に橋を架け渡すことで、対岸までまっすぐな眺望を連続させるというものである。この壮大な計画は実現しなかったものの、対岸にはキージ家のヴィッラがあり、これはのちにファルネーゼ家が購入して、ヴィッラ・ファルネジーナ［104頁］となった。

右頁上…パラッツォ・ファルネーゼ中庭　右頁下…パラッツォ・ファルネーゼ正面　上…アンニバーレ・カラッチ《バッカスとアリアドネの勝利》、パラッツォ・ファルネーゼ

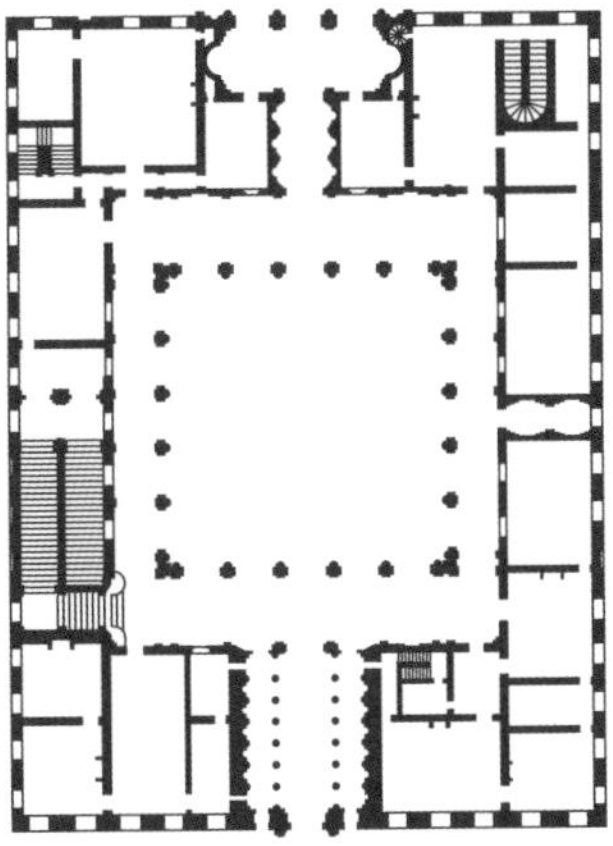

平面図

Data

名称…パラッツォ・ファルネーゼ {Palazzo Farnese}

所在地…イタリア・ローマ

建設年代…1517年に着工、1534年に設計変更。ミケランジェロの関与は1546～64年。1589年に完成

設計者…アントニオ・ダ・サンガッロ・イル・ジョーヴァネ、ミケランジェロほか

備考…現在はフランス大使館。画家アンニバーレ・カラッチ（1560～1609）によるギャラリーの天井画《バッカスとアリアドネの勝利》も有名

7.

Villa Farnesina

ヴィッラ・ファルネジーナ

盛期ルネサンス

「劇場人」の本領が発揮された豪邸

このヴィッラはテヴェレ川の南岸に沿ったルンガーラ通りに位置し、シエナの銀行家アゴスティーノ・キージの依頼により同郷のバルダッサーレ・ペルッツィが設計した邸宅である。一般に、ヴィッラは郊外の別荘として用いられることが多いが、このヴィッラは都心部にありながらも広い庭をそなえている。この庭では演劇などの催し物が行えるよう、凹型平面の北側1階にある「プシュケのロッジア」が庭園に面して開放され、このロッジアをそなえたファサードが舞台となるように計画された。ペルッツィはこれに先立って、シエナ近郊のヴォルテでも

右頁上…透視図法の間、ヴィッラ・ファルネジーナ　右頁下…ヴィッラ・ファルネジーナ庭園側ファサード　左頁下…プシュケのロッジア、ヴィッラ・ファルネジーナ

同じくキージの依頼により凹型平面のヴィッラを設計しており、ヴィッラ・ファルネジーナはそれを発展させたものといえる。なお、「ファルネジーナ」と呼ばれるようになったのは1579年にファルネーゼ家の所有となってからで、テヴェレ川のちょうど対岸にパラッツォ・ファルネーゼ［102頁］が位置する。

このヴィッラでは、前述の「プシュケのロッジア」や、東側1階にある「ガラテイアのロッジア」などにある、ラファエロと彼の弟子たちによって描かれたフレスコ画も有名だ。ペルッツィも最初は画家として修業したため、このヴィッラの内装も彼が手がけた。とりわけ注目に値するのは、1519年に制作された2階大広間の「透視図法の間」であり、透視図法を得意とした彼の才能が発揮されている。この部屋の壁面には、ドーリス式円柱のロッジアと、その柱間から眺められるローマの風景が描かれている。こうした絵画と建築との組み合わせによるトロンプ=ルイユ（だまし絵）は、ペルッツィ以前にもいくつかの優れた先例がある。マザッチョ（1401〜28）によるフィレンツェのサンタ・マリア・ノヴェッラ聖堂［36頁］の壁画《聖三位一体》や、ブラマンテによるミラノのサン・サティロ聖堂内陣［78頁］などが有名である。このヴィッラが劇場のような性格も持ち合わせていたことを勘案するなら、まさにペルッツィはうってつけの建築家であった。というのも当時、舞台背景画には透視図法が不可欠だったからだ。このことは、彼の弟子のセバスティアーノ・セルリオの建築書『第二書』でも説明されている。

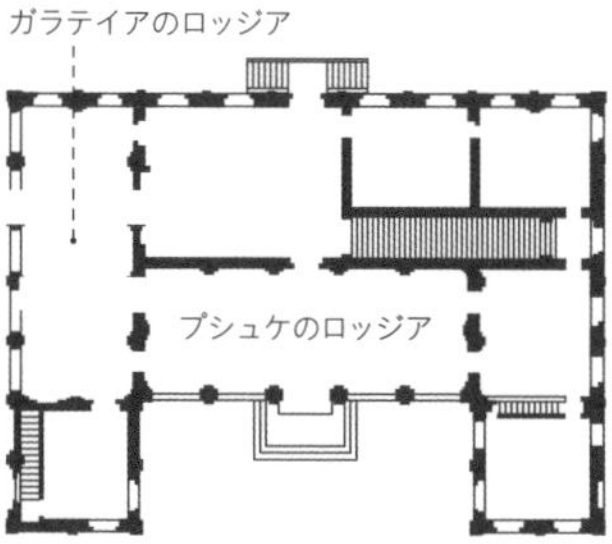

平面図

Data

名称…ヴィッラ・ファルネジーナ
{Villa Farnesina}
所在地…イタリア・ローマ
建設年代…1506〜11年
設計者…バルダッサーレ・ペルッツィ

8.

パラッツォ・マッシモ・アッレ・コロンネ

Palazzo Massimo alle Colonne

盛期ルネサンス

曲線状ファサードと古代劇場

ローマの名門であるマッシモ家は、12世紀から現在の敷地に邸宅を構えていたと伝えられている。1527年のローマ劫掠によってこの旧邸宅が破壊されたのち、1532年にバルダッサーレ・ペルッツィの設計によって、ピエトロとアンジェロの兄弟で敷地が東西に二分されるように、新たなパラッツォが建てられた。ペルッツィは不規則な敷地に各部屋を巧みに配置するのを得意としていたが、このパラッツォの独自性は、何よりも東側の曲線状のファサードである。ここでは層ごとに水平線で分割されるルネサンスの常套的な手法と異なり、第1層よりも上の滑面仕上げが施された広い壁面には、大小の矩形の窓がそのまま上下に並べられている。また、正面入口には対になったドーリス式円柱が採用されている。上層に円柱が用いられたブラマンテによるパラッツォ・カプリーニ（ラファエロの家）とは異なり、上下関係が逆転している点も斬新である。

テヴェレ川湾曲部に囲まれたローマの中心地には、「カンプス・マルティウス」（マルスの練兵場）と呼ばれる平地が広がり、網目のように複雑な通りが今日も残されている。古代起源の平地の都市では、グリッド状の整然とした通りとなるのが通例だが、この地区では地下に埋まっている円形平面を含む古代建築が、地上の建物の輪郭を決定しているのである。例えば、パラッツォ・マッシモの北に位置する現在のナヴォナ広場は、ベルニーニ（1598～1680）やボッロミーニ（1599～1667）によるバロックのモニュメントで飾り立てられている。この南北に細長い広場の輪郭は、ドミティアヌス帝（在81～96）の競技場が存在していたことによる。同様に、パラッツォ・マッシモのファサードが湾曲しているのは、地下に半円形平面のドミティアヌス帝の音楽堂が眠っているからである。

前述のように、ペルッツィはヴィッラ・ファルネジーナ［104頁］の設計をする以前に、ヴォルテでも同じ平面をそなえたキージ家のヴィッラを設計していた。同様にパラッツォ・マッシモを設計する以前にも、ローマのマルケルス劇場をサヴェッリ家の邸宅として増改築した経験があった。古代建築のリノベーションは、ルネサンスの人びとにとっても魅力的に思われていたであろうことは想像に難くない。パラッツォ・マッシモ前面の道を深く掘り下げてみると、マルケルス劇場と同じようになるのかもしれない。

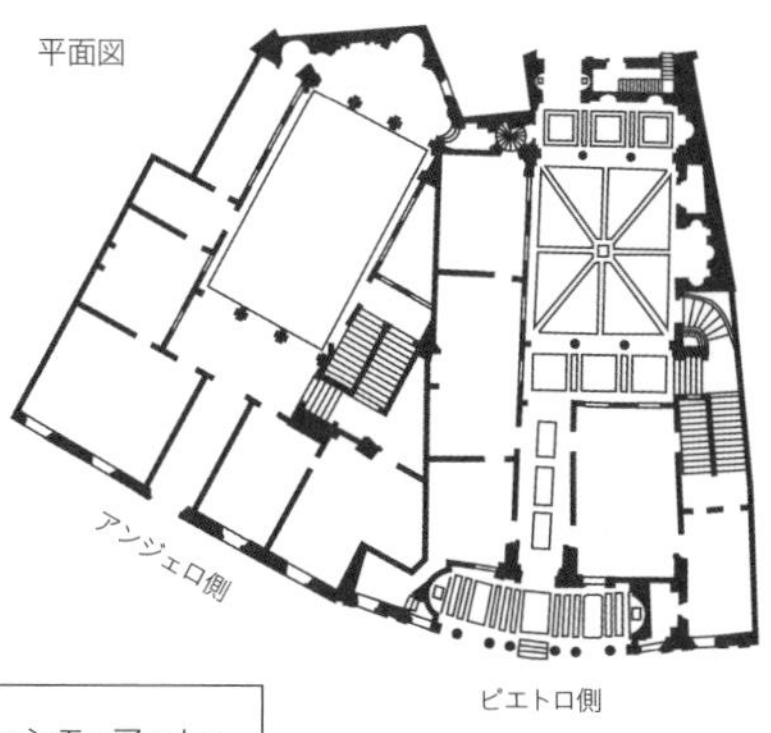

Data

名称…パラッツォ・マッシモ・アッレ・コロンネ
{Palazzo Massimo alle Colonne}
所在地…イタリア・ローマ
建設年代…1532年着工、1536年完成
設計者…バルダッサーレ・ペルッツィ
備考…毎年3月16日の7～13時に一般公開

右頁…パラッツォ・マッシモ・アッレ・コロンネの湾曲したファサード　右…パラッツォ・マッシモ・アッレ・コロンネ入口

9.

Villa Imperiale

ペーザロのヴィッラ・インペリアーレ

盛期ルネサンス

類例のない「古代風」の中庭

このヴィッラは、ウルビーノ公フランチェスコ・マリア・デッラ・ローヴェレ（1490〜1538）の妻エレオノーラ・ゴンザーガの依頼により、ジローラモ・ジェンガ（1476〜1551）が設計したものである。「インペリアーレ」という名は、神聖ローマ皇帝フリードリヒ三世（在1452〜93）がこの地に立ち寄り、最初の礎石を設置したことに由来する。それゆえ、ジェンガに設計が依頼されたときには、すでにこの敷地には城塞のような塔や狭間をそなえたスフォルツァ家のヴィッラが存在していた。ジェンガはこの建物の修復と内部装飾を手がけ、さらに新旧の建物をブリッジで連結する形で、ヴィッラを新たに設計したのである。

これらの建物は見晴らしのよい傾斜地に建て

られたため、床面の高さが異なる中庭や屋上庭園、屋上の望楼（アルターナ）が魅力である。ジェンガはウルビーノ出身で透視図法による舞台背景画も得意としていたため、ブラマンテのベルヴェデーレの中庭［94頁］のような劇場空間を強く意識していたに違いない。しかし、各階がモニュメンタルな外部階段で連結されるのではなく、内部の螺旋階段でアプローチされる点は、むしろウルビーノのパラッツォ・ドゥカーレ［54頁］などを参考にしたといえる。中庭の立面は床と天井の高さの関係により、従来とは逆に第1層のイオニア式の付柱の方が、第2層のコリント式の付柱よりも細身のプロポーションになっている。また、中庭の四隅を四分円で突出させる手法も特殊なもので、イタリア・ルネサンスのヴィッラなどには見られないものの、トマールのクリスト修道院大回廊［216頁］に影響を与えたと考えられる。

ファサードには主要な入口がなく、内と外とが完全に断絶されているため、ルネサンスの常套手段である、中心軸上に個々の要素を左右対称に並べる方法はとられていない。けれども、中庭に面した3列の円筒ヴォールト天井のアトリウムは、あたかもマクセンティウスのバシリカを小さくしたような豪華なつくりである。おそらくローマのパラッツォ・ファルネーゼ［102頁］のウェスティブルム（玄関）を参照したもので、古代住宅への憧れが読みとれる。

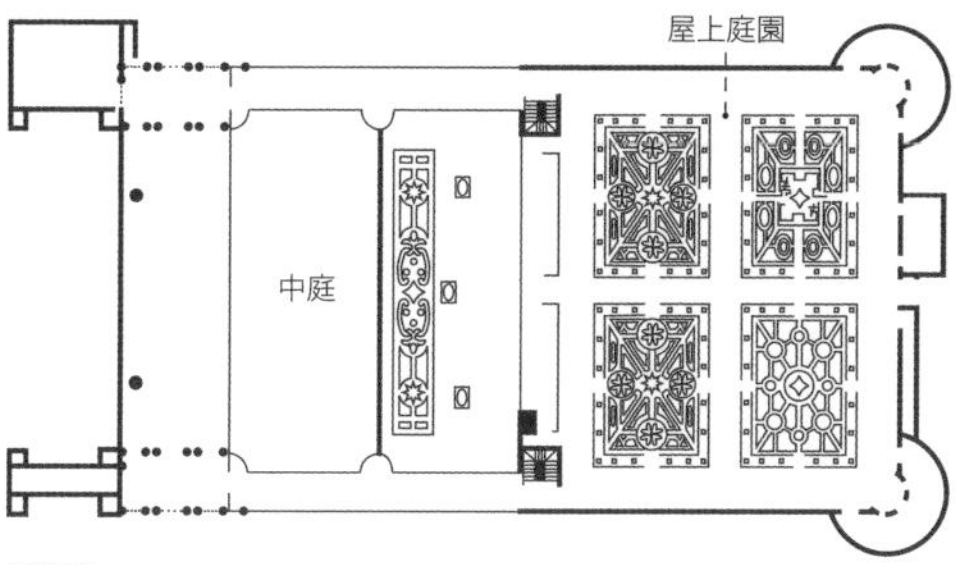

平面図

右頁上…ヴィッラ・インペリアーレ中庭　右頁下…アトリウム、ヴィッラ・インペリアーレ　左頁上…ヴィッラ・インペリアーレ旧棟　左頁下…屋上庭園、ヴィッラ・インペリアーレ

Data

名称…ヴィッラ・インペリアーレ {Villa Imperiale}
所在地…イタリア・ペーザロ
建設年代…1522年着工、1530年頃完成
設計者…ジローラモ・ジェンガ
備考…見学は6月〜9月の毎週水曜のみ可

10.

ラクイラのサン・ベルナルディーノ聖堂

Basilica di San Bernardino

盛期ルネサンス

矩形ファサードの「テンプルム」

現在アブルッツォ州の州都であるラクイラは、イタリアのなかでは比較的新しい中世起源の都市である。訪れる観光客も多くはないが、とりわけ日本では、2009年の地震によって大きな被害を受けた都市として有名になってしまったのは、非常に残念である。この町の中心には大聖堂があるが、大階段の上にそびえ立つサン・ベルナルディーノ聖堂はそれよりも立派な印象を与える。この聖堂の設計者は、ニコラ・フィロテジオことコーラ・デッラマトリーチェ（1489〜1555頃）であり、彼はラクイラのほかにもアスコリ・ピチェーノやノルチャで活躍した画家・建築家である。ちなみに彼の出身地アマトリーチェも、2016年の地震で大きな被害を受けたことは記憶に新しい。

コーラは1512〜14年にローマに滞在しブラマンテの影響を受け、1518年から建築の設計にも携わるようになった。1525年に着工されたサン・ベルナルディーノ聖堂は彼の代表作で、三廊式のバシリカ平面に八角形の大きなドームをそなえている。とりわけ興味深いのは、ドーリス式、イオニア式、コリント式の順にオーダーが3層に積み重ねられた矩形ファサードである。こうした手法は、すでにアルベルティがフィレンツェのパラッツォ・ルチェッライ［34頁］で採用しているが、コーラが参照したのは、ローマのサンタ・マリア・デッラニマ聖堂や、実現しなかったフィレンツェのサン・ロレンツォ聖堂［28頁］のファサード計画だろう。なお、前者はローマ在住のドイツ人のための聖堂であるため、身廊と側廊の天井高が等しいハレンキルへの形式が採用され、内観から矩形ファサードが決定されたと考えられる。しかしながら、この聖堂の周囲には建物が密集しているため、オーダーの積み重ねによる舞台背景的な効果は十分に発揮されていない。

一方、サン・ベルナルディーノ聖堂は、前述のように大階段の上にそびえ立ち、まさにアルベルティが『建築論』で語っているテンプルム（神殿や大聖堂）としての風格をそなえている。アブルッツォの中世の聖堂では、しばしば矩形ファサードが使用される伝統があったため、それを踏襲したのかもしれないが、オーダーの積み重ねと併用することで「古代風」の印象を与えることに成功している。1540年にコーラが第2層までを完成させ、それより上は後継者によって完成されたが、1703年の地震で被害を受けたのちに、内部はバロック様式に改築された。

右…サン・ベルナルディーノ聖堂ファサード
上…聖堂身廊内観

Data

名称…サン・ベルナルディーノ聖堂
〔Basilica di San Bernardino〕
所在地…イタリア・ラクイラ
建設年代…1525年着工、コーラの関与は1542年まで
設計者…コーラ・デッラマトリーチェ

16世紀の北イタリアとパラーディオ

ローマ劫掠後のルネサンスの行方

5. Il Cinquecento in North Italy and Palladio

ブラマンテとラファエロによる盛期ルネサンスは、ローマ劫掠によって幕を閉じた。

しかし、この「古代風」の様式が各地へと広まったことで、北イタリアではのちにパラーディオが活躍する舞台も整えられたといえるだろう。

5.

ローマ劫掠の恩恵

1499年にブラマンテがミラノからローマに移住したとき、当時のローマは決して美術の中心都市ではなかった。かといって、彼にはミラノで学んだ新しい手法をローマに伝えることが期待されていたわけではなく、むろん彼にもそのような考えはなかっただろう。一方、1527年のローマ劫掠のときには、ブラマンテやラファエロによるローマの最先端の手法を新天地に伝える役割を自覚していた美術家も少なくはなかっただろう。要するに、ローマは16世紀最初の四半世紀の間に著しい進歩を遂げた途端、奈落の底に突き落とされたものの、それによって北イタリア、とりわけ当時ヴェネツィア共和国領にあった多くの都市が恩恵を得ることになったのである。

ラファエロの一番弟子だった画家・建築家のジュリオ・ロマーノ（1499〜1546）はひと足早く、1524年に宮廷芸術家としてマントヴァ侯国に招聘された。彼はマントヴァであらゆる建設事業を一任され、自邸［図1］も設計したが、ヴァザーリによれば君主と見間違えられるほどの待遇だったという。1546年にはアントニオ・ダ・サンガッロ・イル・ジョーヴァネの後継者として、サン・ピエトロ大聖堂［156頁］の主任建築家の候補にも挙げられた。ローマ出身のジュリオは地元に帰ることを望んでいたのかもしれないが、同年に彼は亡くなってしまった。彼の代表作のパラッツォ・テ［118頁］はマニエリスムの典型例と見なされることが多いが、ウィトルウィウス的な古典主義を好んだヴェネト地方の建築家もジュリオの影響を少なからず受けており、ミケーレ・サンミケーリ（1484〜1559）やパラーディオの場合も、その例外ではない。

図1

ジュリオ・ロマーノ自邸／マントヴァ

ローマから移住した建築家たち

フィレンツェ出身の彫刻家ヤコポ・サンソヴィーノ（1486〜1570）は、ローマで古代建築を学ぶようになってからはブラマンテに才能を認められ、建築の分野でも仕事を与えられるようになった。ところがローマ劫掠のため、サン・ジョヴァンニ・デイ・フィオレンティーニ聖堂などの彼の計画の大半は、実現せずに中断されてしまった。1527年にヴェネツィアに逃れてからは、サン・マルコ聖堂の主任建築家（プロト）に任命され、同地で多くの設計を依頼されるようになった。ブラマンテの登場を境に、ローマの建築が15世紀から16世紀にかけて大きな変化を遂げたように、サンソヴィーノの登場によってヴェネツィアの建築は都市の姿を刷新させたのだった。このことは、図書館や造幣局（ゼッカ）［図2］、ロッジェッタ（小ロッジア）など彼の作品で飾り立てられたサン・マルコ広場［124頁］を見れば一目瞭然である。

ミケーレ・サンミケーリはヴェローナの石工の家に生まれ、初めはローマで古代建築やブラマンテの建築を学んだ。ローマ劫掠後は、アントニオ・ダ・サンガッロ・イル・ジョーヴァネとともに教皇領内の軍事施設の建設や修繕に尽力したが、故郷のヴェローナでは市門のような軍事施設のみならず、住宅建築や宗教建築の分野でも多くの優れた作品を残した。住宅建築では現在のカヴール大通りのパラッツォ・カノッサ［図3］やパラッツォ・ベーヴィラックア、パラッツォ・ラヴェゾーラ＝ポンペイ、宗教建築ではサン・ジョルジョ・イン・ブライダ聖堂やサン・ベルナルディーノ聖堂ペッレグリーニ家礼拝堂［図4］、大聖堂の内陣障壁（トルナコーロ）などが挙げられる。なお、ジュリオ・ロマーノやサンソヴィーノは建築の装飾も自ら手がけたのに対し、サンミケーリはパオロ・ヴェロネーゼ（1528〜88、ヴェネツィア派の画家で代表作はルーヴル美術館所蔵の《カナの

図2…ヤコポ・サンソヴィーノ、ゼッカ／ヴェネツィア
図3…ミケーレ・サンミケーリ、パラッツォ・カノッサ／ヴェローナ

婚礼』など）のような地元出身の優れた画家との役割分担によって数々の名作を残した。これは同じく石工であったパラーディオの場合も同様だった。

ペルッツィの弟子だったセバスティアーノ・セルリオは、ローマ劫掠後ヴェネツィアに移住した。このとき彼はペルッツィの建築素描集を所有しており、建築書を出版するときにこれらを活用したことは言うまでもない。しかし、セルリオの建築書は分冊の形で出版され、ヴェネツィアでは1537年に『第四書』、1540年に『第三書』が出版されたのみであった。また、彼はヴェネツィア共和国内で実際の建築設計に携わる機会も少なかったと思われ、彼の建築作品はイタリアに現存していない。それにもかかわらず、中央部が半円アーチとなった三連の開口部が「セルリアーナ」と呼ばれて広まったのは、彼の建築書の影響力の大きさを示している。セルリオは1540年に国王フランソワ一世（在1515～47）の統治下のフランスへと移住し、残りの建築書のいくつかはフランス国内で出版された（彼のフランスでの建築作品については8章参照）。

図4

サンミケーリ、サン・ベルナルディーノ聖堂ペッレグリーニ家礼拝堂／ヴェローナ

パラーディオとその後継者たち

アンドレア・パラーディオは、前述のサンソヴィーノやサンミケーリよりも20歳ほど若いが、作風については彼らと同様に、ブラマンテの盛期ルネサンスの延長線上に位置づけられる。パラーディオは人文主義者のジャンジョルジョ・トリッシノ（1478〜1550）に才能を見出され、ウィトルウィウスの『建築十書』や古代ローマ建築を学ぶことを勧められた。彼は石工だったため、絵画や彫刻を手がけることはなかったが、建築の分野では住宅建築、公共建築、そして宗教建築のいずれにおいても多くの名作を残した。とりわけ彼の才能が発揮されたのは、ラ・ロトンダ［132頁］を筆頭とするヴィッラであり、古代神殿のようなポルティコはパラーディオのトレードマークとなった。パラーディオの『建築四書』には、彼の建築作品の図面も多く掲載されていたため、特にラ・ロトンダのコピーはのちにイングランドどころか、アメリカにまで普及するに至った。

ヴェネツィア共和国におけるパラーディオの後継者は、ヴィンチェンツォ・スカモッツィ（1548〜1616）である。彼はパラーディオが未完のまま残したラ・ロトンダやオリンピコ劇場を完成させたのだから当然かもしれないが、スカモッツィの代表作であるロニーゴ（ヴィチェンツァ）のロッカ・ピッサーナ［図5］や、サッビオネータのオリンピコ劇場［138頁］は、パラーディオの影響なしには考えられない作品である。さらに、パラーディオにならって建築書『普遍的建築のイデア』も著し、むろん自分の作品もしっかりとアピールしている。イタリアでは17世紀以降にバロック様式が主流となるが、ヴェネト地方でパラーディオの影響がかなり長く続いたのは、スカモッツィの貢献によるところが大きい。

図5
ヴィンチェンツォ・スカモッツィ、ロッカ・ピッサーナ／ロニーゴ（ヴィチェンツァ）

1.

マントヴァのパラッツォ・テ

Palazzo Te

16世紀の北イタリアとパラーディオ

平面図

右頁…ダヴィデのロッジアと庭園側ファサード、パラッツォ・テ　上…三角ペディメント詳細、パラッツォ・テ　中…西側入口、パラッツォ・テ　下…中庭に見られるずり落ちたトリグリフ、パラッツォ・テ

マニエリスムの驚異

ジュリオ・ロマーノが、マントヴァ侯フェデリーコ・ゴンザーガ二世（1500〜40）により宮廷芸術家として招かれたのは、1524年のことである。その後すぐに計画されたパラッツォ・テは、マントヴァの中心部から南へ少し離れた場所にある、余暇を楽しむための施設である。当時、敷地一帯は島のように運河で囲まれていて「イゾラ・テイエトゥス」と呼ばれたことから、「パラッツォ・テ」という名はその地名に由来するが、むしろヴィッラとしての性格の方が強い。平面は1階建ての正方形中庭を取り囲んだ形で、建物の大部分は既存の厩舎が用いられている。西側の中央入口は三廊式で、フラ・ジョコンド版『ウィトルウィウス』に描かれた古代住宅のアトリウムに一致する。これはローマのパラッツォ・ファルネーゼ［102頁］やヴィッラ・マダマ［96頁］にも見られる要素である。

外側の壁面は、切石積みとドーリス式の付柱で構成されているように見えるが、実際にはレンガ造の表面をストゥッコで仕上げた経済的な手法になっている。三方を湖で囲まれたマントヴァでは大半の建築はレンガでできているが、彼はすでにローマでもこのような手法を試みていた。中庭側の壁面も外側の壁面と似ているが、入口に見られる三角ペディメントにまで突き抜けたアーチ頂部の大きな要《かなめ》石《いし》や、フリーズに見られる下にずり落ちたトリグリフは、古代建築

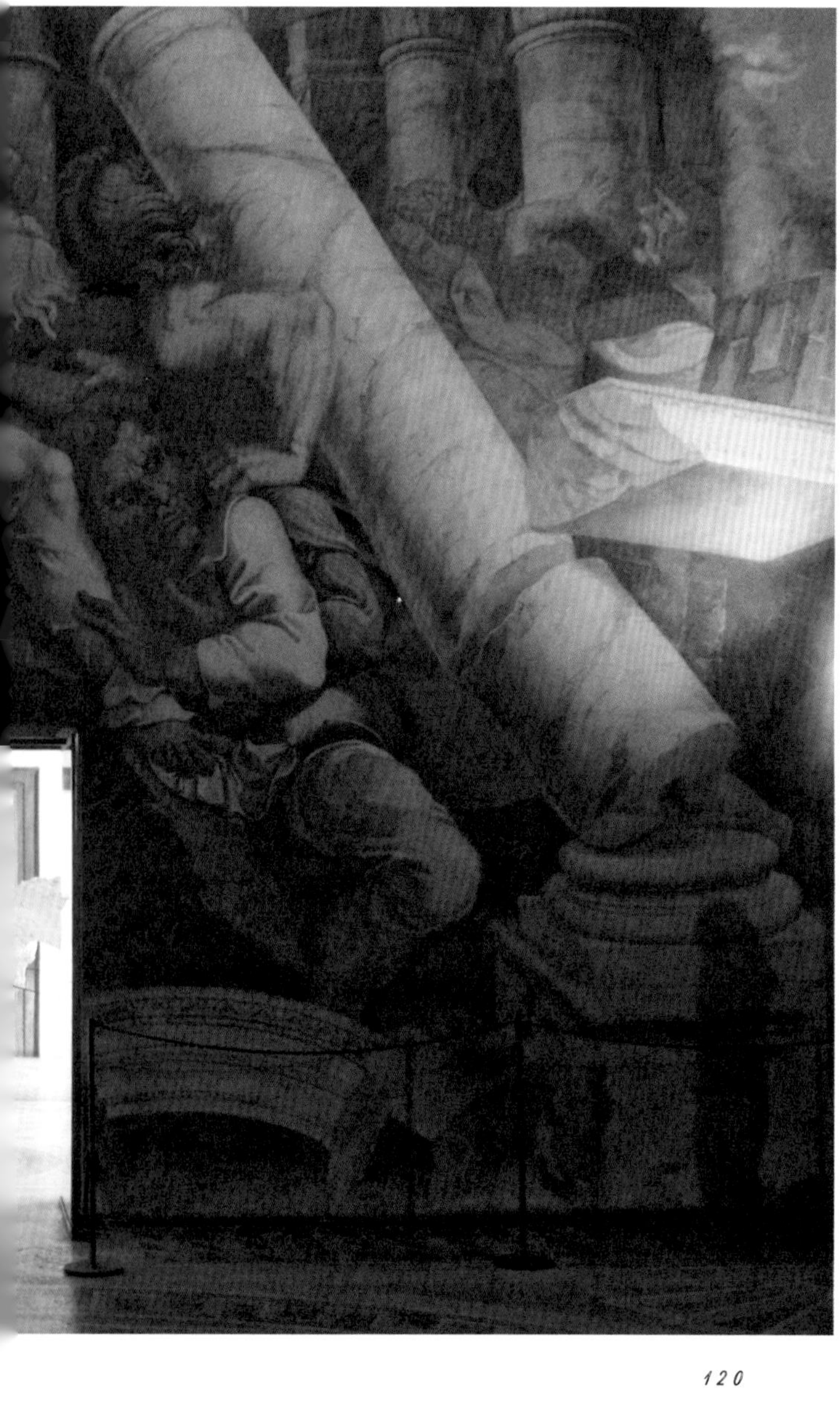

にはありえない手法である。中庭と庭園を結ぶ東側中央にある「ダヴィデのロッジア」は、4本のドーリス式円柱を束ねた力強い印象を与える。だが、養魚池の側の立面に三角ペディメントが加えられたのは18世紀のことであり、さらに庭園奥の大きなエクセドラや、その左のグロッタ（庭園や室内につくられた人工の洞窟）を含む棟も、後世に増築されたものである。

室内装飾の図像計画は、オリュンポスの神々が題材とされている。特に注目すべきは、北棟にあるアモルとプシュケの神話がエロチックに描かれた「プシュケの間」や、ゴンザーガ家の所有する6頭の名馬が描かれた「駿馬の間」などである。圧巻は南棟にある「巨人の間」だ。この部屋は壁と天井が一体となり、入口と暖炉を除いたすべてがフレスコ画で覆い尽くされている。ここには、天空からユピテルの雷が投下され、崩壊していく建物や岩石の下敷きとなって滅ぼされんとする巨人たちが豪快に描かれている。中庭で見たずり落ちたトリグリフは、ク

ライマックスにあたるこの部屋を暗示するものであり、この作品では建築にあるまじき「崩壊」がテーマになっているのかとも想像したくなる。このパラッツォには神聖ローマ皇帝カール五世（在1519～56）が、1530年と1532年に2度訪れているように、外国からの訪問客を驚かせ楽しませるための迎賓館としてもしばしば用いられた。

上段右…プシュケの間、パラッツォ・テ　上段中央…巨人の間天井、パラッツォ・テ　上段左…駿馬の間、パラッツォ・テ　下…巨人の間、パラッツォ・テ

Data

名称…パラッツォ・テ｛Palazzo Te｝
所在地…イタリア・マントヴァ
建設年代…1525～35年
設計者…ジュリオ・ロマーノ
備考…現在はマントヴァ市立美術館

2. パドヴァのロッジア・コルナーロ

Loggia Cornaro

ヴェネト地方初の盛期ルネサンス建築

ボローニャに次いで1222年に大学が設立されたパドヴァは、世界最古の植物園を有する都市であり、14世紀にはジョット、15世紀にはドナテッロなどの芸術家が活躍したことでも有名である。当時のパドヴァは、1405年以降ヴェネツィア共和国の支配下にあった。ヴェネツィア本島では、15世紀後半からコドゥッシな

どによって初期ルネサンス建築が建てられるようになったが、16世紀のパドヴァではヴェネツィアよりもいち早く盛期ルネサンス建築が登場した。それが人文主義者アルヴィーゼ・コルナーロ（1484〜1566）の邸宅に設けられたロッジア・コルナーロであり、設計者はジョヴァンニ・マリア・ファルコネット（1468頃〜1535）である。

このロッジアは2層構成で、5つの柱間からなる。下層は本格的なドーリス式のフリーズをそなえた半円柱と半円アーチを組み合わせたロッジアで開放されている。アーチの要石の部分に仮面の装飾が施されているのは、コルナーロが古代の演劇に強い関心を抱いていたことを示している。実際にこのロッジアは、庭でパドヴァの劇作家ルザンテ（1496頃〜1542）の作品を上演する際の舞台背景として計画された。屋外劇の舞台背景の先例としては、ヴィッラ・ファルネジーナ［104頁］でも、庭園に面した第1層がロッジアで開放されていたことが想起される。一方、上層にはイオニア式の付柱が積み重ねられ、柱間には彫像が設置されたニッチと窓が交互に並んでいる。そして窓にはくし形、ニッチには三角形のペディメントが載る。ただし、パドヴァ近郊のナント産の軟らかい石材が使用されたため、現在は柱頭などの装飾にかなりの劣化が散見される。

ファルコネットはもっぱらコルナーロ庇護下のパドヴァで活動し、ほかにもサヴォナローラ門やモンテ・ディ・ピエタ（公営質屋）、パラッツォ・デル・カピタニオ（司法長官邸）の凱旋門などを設計した。ロッジア・コルナーロに面した庭の右側にあるオデオ（音楽堂）は、1535年のファルコネットの死後、コルナーロ自身が設計したものである。オデオのファサードは2層構成で3つの柱間からなり、ロッジアとは逆に上層が開放されている。オデオの中心となる八角形平面の部屋はドームで覆われていて、対角線方向には半円形のエクセドラが設けられている。当時ローマで発掘されたネロ帝のドムス・アウレアの広間との類似性がうかがえ、いずれの部屋も内部はフレスコ画や浮彫で豊かに飾り立てられている。

右頁上…ロッジア・コルナーロ外観
右頁下…ロッジア内観、ロッジア・コルナーロ　上…アルヴィーゼ・コルナーロ、オデオ内観

Data

名称…ロッジア・コルナーロ｛Loggia Cornaro｝
所在地…イタリア・パドヴァ
建設年代…1524年完成
設計者…ジョヴァンニ・マリア・ファルコネット

3.

サンソヴィーノの図書館とサン・マルコ広場

Libreria Sansoviniana / Piazza San Marco

16世紀の北イタリアとパラーディオ

最も美しい イタリア・ルネサンスの広場

ヴェネツィアのサン・マルコ広場は、12世紀末にはおおよそ現在と同じ規模に決定され、13世紀末にはロッジアで囲まれていたという、中世には異例の存在である。イタリアで最も美しい広場としては、これとほぼ同時代に計画されたシエナのカンポ広場も個性的で、洗練さをきわめている。しかし、ルネサンスにおけるサン・マルコ広場の拡張整備と、それと直交して海に面した広場ピアッツェッタ（小広場）に建てられたサンソヴィーノの図書館は、広場に一段と壮麗さを加えるものであり、モニュメンタリティという点ではシエナの広場をもしのぐ。イタリアの都市では広場は一般に「ピアッツァ」と呼ばれるが、ヴェネツィアではサン・マルコ広場だけが「ピアッツァ」と呼ばれ、ほか

右頁上…中央のピアッツェッタ（小広場）を挟んで、右にサンソヴィーノの図書館、左にパラッツォ・ドゥカーレ　右頁下…イオニア式オーダー詳細、サンソヴィーノの図書館　上…ドーリス式オーダー詳細、サンソヴィーノの図書館

の広場（カンポ）と区別されているのは、この広場が別格であることを意味する。

図書館は細長い矩形平面で、北側の鐘塔や南側の海に面した3つの柱間と、ピアッツェッタに面した21の柱間からなる。2層からなるファサードの第1層はドーリス式のロッジアで開放されているのに対し、読書室や書庫として利用される第2層には、イオニア式のセルリアーナが用いられている。トリグリフのあるフリーズをそなえたドーリス式オーダーの採用は、この建物に荘厳さを付与している。それと同時に、上層に施された豊かな彫刻装飾はきわめて優雅な印象を与え、全体として陰影に富んだファサードとなっている。なお、図書館に隣接する造幣局（ゼッカ）と、鐘塔基部のロッジェッタもサンソヴィーノが設計した。

サンソヴィーノがこの建築を設計する際に参照したものとしては、バシリカ・アエミリアなどの古代ローマ建築だけでなく、多くの同時代の建築が候補に挙げられる。半円柱と角柱を結合した柱の断面は、ローマのパラッツォ・ファルネーゼ［102頁］の中庭やモンテプルチャーノのサン・ビアージョ聖堂［100頁］にも見られる。古くからローマとフィレンツェを結ぶ道筋にあるこの町にも、彼が旅の途中で立ち寄った可能性は高い。屋階に施された花綱をもつ童子の彫刻は、ローマのヴィッラ・ファルネジーナ［104頁］を参考にしたものである。セルリアーナは、すでにローマで古代や同時代の建築から学んでいたはずだが、図書館の着工と同年に、セバスティアーノ・セルリオの建築書『第四書』がヴェネツィアで出版されたことにも着目したい。

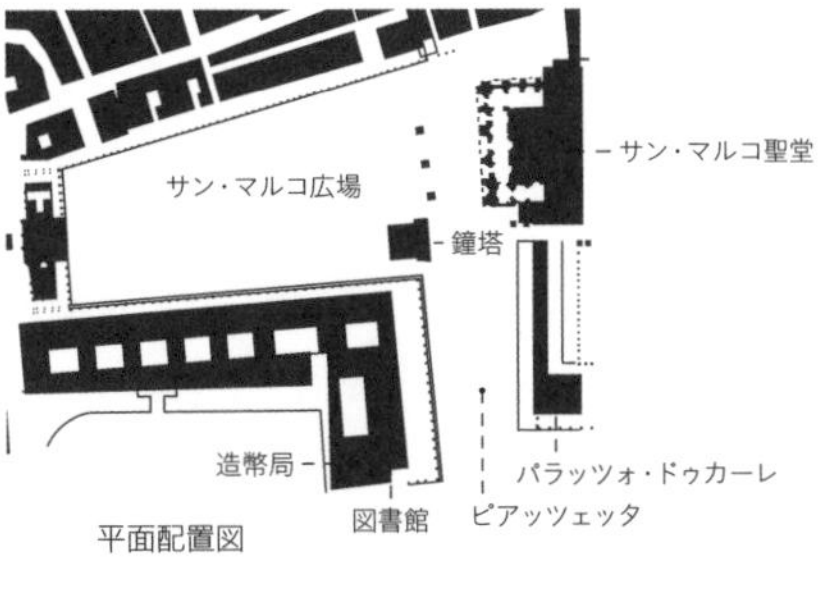

平面配置図

Data

名称…サンソヴィーノの図書館とサン・マルコ広場［Libreria Sansoviniana /Piazza San Marco］
所在地…イタリア・ヴェネツィア
建設年代…1537〜54年
設計者…ヤコポ・サンソヴィーノ
備考…現在はマルチャーナ国立図書館

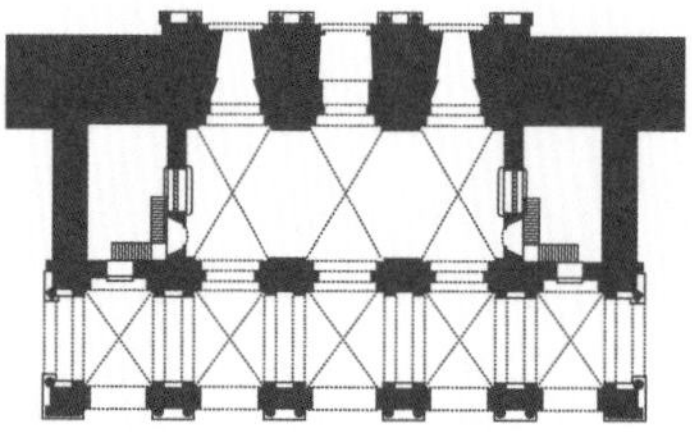

平面図

4.

ヴェローナのパリオ門

Porta Palio

16世紀の北イタリアとパラーディオ

いとも豪華なる軍事建築

大抵のルネサンスの建築家は、城塞などの軍事施設の設計や修繕にも携わった。15世紀ではマリアーノ・ディ・ヤコポ、通称タッコラ（1381〜1453頃、シエナ出身の技術者・芸術家で、図版入りの著書『技術論』や『機械論』はレオナルド・ダ・ヴィンチにも影響を与えた）とフランチェスコ・ディ・ジョルジョ、16世紀ではアントニオ・ダ・サンガッロ・イル・ジョーヴァネとミケーレ・サンミケーリが特に有名である。1453年には、オスマン帝国によってコンスタンティノープルが陥落し、さらに1527年のローマ劫掠以降は、イタリア全土で要塞の増強が至急の課題となった。当初ミケーレはアントニオとともに、ローマ劫掠を招いてしまった教皇クレメンス七世に仕えていたが、ヴェローナ出身であったミケーレは、のちにヴェネツィア共和国のために勤勉に働いた。

パリオ門は本来、軍事目的ではなく、ヴェローナの祝祭である競馬（パリオ）のためにつくられたといわれている。しかし、祝祭用の施設はイベントが終われば撤去されるのが通例である。おそらく評判がよかったため、恒久的な市門につくり直されたのだろう。実際ミケーレは、1540年に南側市壁にヌオーヴァ門を完成させており、すでに高い評価を得ていた。ところが、西側市壁のパリオ門はヌオーヴァ門をさらに上回る出来栄えで、ヴァザーリいわく「ミケーレの最後の奇蹟」となったのである。

この門の正面ファサードは3ベイで、縦溝が刻まれた対をなすドーリス式の円柱が、柱断面の四分の三ほど突出し、それらの上にトリグリフをそなえたフリーズが載っている。ただし、計8本の柱のうち、両端の2本だけが角柱である。すべてのベイの中央には、古代の兵士の胸像をかたちどった持送りが配置されていて、壁面はトゥーフォ（凝灰岩）による切石で滑らかに仕上げられている。門の内部には、3ベイの幅に等しい矩形平面の部屋の両脇に、いくぶん小さな部屋が設けられている。

一方、都市の内側に向いたファサードは、5ベイのロッジアからなる。正面ファサードと同様に、対のドーリス式円柱が用いられているが、柱礎のないルスティカ仕上げであり、壁面も同じ仕上げになっている。柱礎のないドーリス式の例としては、ローマのマルケルス劇場がよく知られているが、ヴェローナのアレーナにも見られるので、むしろミケーレは後者を参考にした可能性が高い。

右頁…市内側ファサード
上…市外側ファサード
下…持送り装飾、パリオ門

Data

名称…パリオ門{Porta Palio}
所在地…イタリア・ヴェローナ
建設年代…1545年頃着工、1557年にほぼ完成
設計者…ミケーレ・サンミケーリ

5.

パラーディオのバシリカ

Basilica Palladiana

16世紀の北イタリアとパラーディオ

パラーディオの出世作

中世の北イタリアには「ブロレット」と呼ばれるタイプの市庁舎が多い。建築的には1階に店舗が設けられてアーケードなどで開放され、2階に大広間が設けられるという2階建てが主流であり、鐘塔が設けられることはあまりない。ヴィチェンツァでは「パラッツォ・デッラ・ラジョーネ」と呼ばれ、「理性の館」である裁判

所としての機能もそなえているが、形態的には同じである。ヴィチェンツァのこの建物は、15世紀半ばに生じた火災ののち、1481〜94年にトンマーゾ・フォルメントン（1428〜92）の設計で再建され、パドヴァのパラッツォ・デッラ・ラジョーネとよく似たロッジアが周囲に設けられたものの、まもなく崩壊してしまった。

右頁上…パラーディオのバシリカ第2層　右頁下…パラーディオのバシリカとシニョーリ広場　上…ヴィンチェンツォ・ガラッシ《アンドレア・パラーディオ立像》、バシリカ西側

その後、1538年にサンソヴィーノ、1539年にセルリオ、1541年にサンミケーリ、1542年にジュリオ・ロマーノといった、そうそうたる建築家が招かれ設計を依頼された。

最終的には、1549年に、当時まだ無名だった地元の若手建築家パラーディオの案が採用された。一般に彼の作品は、レンガにストゥッコを施した経済的な仕上げでありながらもモニュメンタリティを感じさせるのが特徴であるのに対し、このファサードでは大きな切石を積み重ねたことで一段と迫力を増している。だがその分だけ、完成にはかなりの年月を要した。ファサードは、1階にドーリス式、2階にイオニア式のセルリアーナを用いたロッジアで開放されている。このパラッツォの平面は不等辺の四角形なので、半円アーチによるアーケードでは幅と高さが各辺で異なり、きれいに納めることが難しかったのである。このような場合、セルリアーナであれば、アーチ部分の柱間を一定としたまま、残りの柱間を若干変化させることで、高さを変えずに全体をうまく調節することができる。

この建築にはサンソヴィーノの図書館〔124頁〕からの影響も指摘されるが、セルリアーナに関しては、むしろジュリオ・ロマーノによるマントヴァ近郊のサン・ベネデット・ポー修道院を参考にしたといわれている。

パラーディオは、『建築四書』の公共建築に関する「第二書」で古代ローマのバシリカとともに、この作品も掲載した。やがて、パラーディオ主義が流行した17世紀以降の英語圏では、セルリアーナはもっぱら「パラディアン・モティーフ」と呼ばれようになった。

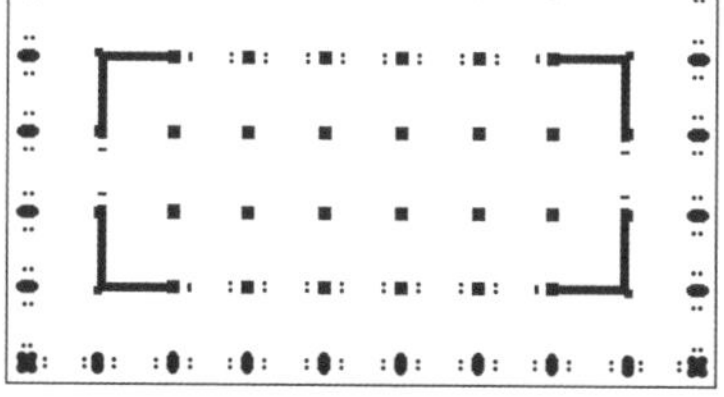

平面図（パラーディオ『建築四書』より）

Data

名称…パラーディオのバシリカ {Basilica Palladiana}

所在地…イタリア・ヴィチェンツァ

建設年代…1549〜1614年

設計者…アンドレア・パラーディオ

備考…広場の向かい側にあるロッジア・デル・カピタニャートもパラーディオの設計

6.

Palazzo Chiericati

パラッツォ・キエリカーティ

16世紀の北イタリアとパラーディオ

開放的なファサードをそなえたパラッツォ

古代ローマに起源をもつヴィチェンツァは、ヴェネト地方にある。現在は人口約10万人の中小都市に過ぎないけれども、この町で活躍したアンドレア・パラーディオの作品は、建築を学ぶ者にとっては必見である。彼の代表作は、宗教建築はヴェネツィアに集中しているが、住宅建築のパラッツォ、バシリカや劇場などの公共建築はヴィチェンツァに集中している。ここでは数多くのパラッツォのなかから、最も独創的なパラッツォ・キエリカーティを取り上げる。

このパラッツォはバシリカ［128頁］とほぼ同時期に、地元の有力者ジローラモ・キエリカーティ（1557没）の依頼により、パラーディオが設計した邸館である。キエリカーティはジャンジョルジョ・トリッシノと同様、パラーディオの熱烈な援護者であり、バシリカの設計時にも彼の案を強く支持した。敷地は当時「イゾラ広場」と呼ばれた、町の東端の川に面して開かれた場所のため、パラッツォというよりもヴィッラのような外観である。一般的なパラッツォは街路や広場に対して閉ざされ、中庭に対して開かれていることが多いが、ここでは正面に古代神殿のような基壇が設けられ、2層構成のフ

ァサードの下層はすべてドーリス式オーダーのポルティコで開放されているのだ。パラッツォの第1層を列柱廊で一部開放する方法は、ペルッツィによるローマのパラッツォ・マッシモ・アッレ・コロンネ［106頁］ですでに採用されていたが、ここではさらに角の円柱を何本も束ねることで、いっそう力強い表現となっている。

一方、上層にはイオニア式オーダーが積み重ねられ、中央部の5つの柱間には三角形とくし形のペディメントを頂く窓が交互に並び、両端部3つの柱間が開放されている。こうしたオーダーの積み重ねはバシリカにも採用されていたが、ここでは中央部が強調されている。また、ポルティコ側面の開口部がアーチとなっている点も注目に値する。この手法は古代ローマのオクタウィアのポルティコを手本としたもので、このパラッツォで採用されてからは、ラ・ロトンダ［132頁］を筆頭とするヴィッラのポルティコでも用いられるようになった。現在は市立美術館となり、パラーディオ直筆の多くの建築素描を所蔵している。

右頁…パラッツォ・キエリカーティ正面　上…ドーリス式オーダー詳細、パラッツォ・キエリカーティ　下…ポルティコ内観、パラッツォ・キエリカーティ

Data

名称…パラッツォ・キエリカーティ｛Palazzo Chiericati｝
所在地…イタリア・ヴィチェンツァ
建設年代…1551年着工、1570年から中断、1670年頃完成
設計者…アンドレア・パラーディオ

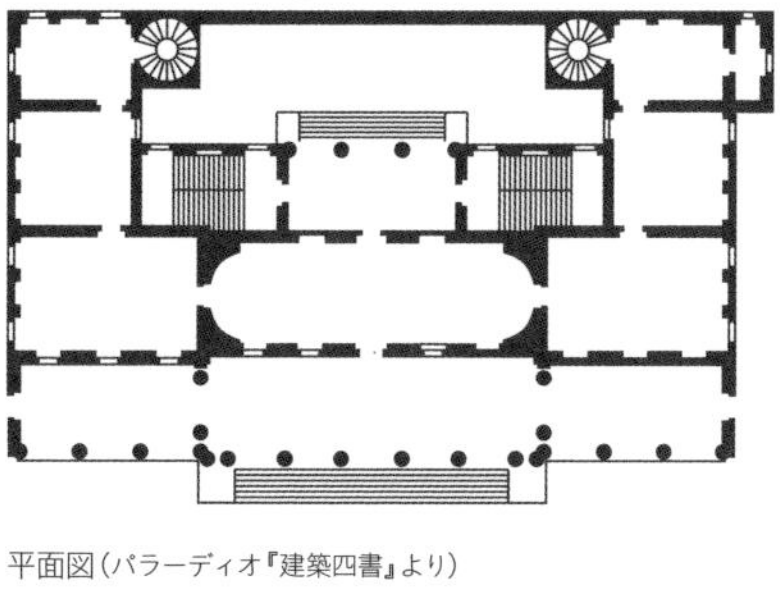

平面図（パラーディオ『建築四書』より）

7.

Villa Almerico-Capra "La Rotonda"

ヴィッラ・アルメリコ=カプラ（ラ・ロトンダ）

16世紀の北イタリアとパラーディオ

ドームをそなえた至上の住宅建築

パラーディオはいかなるタイプの建築でも、個性的な多くの優れた作品を残した。そのなかでも彼が新境地を開拓したのはヴィッラであり、質・量ともに彼の右に出る者はいない。実際、パラーディオの『建築四書』「第二書」は彼の住宅作品集となっていて、ヴィッラには強い思い入れがあったに違いない。ヴェネト地方のヴィッラの大きな特徴は、同時期にローマ近郊に建てられた避暑や狩猟などの娯楽を目的としたヴィッラとは異なり、周囲に畑を所有する農家としての性格が重視されていたことである。納屋や家畜小屋、使用人のための住居といった施設は欠かせないが、劇場や噴水、グロッタのような遊興施設はさほど重視されていないので、多少地味に見えるかもしれない。しかし、パラーディオのヴィッラのすべてが農家というわけではなく、農家としての機能が優先されていても、付加価値が与えられている例が多い。

建築の起源が住宅にまでさかのぼることは間違いないが、神の家である宗教建築は、人の住まいよりも立派なものでなければならない。そのためには、大理石のような高価な石材を使用したり、豪華な装飾を施したりする方法が一般的に選ばれるが、パラーディオは建築材料としてはもっぱら経済的なレンガとストゥッコを使用し、装飾も最小限にとどめていた。彼の発想は、人の住まいを高貴なものとするためには神殿のモティーフを採用するのが理想的というもので、それによって大成功を収めた。四方にポルティコをそなえ、宗教建築のごとく中央にドームを頂き、緩やかな丘の上にそびえ立つヴィッラは、まさに完全無欠である。かのドイツの文豪

右上…南側ポルティコからの眺望、ヴィッラ・アルメリコ=カプラ(ラ・ロトンダ) 右下…北側ポルティコからの眺望、ラ・ロトンダ 左下…ラ・ロトンダ北側正面

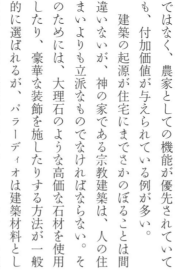

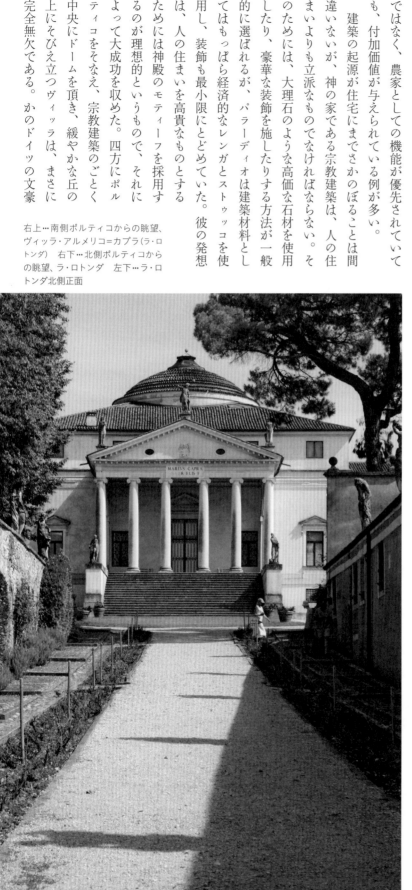

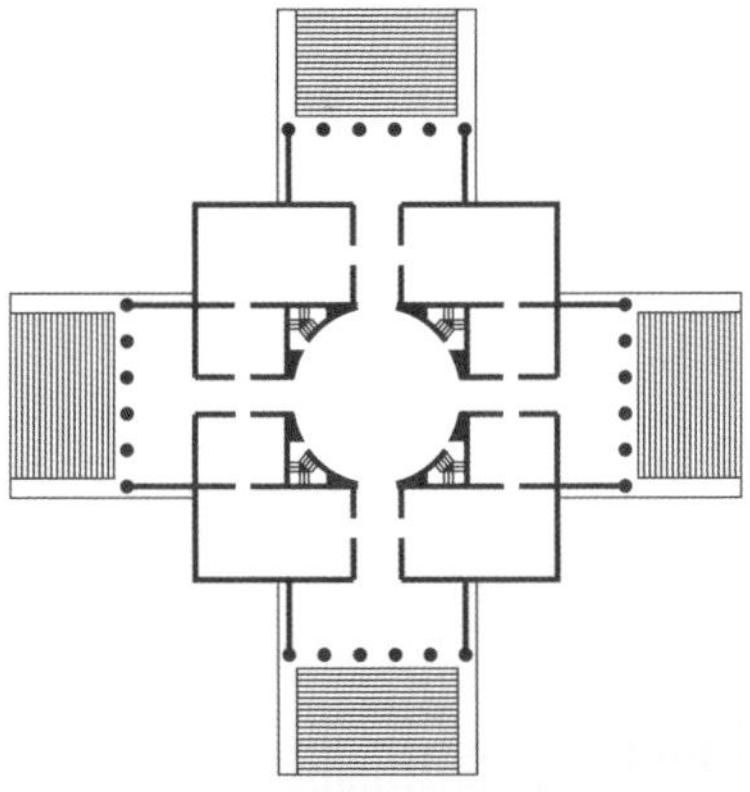

平面図（パラーディオ『建築四書』より）

ゲーテ（1749〜1832）も、『イタリア紀行』で次のように称讃している。

「今日、私は町から三十分かかる気持のよい丘のうえの金殿玉楼、通称ロトンダを訪れた。上から光線を採った円い広間を中に囲む方形の建物である。四方いずれからでも、大階段を昇れば、常に六本のコリント式円柱によって作られた玄関に達する。恐らく建築術上これ以上贅をつくした例はほかにあるまい。階段と玄関との占めている面積は、家屋そのものの面積より遙かに広いのである」（岩波文庫、相良守峯訳）

ゲーテはイオニア式をコリント式と間違えているけれども、その審美眼は確かであり、一見無駄であるようなポルティコが、居室よりも重要な役割を果たしていることを見抜いている。

ただしドームは、依頼主と建築家の死後、オドリコとマリオのカプラ兄弟が所有者となってから、ヴィンチェンツォ・スカモッツィによって完成されたものであり、『建築四書』に描かれた図面のドームよりもかなり低めである。その理由にはいくつかの説があるが、パラーディオの意図から大きく逸脱はしていないといってよい。なお、パラーディオはヴィッラのポルティコにはイオニア式オーダーを採用し、その側面は単一のアーチとするのが常であった。

設計を依頼したパオロ・アルメリコ（1514

北東側からのラ・ロトンダ外観

〜89）は、友人たちと饗宴を楽しむための施設を要求した。この敷地は、パラーディオが「巨大な劇場」と評したほど魅力にあふれた景観に恵まれていて、まさに地の利を最大限に生かした建築が誕生したのだった。近代住宅の名作であるル・コルビュジェ（1887〜1965）のサヴォワ邸は、着陸した宇宙船のようにほかの敷地に移築しても見栄えがするかもしれないが、ラ・ロトンダは地面から生えてきた植物のようにしっかりと地に根差していて、この敷地でなければならない。だが、後世に与えた影響の大きさは計り知れず、ラ・ロトンダの写しともいえる建築の多さは、ブラマンテのテンピエット［92頁］の場合よりもはるかに上回っている。イタリアには数多くの世界遺産があり、有名な建築家の数も他国を圧倒しているが、1人の建築家による作品群としてまとめて登録されているのは、前近代ではパラーディオくらいだろう。

Data

名称…ヴィッラ・アルメリコ＝カプラ（ラ・ロトンダ）
{Villa Almerico-Capra “La Rotonda”}
所在地…イタリア・ヴィチェンツァ
建設年代…1567年頃着工、1569年にほぼ完成、ドームはヴィンチェンツォ・スカモッツィにより1606年に完成
設計者…アンドレア・パラーディオ
備考…夏期のみ開館、内部見学は木曜のみ

8.

イル・レデントーレ聖堂

Chiesa del Redentore

集中式かバシリカ式か

この聖堂は、1575〜77年にヴェネツィアで猛威を振るったペストからの回復を祈願するために、ヴェネツィア共和国政府がパラーディオに設計を依頼したものである。敷地としてジュデッカ島が選ばれたのは、町の中心から外れた場所で、かつサン・マルコ広場［124頁］から見ることもできるからだろう。その結果、今でも毎年行われているペスト回復記念の祝祭では、統領（ドージェ）を伴う大勢の行列の終着点となった。それゆえ、この聖堂には舞台背景的な性格が要求され、古代神殿のようなファサードに加え、ドームと左右対称の鐘塔も設けられた。

この聖堂は、厳しく清貧な生活を信条とするカプチン修道会に委ねられたため、とりわけ修道士のための聖歌隊席は簡素に仕上げられている。ファサードではイストリア石が用いられているものの、内部には精巧なコリント式の柱頭以外に装飾は見られず、白一色の抑制されたデザインである。ドラムでは付柱がほんのわずかに突出しているだけで、ドームは純白でリブがなく平滑に仕上げられているので、採光塔から光が降り注いだ内部空間は、壁体の重量感を感じさせない。

平面については、矩形か円形か、つまりバシリカ式と集中式のいずれがよいかについて議論がなされた。奉献聖堂には伝統的に集中式平面が採用されたが、宗教儀式には不都合であった。そこでパラーディオは、礼拝堂を含む身廊、内陣、後陣という3つの異なる機能と形態で構成された平面を提案した。これは従来のラテン十字形平面とはまったく別のものである。なお、この聖堂も含めた多くの作品で古代浴場の窓がしばしば用いられているように、彼は古代浴場から多くを学んだといわれている。

ファサードは、身廊とほぼ同じ幅の広い基壇へと階段で導かれる。同じくパラーディオが手がけたサン・ジョルジョ・マッジョーレ聖堂のときよりも、正面性が一段と強調されている。サン・ジョルジョ・マッジョーレ聖堂は三廊式平面だったため、内部における身廊と側廊の天井高の差がファサードにそのまま現われ、身廊部に相当する4本の円柱の高さを台座で調節せざるを得なかった。一方、イル・レデントーレ聖堂では、内部でもファサードでも台座を用いる必要はなかったので、うまくまとまっている。パラーディオの建築作品群のなかでは特に、平面や立面における比例関係が三次元にまで及んでいて、内部・外部のあらゆる要素が互いにつながりをもち、立体的に構成されているといえる。

右頁…イル・レデントーレ聖堂ドーム内観　上…聖堂外観　下…聖堂ファサード

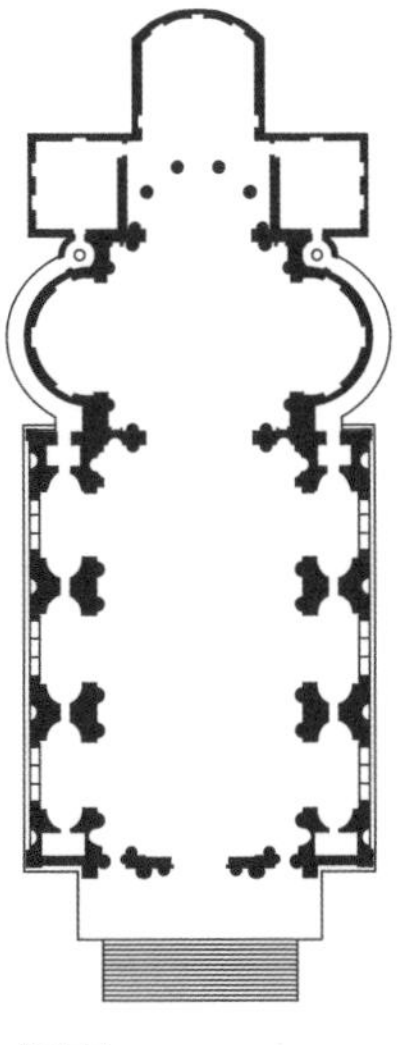

平面図

Data

名称…イル・レデントーレ聖堂
［Chiesa del Redentore］
所在地…イタリア・ヴェネツィア
建設年代…1577〜92年
設計者…アンドレア・パラーディオ

9.

サッビオネータのオリンピコ劇場

Teatro Olimpico

16世紀の北イタリアとパラーディオ

理想都市の「古代風」劇場

ルネサンス期で古代劇場に対する関心が高まったのは、ウィトルウィウスの『建築十書』が15世紀末に初めて出版された頃からだろう。16世紀初めには、ラファエロがその記述を参考にヴィッラ・マダマ［96頁］で古代劇場の復元を試み、ペルッツィやセルリオは透視図法を駆使した多くの舞台背景画を描いた。さらに1513年の教皇レオ十世選出の記念祝祭で、ローマのカンピドーリオ広場［154頁］に仮設劇場が建てられたが、常設の劇場はなかなか実現しなかった。現存最古のルネサンスの常設劇場は、1580年にパラーディオの設計で着工されたヴィチェンツァのオリンピコ劇場である。同年の彼の死後、舞台背景はヴィンチェンツォ・スカモッツィによって1585年に完成されたが、この経験がこのサッビオネータのオリンピコ劇場でも生かされたことは言うまでもない。

　サッビオネータはマントヴァとパルマのちょうど中間地点に位置し、「小アテネ」と称されるほど魅力的なルネサンスの理想都市の1つである。この地を与えられたヴェスパジアーノ・ゴンザーガ（1531～91）はマントヴァに負けじと都市計画に励み、オリンピコ劇場もその一

右…オリンピコ劇場内観
左…オリンピコ劇場外観

環として計画された。パラーディオはヴィチェンツァのオリンピコ劇場の設計にあたって、既存の建物内に収めるという条件が課されたため、横長の矩形平面に半円形というよりも、くし形ないしは楕円形の階段席を組み込んだ形で、全体的に小さくまとめざるを得なかった。それに対し、サッビオネータの劇場は新築だったため、設計の自由度は大きかった。

古代劇場では湾曲した外壁にオーダーが積み重ねられ、屋根はないのが一般的だったが、こうした外観はもはやルネサンスの劇場では踏襲されなかった。サッビオネータのオリンピコ劇場の外観は、第2層に対になったドーリス式の付柱が使用された2層構成であり、湾曲部は表出していない。それゆえ、外観は普通のパラッツォと変わらず、しかも屋根で覆われていて、内部に入って初めて劇場であることが認識できる。また、内観も縦長の矩形平面の一端に半円形平面の木造の階段席が組み込まれているため、多くの観客を収容できる。以降の劇場建築では、こうした縦長の平面が主流となった。この階段席の最上部には、12体のオリュンポス神像を載せたコリント式の円柱によるロッジアが形成されている。もう一端の舞台側では、奥に向かって床面が上に傾斜している。これは透視図法の効果を考慮したためだが、舞台背景は19世紀に失われてしまった。

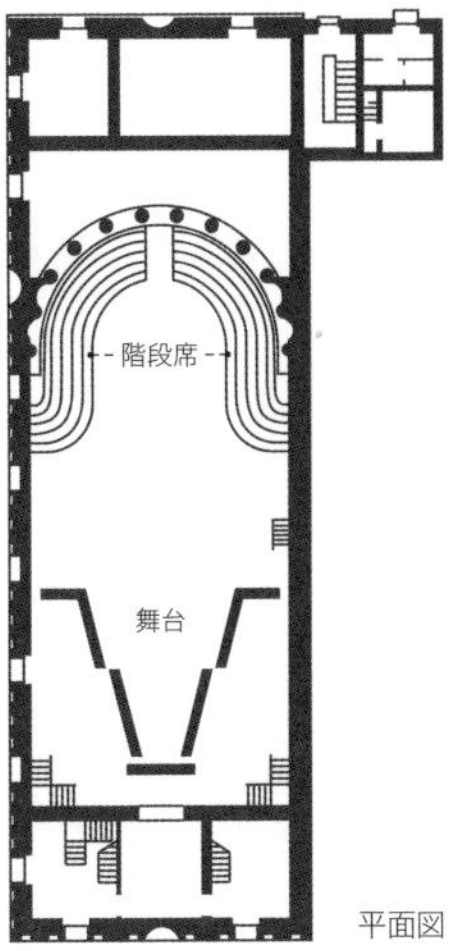

平面図

Data

名称…オリンピコ劇場
{Teatro Olimpico}
所在地…イタリア・サッビオネータ
建設年代…1588〜90年
設計者…ヴィンチェンツォ・スカモッツィ

10.

パルマノーヴァの都市計画

Palmanova

16世紀の北イタリアとパラーディオ

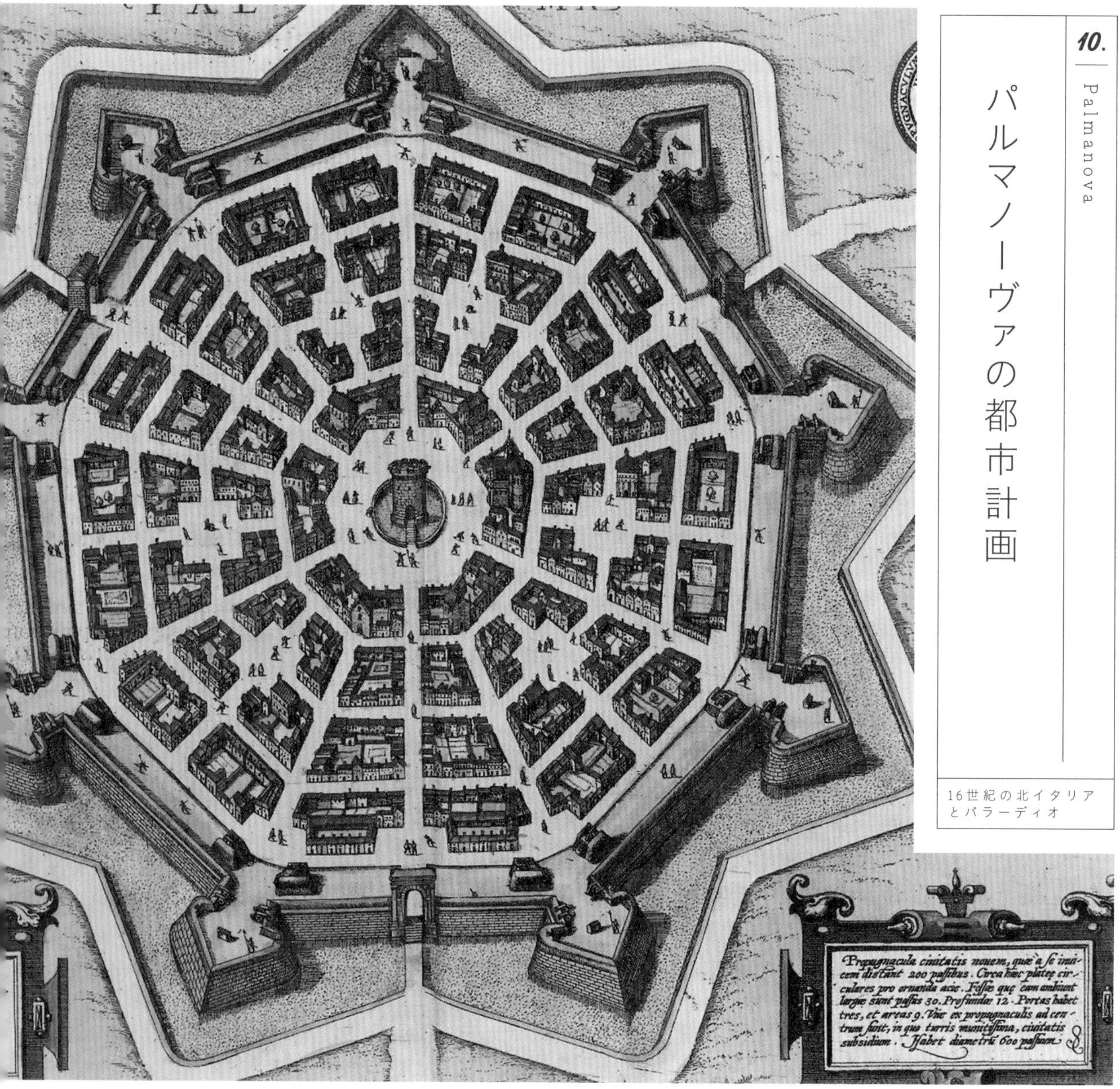

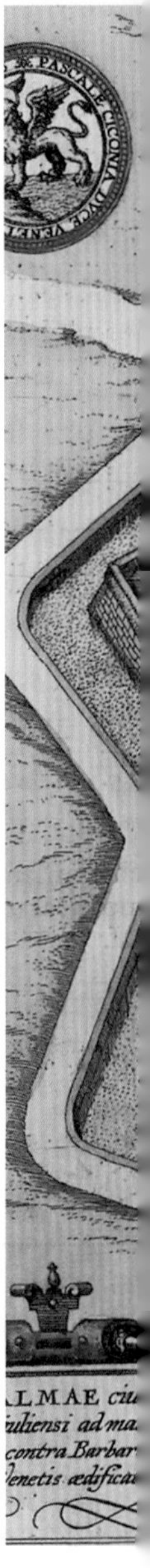

星形の要塞都市

中世までの都市や城の防御の基本は、濠を深く掘り下げ、壁を高く築き上げることだった。だが、従来の城壁は15世紀半ばに登場した大砲によって容易に破壊されてしまうため、ルネサンス以降は低くても分厚い稜堡をそなえた要塞に取ってかわられた。また、稜堡の平面に円形や正方形ではなくひし形が採用された理由は、防御する側が敵に十字砲火を浴びせる際に、味方に銃弾があたらず、かつ死角（敵にとっての安全地帯）をなくすためである。稜堡は多角形平面の要塞の各角に設置されるため、要塞の規模が大きくなるほど多角形の角の数、すなわち稜堡の数も増えていく。

現在のスロヴェニアとの国境近くに位置するパルマノーヴァは、ヴェネツィア共和国が東方のオスマン帝国や神聖ローマ帝国などとの国境線の防衛拠点として新設した、純粋に幾何学的な星形の要塞都市である。星形平面をもつ都市の例としては、15世紀後半のフィラレーテ『建築論』における理想都市スフォルツィンダが有名であり、パルマノーヴァの都市計画にも間違いなく影響を及ぼした。この書に掲載された平面図では、二重の同心円のうち外側の円に2つの正方形が内接し、その一方を45度傾けた形で重ね合わせることで、8つの突出部をもつ星形平面が形成されている。しかし、中心の広場から放射状に広がる街路と各種の建物との間に整合性は見られない。方位や風向きを考慮した放射状の街路からなる都市については、ウィトルウィウスの『建築十書』でも記述があるが、スフォルツィンダは要塞よりもルネサンス期に流行した集中式平面や人体比例との関係で解釈すべきである。

パルマノーヴァは、ジュリオ・サヴォルニャン（1510〜95）の設計によって1593年に着工された。市壁は濠の内側に隠れるように低く設定され、正九角形の各角に稜堡が突出する形で全体を取り囲む。1658〜90年には、濠の外側の稜堡の間に9つの半月堡が設置され、さらに1806〜13年にはその外側にもまた互い違いに9つの半月堡が設置された。なお、半月堡の間は地下道を通じて安全に移動することができる。街区の構成は、中心となる六角形平面のグランデ広場から6本の大通りが放射状に延び、うち3本が南のアクイレイア門、北西のウーディネ門、北東のチヴィダーレ門へと至る。ヴィンチェンツォ・スカモッツィは、1603年にグランデ広場にある大聖堂を設計し、1605年にはこれらの市門も設計した。グランデ広場の外側にはほぼ同心状に三重の環状道路が巡らされ、全体としてはクモの巣のような街路網となっている。

右頁上…1600年頃のパルマノーヴァ地図　右頁右下…チヴィダーレ門　右頁左下…ウーディネ門　左頁…パルマノーヴァ

Data

名称…パルマノーヴァの都市計画 {Palmanova}
所在地…イタリア・パルマノーヴァ
建設年代…1593年着工
設計者…ジュリオ・サヴォルニャン、ヴィンチェンツォ・スカモッツィほか

ミケランジェロとマニエリスムの時代

ローマ劫掠からカトリック改革へ

6. Michelangelo and the Age of Mannerism

ローマ劫掠からしばらく経つと、
サン・ピエトロ大聖堂の建設も再開された。
ここで建築家として登場するのが、ヴァザーリによれば、
美術の分野では古代すらも凌駕し頂点に達したという
「神のごとき」ミケランジェロであった。

6. マニエリスムの意味

1520年代から16世紀末までのイタリア絵画・彫刻は、様式的にはマニエリスムに位置づけられ、盛期ルネサンスともバロックとも異なる特徴をもつものと見なされている。マニエリスムという用語は、「手法」や「様式」を意味するイタリア語の「マニエラ」に由来し、ジョルジョ・ヴァザーリの『美術家列伝』（第1版1550年、第2版1568年）に頻出する。例えば、「マニエラ・テデスカ」（ドイツ様式）はゴシック様式を意味し、ミケランジェロのような個人名とともに登場するときは「手法」と解釈できる。理想（イデア）と見なされていた古典古代の美術は、中世にはしばらく廃れてしまったものの、14世紀にトスカーナ地方で復興（リナシッタ）の兆しが表れ、15世紀に大きな発展を遂げ、ついに16世紀には「神のごとき」（ディヴィーノ）ミケランジェロによって乗り越えられ頂点に達した、というのがヴァザーリの史観であった。

絵画や彫刻における美の価値基準としての写実性を重要視するなら、ヴァザーリの評価は理解できなくもない。けれども建築については、人物や風景などの自然を再現することとは直接関係しないため、人工的な建築が美の規範とならざるを得ない。また、建築では美的価値とは別に耐久性や快適性といった実用性が重視されることも、絵画や彫刻との大きな違いである。したがって、建築を絵画や彫刻と同列の美術、あるいは技術と見なすためには、何らかの理由づけが必要とされる。ヴァザーリは、これらはいずれも素描（ディセーニョ）に基づくと説明しており、美術を制作するうえでまず必要とされるのは、手描きによる表現であった。「マニエラ」という言葉は「マーノ」（手）から派生することが想起できる。ただし建築素描には、既存の建物を写生したものだけではなく、自らの構想を表現した概略的な平面図や透視図のような設計図までもが含まれる。つまり、手先の器用さだけでは優れたディセーニョにはならず、創造力（インヴェンツィオーネ）も伴っていなければ、当然のことながら、優れた建築を生み出すことはできないのだ。

しかし、ヴァザーリによる古代ローマ建築やゴシック建築の評価を、ディセーニョという観点のみで説明することは難しいので、彼の美的価値が何を根拠としているのかに注目してみよう。ルネサンスは人文主義と不可欠の関係にあり、この時代に古典古代の文献が再発見されたことは周知のとおりである。建築の分野では、ウィトルウィウスの『建築十書』がルネサンスの建築家にとっての必読書であった。古典建築では人体をモデルにしたドーリス式、イオニア式、コリント式といった建築オーダーが用いられるのが特徴である。ウィトルウィウスはシュンメトリア（均整）などの美的概念や、オーダー各部位の寸法どうしの比例関係についても記述しており、これらがルネサンスの芸術家の美的概念に大きな影響を与えたことは間違いない。するとゴシック建築は、人体よりもほっそりとした植物のようなプロポーションをもっているため、古典建築の規範にはそぐわないことになる。

ルネサンス建築に見るマニエラ（手法）

さらに注目すべき点は、「オーダー」を意味するイタリア語の「オルディネ」は、しばしば「マニエラ」の同義語として用いられる点である。例えばドーリス式オーダーは「マニエラ・ドーリカ」とも呼ばれる。

そこでオーダー、あるいはマニエラという観点から、ルネサンス建築をブルネレスキから時代順にたどってみると、おおむね次のようになるだろう。まずはブルネレスキやアルベルティのマニエラ、すなわち初期ルネサンス様式が、15世紀にフィレンツェからイタリアの各地へと伝わった。そして16世紀初期にはブラマンテやラファエロのマニエラ、すなわち盛期ルネサンス様式で完成へと至った。その最高峰がブラマンテのテンピエット［92頁］や、のちのパラーディオによるラ・ロトンダ［132頁］だろう。ジュリオ・ロマーノやミケランジェロのマニエラは非常に個性的ではあったものの、16世紀後半のイタリア建築に関しては、「古代風」と称讃されたブラマンテのマニエラの方がむしろ大きな影響を及ぼした。それゆえ建築の分野では、絵画や彫刻の分野でミケランジェロのマニエラが模倣されたのとは異なり、マニエリスムという用語はどうもなじみにくい。

図1

ミケランジェロ《ロレンツォ・デ・メディチの墓碑》、サン・ロレンツォ聖堂新聖具室／フィレンツェ

ミケランジェロとマニエリスム

ところで、マニエリスムの主役でもあるミケランジェロが建築設計を始めたのは1515年頃のことで、1520年にフィレンツェのサン・ロレンツォ聖堂新聖具室［図1］、1524年にはラウレンツィアーナ図書館［152頁］が着工された。前者ではまだ建築よりも彫刻が主役となってはいるものの、後者は純粋な建築作品と見なすことができる。さらに重要な点は、この図書館の階段室では古代建築ともブラマンテの建築ともまるで異なった、ミケランジェロ独自のマニエラによる斬新な美的価値が提案されていることである。恐ろしさや凄まじさを意味する「テリビリタ」は、ミケランジェロ芸術ならではの特徴である。この特徴はゴリアテをにらみつけるダヴィデや、最後の審判を下す怒りのキリストのような具体的な表現のみならず、円柱や持送りといった無機的な建築部位や抽象的な比例関係によっても表現されており、この建築を訪れる者はその迫力に圧倒されるに違いない。その一方で、マニエリスム建築の代表例とされるパラッツォ・テ［118頁］は同時代に着工されたもので、そのなかの「巨人の間」などは、確かに訪問者を驚かせるかもしれない。けれども、その魅力の大半は透視図法の効果によるものであり、ブラマンテやペルッツィの建築の系譜に位置づけられ、独

創性という点ではミケランジェロの建築には及ばない。こうしてミケランジェロは、建築家としても卓越した才能の持ち主であることを証明したのだった。

ミケランジェロに建築設計を依頼したのは、フィレンツェではおもにメディチ家、ローマでは教皇ないしは枢機卿で、レオ十世とクレメンス七世はメディチ家出身の教皇でもあった。ミケランジェロがローマでカンピドーリオ広場〔154頁〕やサン・ピエトロ大聖堂〔156頁〕などの大規模な建設事業に携わるようになったのは、ファルネーゼ家出身のパウルス三世の時代からである。しかし、大聖堂レベルの建築になると、1人の設計者が着工から完成までを見届けることは難しく、ブルネレスキがフィレンツェ大聖堂ドーム〔24頁〕をおよそ16年間で完成にまで導いたことはむしろ奇蹟的であった。重要な建築であれば、経験豊富な建築家に設計が依頼されるのは当然のことだが、1506年にブラマンテの設計で新しいサン・ピエトロ大聖堂が着工されたとき、彼はすでに60歳を超えていた。同様に、ミケランジェロが1546年にサン・ピエトロ大聖堂の建築家となったときには、もはや70歳を過ぎており、89歳まで長生きしたとはいえ生前に完成させることはできなかった。

宗教改革以降のルネサンス建築

時代は16世紀初期にさかのぼるが、マルティン・ルターの宗教改革は、新たなサン・ピエトロ大聖堂の建設が大きなきっかけとなっている。1517年当時の教皇はレオ十世であり、宗教改革の影響がただちにローマに及んだわけではない。ところがその10年後に神聖ローマ皇帝軍によるローマ劫掠が生じ、サン・ピエトロ大聖堂をはじめとするローマでのあらゆる建設事業が中断された。1545〜63年のトリエント公会議は、当初プロテスタントとカトリックとの和解を意図したものだったが、最終的に両者は決裂し、カトリック側は対決する方針を打ち出した。ちなみに、この教会刷新運動はかつて「対抗宗教改革」などと呼ばれていた。ところが最近では、宗教改革にさかのぼる中世末期の教会内での自発的な改革の一環と見なされて、「カトリック改革」と呼ばれることが多くなった。

この改革によって芸術表現や思想統制の厳格化が進み、その影響は建築にも及んだ。ただし聖書を重視したプロテスタントに対し、宗教儀式の行われる場である聖堂を重視したカトリック側、とりわけその中心地であるローマでは、建築や美術の注文は増加したといえるだろう。またカトリック改革を推進したのは教皇庁のみならず、イエズス会をはじめとする当時新たに創設された多くの修道会でもあった。イエズス会が世界各地に宣教師を派遣して布教に務めることで、その本拠地であるローマのイル・ジェズ聖堂〔162頁〕の建築形式も広範囲に普及した。具体的には、円筒ヴォールト天井で覆われた単廊式バシリカや、上層両端に渦巻き装飾を伴う2層構成のファサードなどが特徴である。

ミケランジェロの後継者たち

イル・ジェズ聖堂の設計者であるジャコモ・バロッツィ・ダ・ヴィニョーラは、ローマでのミケランジェロの後継者にあたる。彼は教皇や枢機卿をパトロンとして、ほかにもローマのヴィッラ・ジュリア（現在は国立エトルリア博物館）〔図2〕やカプラローラのパラッツォ・ファルネーゼ〔160頁〕などの名作を残した。また、彼は『建築の5つのオーダー』

ジャコモ・バロッツィ・ダ・ヴィニョーラ、ヴィッラ・ジュリア中庭／ローマ
図2

を著し、理論家としても重要な役割を果たした。それゆえ正式なオーダーの使用という点では、ヴィニョーラの作風はミケランジェロほど型破りではなく、ブラマンテのような「古代風」に近い。だが、ペルッツィのように楕円形平面を好んで採用し、かつイエズス会様式のようなひな型を確立したという点では、バロックへの先導者を務めたといえる。なおジャコモ・デッラ・ポルタ（1532〜1602）は、ミケランジェロが設計したカンピドーリオ広場やサン・ピエトロ大聖堂ドームなどの工事も引き継いだが、ヴィニョーラよりもさらに四半世紀ほど後の世代に属する。作風はミケランジェロよりもヴィニョーラに近く、イル・ジェズ聖堂ファサードを現在の姿に設計し直した。ほかにはピッロ・リゴーリオ（1513／14〜83）も、ローマでのミケランジェロの後継者と見なすことができる。彼は学者肌の建築家だが、代表作であるティヴォリのヴィッラ・デステ［166頁］は、庭園の歴史では必ず取り上げられる有名なものである。

フィレンツェでのミケランジェロの後継者にあたるのが、ジョルジョ・ヴァザーリとバルトロメオ・アンマンナーティ（1511〜92）だ。2人は同年の生まれで、ヴィニョーラとも同世代の人物である。ヴァザーリは、歴史家として『美術家列伝』を著したことが一般には最も重要な業績と評価されている。しかし、フィレンツェではトスカーナ大公コジモ一世（1519〜74）の庇護下で、画家・建築家としても多くの仕事に携わり、パラッツォ・デッリ・ウフィツィ（現在のウフィツィ美術館）［170頁］も設計した。一方、彫刻家・建築家のアンマンナーティは、コジモ一世の建築のうちでは最も大規模なパラッツォ・ピッティ［168頁］の改築を手がけた。彼はフィレンツェのサンタ・トリニタ橋や、ローマのヴィッラ・ジュリアのニンフェウム［図3］なども設計しており、ミケランジェロがフィレンツェを留守にしていた間、ラウレンツィアーナ図書館の建設にも携わった。同じくトスカーナ大公のもとでさまざまな建設事業に携わったベルナルド・ブオンタレンティ（1531〜1608）は、ヴァザーリやアンマンナーティよりも後の世代にあたる。代表作には、プラトリーノのヴィッラ・メディチが挙げられるが、フィレンツェ市内でもベルヴェデーレの要塞や、パラッツォ・ピッティの抜け道であるグロッタ［図4］、ウフィツィの「嘆願の戸口」［171頁］などを手がけた。

16世紀後半の北イタリア

16世紀後半の北イタリアについて見てみると、北東部のヴェネツィア共和国ではパラーディオが主人公であったことは、5章で説明したとおりである。一方、北西部のミラノ公国では、15世紀末のフランスによるイタリア遠征が発端となり、16世紀にはフランスと神聖ローマ帝国との間で争奪戦が繰り広げられた。1535年にスフォルツァ家の血筋が絶えたのち、1559年に両国はカトー＝カンブレジ条約を結び、ミラノのみならずナポリ、シチリア、サルデーニャなどが神聖ローマ帝国領となり、その後分家したスペイン・ハプスブルクの支配下に入った。ミラノでは、その後1565年に大司教となったカルロ・ボッロメーオ（1538〜84）によって、画家・建築家のペレグリーノ・ティバルディ（1527〜96）に多くの仕事が依頼され、サン・フェデーレ聖堂やサン・セバスティアーノ聖堂などを設計した。ティバルディは、晩年にはエル・エスコリアル修道院［208頁］で壁画の装飾にも携わった。

同じく北西部のジェノヴァ共和国も、イタリア戦争による大きな被害を受けた。1499〜1528年にフランスの支配下に置かれ、その間の1522年にはスペイン軍の劫掠にも遭遇した。最終的に、1528

バルトロメオ・アンマンナーティ、ヴィッラ・ジュリアのニンフェウム／ローマ

図3

年に提督アンドレア・ドーリア（1466〜1560）がフランス軍をジェノヴァから追放して、共和国の独立を回復した。ジェノヴァのルネサンスはこのときから始まり、その先駆けとなったのが、「パラッツォ・デル・プリンチペ」と呼ばれるドーリア邸［図5］である。設計者はラファエロの弟子ペリーノ・デル・ヴァーガ（1501〜47）で、彼もまたローマ劫掠ののちジェノヴァに移住した人物だった。16世紀半ばからはガレアッツォ・アレッシ（1512〜72）が重要な役割を果たし、サンタ・マリア・ディ・カリニャーノ聖堂［図6］などを設計した。この集中式平面の聖堂は、明らかにブラマンテによるローマのサン・ピエトロ大聖堂計画に刺激されたものである。また、彼は「ストラーダ・ヌオーヴァ」［172頁］と呼ばれる目抜き通りの計画にも何らかの形で関与した可能性が高い。都市計画のレベルでも、ブラマンテによるローマのジ

図4
ブオンタレンティのグロッタ、パラッツォ・ピッティ／フィレンツェ

図5
ペリーノ・デル・ヴァーガ、パラッツォ・デル・プリンチペ／ジェノヴァ

ュリア通りが参照されたのだろう。ほかにもアレッシは、ミラノのパラッツォ・マリーノ［図7］や、ヴァラッロのサクロ・モンテ［176頁］など多くの設計に携わった。

最後にイタリア北西部ピエモンテ州のトリノは、フランスとの国境付近に位置し、歴史的にはイタリア・ローマとフランス・パリ両方からの影響を受けて発展した。特に建築の分野では、バロックや近代のイメージが強いかもしれない。15～16世紀はサヴォイア公国の地方都市であったが、ルネサンス建築としては、15世紀末にメオ・デル・カプリーノ（1430～1501）が設計した大聖堂［図8］が挙げられる程度である。しかし、1563年に首都になったのち、カルロ・エマヌエーレ一世（1562～1630）の時代に都市域が拡張されると、来るべきバロックへの準備が急速に整えられたといえるだろう。また、ヴィーコフォルテの巡礼聖堂［178頁］は、最大規模の楕円形ドームをそなえた集中式平面の聖堂として、まさにルネサンスとバロックとの境界線上に位置づけられている。

図8
メオ・デル・カプリーノ、トリノ大聖堂

ガレアッツォ・アレッシ、サンタ・マリア・ディ・カリニャーノ聖堂／ジェノヴァ
図6

図7

アレッシ、パラッツォ・マリーノ／ミラノ

1.

ラウレンツィアーナ図書館

Biblioteca Laurenziana

ミケランジェロと
マニエリスムの時代

閲覧室よりも立派な階段室

この図書館は、多くの写本を所蔵していたコジモ・イル・ヴェッキオによって創設された、いわばメディチ家の図書館である。現在の姿に整えられたのは同家出身の教皇クレメンス七世の依頼により、1524年にミケランジェロの設計で着工されてからである。採光をよくし湿気を防ぐ目的から、サン・ロレンツォ聖堂［28頁］に隣接する既存の修道院回廊の上階に計画されたため、階段は不可欠であった。重要な機能をもつはずの読書室よりも、階段室の方がはるかに重視された設計となっていることは明らかで、井戸のように垂直性の強い正方形平面の階段室は、古代や同時代の建築には見られない異色の存在である。また、階段自体の平面の形も高さも階段室のそれらとはまったく一致しておらず、階段自体が独立したモニュメントのようである。

なお、階段はミケランジェロが1534年にローマに移住したのち、1559年に改めて現場に送った模型に基づいてバルトロメオ・アンマンナーティによって完成された。彫りが深く陰影に富んだ立面は、彫刻家ならではの作品といえよう。壁面に埋め込まれた対の円柱はトスカーナ式のようにも、コリント式を極端に簡略

化したようにも見える。また、何も支えていない持送りはむろん構造材ではなく装飾材であって、ウィトルウィウスの建築オーダーはまるで無視されている。美術史の分野では、1520年代は盛期ルネサンスからマニエリスムへの過渡期にあたるが、この作品をほかの多くの作品と一括して特定の様式に分類することは困難であり、ミケランジェロのマニエラ（手法・様式）であるとしか説明のしようがない。

一方、読書室は、幅は階段室と同じく柱間3つ、奥行きは柱間15の細長い部屋で、ドーリス式の付柱が並んでいる。区画された床の意匠は平天井の意匠とも対応し、床の中心軸上に通路が配置され、その両側に書見台が平行に並べられているが、これらもすべてミケランジェロが設計した。なお、同心状の三角形平面による稀覯本の閲覧室も計画されていたものの、これは実現しなかった。

右頁・左頁下…ラウレンツィアーナ図書館階段室　上…図書館閲覧室　中…修道院回廊からの図書館外観

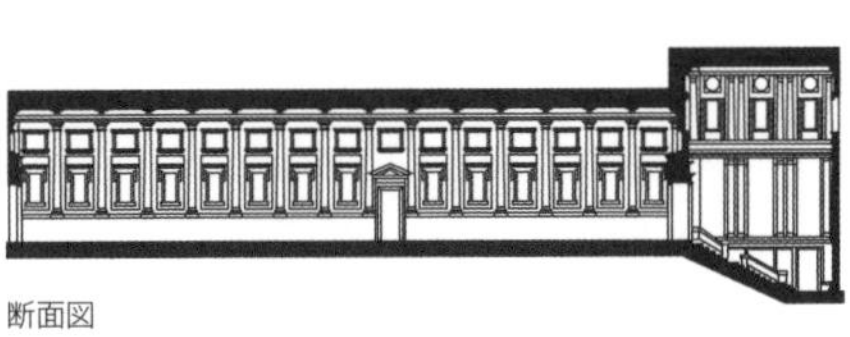

断面図

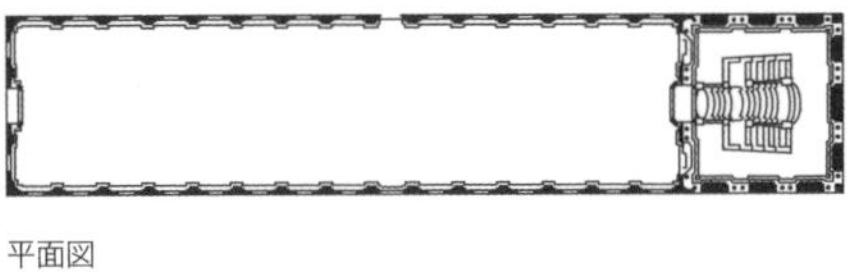

平面図

Data

名称…ラウレンツィアーナ図書館
{Biblioteca Laurenziana}
所在地…イタリア・フィレンツェ
建設年代…1524年着工、1571年完成。ミケランジェロの関与は1534年まで
設計者…ミケランジェロほか

2.

カンピドーリオ広場

Piazza Campidoglio

「神のごとき」ミケランジェロの都市計画

カンピドーリオ広場の計画は、1538年に始まった。ラテラーノ宮殿の正面に設置されていたマルクス・アウレリウス帝の騎馬像を、カピトリヌスの丘へ移動することを教皇パウルス三世が命じたことがきっかけである。このとき、ミケランジェロは騎馬像の台座を新たに設計した。この台座が、矩形平面の短辺に2つの半円柱が付加された形であることは、意味深長である。つまり、3棟の建物で囲まれた広場の中央に騎馬像が据えられ、その周りに楕円形の複雑な模様が巡る案は、かなり初期の段階から決定されていたと考えられる。

広場正面にあるパラッツォ・セナトリオは、タブラリウムという古代の公文書保管所の廃墟の上に、元老院議員の邸宅としてすでに12世紀には建てられてい

右頁上…コルドナータ（大階段）、カンピドーリオ広場　右頁下…パラッツォ・セナトリオ、カンピドーリオ広場　上…パラッツォ・デイ・コンセルヴァトーリ、カンピドーリオ広場

た。さらに14世紀の改築により、中庭、突出する角の塔、そして鐘塔が加えられた。

一方で、セナトリオの正面右側にあるパラッツォ・デイ・コンセルヴァトーリは、パラッツォ・セナトリオとほぼ同時代から存在し、司法施設として用いられていた。だが15世紀半ばに改築され、ファサードの第1層はすでにアーケードで開放されていた。1563年に既存の建物をできるだけ保存した状態でこのパラッツォを改築することが要求され、建物の配置は不動のまま、アーケードはコリント式の付柱による2層分の大オーダーに変更され、第1層のみがイオニア式の円柱を伴った形で開放された。そのため広場の台形平面は、これら2棟のパラッツォ正面の境界線によって決定されたのであり、真向かいのパラッツォ・ヌォーヴォは広場に対称性を与えることを目的として、何もない場所に新たに設計されたのである。

ミケランジェロの死後はおもにデッラ・ポルタが建設を引き継ぎ、1587年にパラッツォ・デイ・コンセルヴァトーリをほぼ完成させた。中央の窓は1568年に彼が新たに設計したものだが、ほかの点ではおおむねミケランジェロ案に忠実であるといえる。一方、パラッツォ・セナトリオでは、ミケランジェロの陰影豊かなファサードの大部分があっさりとしたものに変更されてしまった。また、コルドナータ（大階段）の建設が始められたのは、1578年以降であった。階段の幅が下に行くほど狭くなっているのは、遠近法の効果を考慮したからではなく、隣接するサンタ・マリア・イン・アラチェーリ聖堂の階段とぶつからないようにしたためと考えられる。

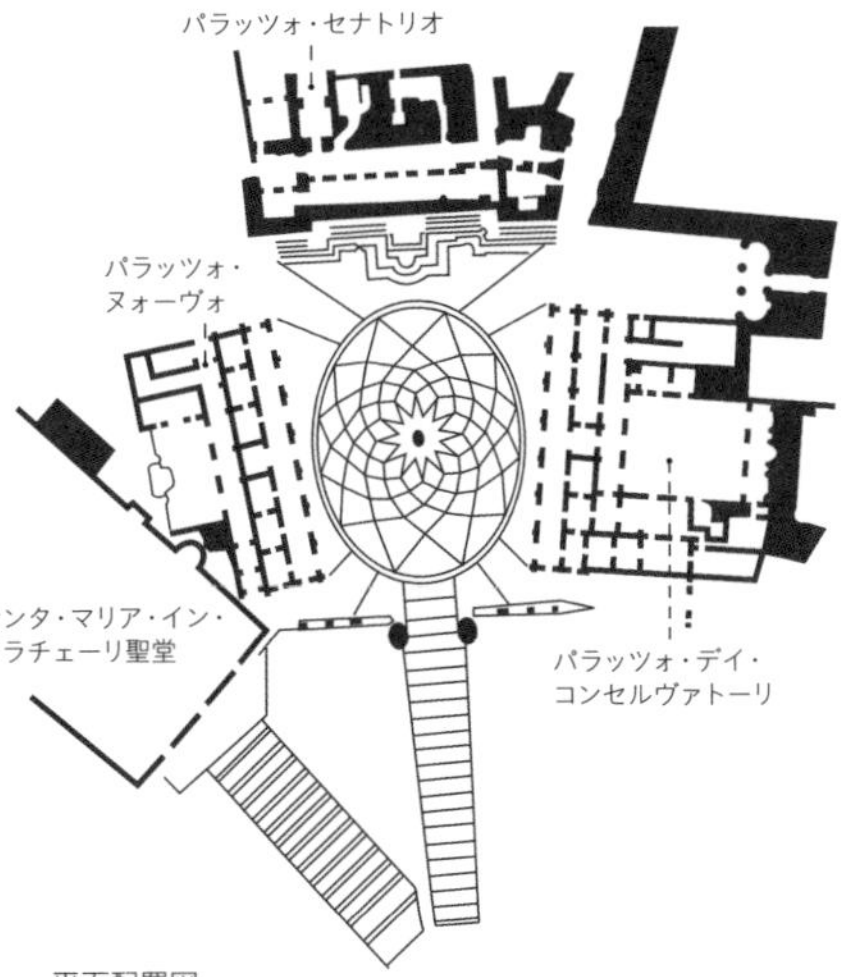

平面配置図

Data

名称…カンピドーリオ広場 {Piazza Campidoglio}

所在地…イタリア・ローマ

建設年代…パラッツォ・セナトリオの改築は、ミケランジェロにより正面中央の階段だけが1547～54年に行われた後に中断し、ジャコモ・デッラ・ポルタにより1612年に完成。パラッツォ・デイ・コンセルヴァトーリの改築も、ミケランジェロにより1563～64年に行われ、ジャコモ・デッラ・ポルタにより1587年に完成。パラッツォ・ヌォーヴォは1603～54年に建設。コルドナータ（大階段）は1578～80年頃に建設

設計者…ミケランジェロ、ジャコモ・デッラ・ポルタほか

備考…現在は、中央のパラッツォはローマ市庁舎、両側のパラッツォはカピトリーニ美術館

3.

Basilica di San Pietro

サン・ピエトロ大聖堂

ミケランジェロと
マニエリスムの時代

世界最大の
キリスト教大聖堂へ

ローマ・カトリック教会の総本山、サン・ピエトロ大聖堂は、世界最大級のキリスト教の聖堂建築であり、現在の聖堂は2代目にあたる。ルネサンスからバロックまでの各時代を代表する建築家が設計に携わり、1506年に着工されてから1世紀以上の長きにわたってようやく完成に至った。それ以前の初期キリスト教時代の旧大聖堂の平面形式は、正面にアトリウムをそなえた五廊式バシリカだった。この巨大な旧大聖堂も、15世紀半ばの教皇ニコラウス五世の時代には老朽化によるさまざまな問題が生じ、建て替えが計画された。このときはアルベルティが顧問となり、ベルナルド・ロッセッリーノによる新たな後陣がつくられたが、教皇の死により工事はしばらくの間中断された。

新しい大聖堂の本格的な建設事業は、1503年に選出された教皇ユリウス二世の時代に始まる。彼は当初、大聖堂に自らの墓廟を設ける計画だったが、最終的にはブラマンテを登用して全面的に建て替えることにした。現在、フィレンツェのウフィツィ美術館［170頁］に所蔵されているいくつかの建築素描からは、ブラマンテ案に何度か設計変更が要求されたことが読みとれる。建築家が斬新な集中式平面を提案したのに対し、教会側が伝統的なバシリカ式平面を主張したのだろう。これらの図面の大半は部分的に省略されているため、詳細は不明であるものの、カラドッソ（1425頃〜1526／27）が制作した大聖堂着工の記念メダルと照合すると、中央に巨大なドームと4基ないしは2基の鐘塔をそなえていたことがわかる。マクセンティウスのバシリカの上にパンテオンのドームを載せるという壮大な計画は、古代ローマを凌駕せんとする建築家の野心と、教皇の並外れた権力とが合致することで初めて可能となった。

しかしあまりに大規模であったため、未完のままユリウス二世は1513年に、ブラマンテは1514年に亡くなった。その後、建築家が交代するたびに計画は変更され、また1527年のローマ劫掠によって工事がしばらく中断さ

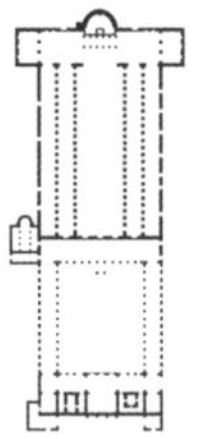

旧サン・ピエトロ大聖堂

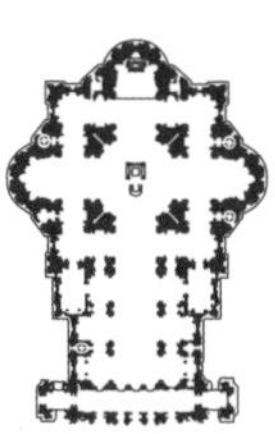

現在のサン・ピエトロ大聖堂

ブラマンテ案

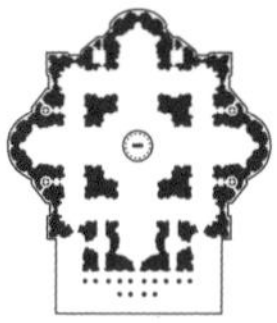

ミケランジェロ案

平面図の変遷

上…サン・ピエトロ大聖堂ドーム内観
左…大聖堂身廊内観

れたこともあった。最終的にミケランジェロが1546年に後を継ぎ、ブラマンテ案を最良のものと評価し、新たに集中式平面に設計し直した。すなわち、現在の大聖堂の基本的な構想についてはブラマンテに多くを負い、実施設計についてはミケランジェロが大部分を手がけたといえよう。

現在も大聖堂に保管されている巨大で精巧な模型は、ミケランジェロが登場する前の主任建築家であったアントニオ・ダ・サンガッロ・イル・ジョーヴァネが製作したものである。この計画では、中心部がドームで覆われた三葉形平面はブラマンテから継承されているが、東側正面には大きなポルティコが付加され、その両脇にはドームの採光塔よりも高い2基の鐘塔がそ

サン・ピエトロ大聖堂アプシス外観

びえ立つ。そして、外壁ではオーダーを幾層にも積み重ねた結果、鐘塔の効果と相まって、全体として過剰な装飾が施されたゴシック建築のような印象を与えている。

ミケランジェロは、莫大な費用と時間を費やしたこの模型に基づくサンガッロ案を批判したが、ミケランジェロが後を継いだときにはすでに工事が着々と進行していたため、変更可能な部分はかなり制限されていた。それでも彼はサンガッロの外壁を取り壊して周歩廊を除去し、ポルティコを身廊部に直結させることで、規模を全体的に縮小し、シンプルな内部空間とした。その結果、隅々まで十分な採光が可能となり、北部に隣接するヴァティカン宮殿を圧迫する心配もなくなった。さらに見通しの立たない余分な費用と時間を省くことで、完成を早めることに貢献した。だが、ミケランジェロはドームの完成を見ずして1564年にこの世を去り、16世紀末に完成するまでおよそ1世紀も費やした集中式平面の大聖堂も、宗教儀式に不都合であるため、まもなく改築されてしまった。

Data

名称…サン・ピエトロ大聖堂
{Basilica di San Pietro}

所在地…ヴァティカン市国

建設年代…1506年にブラマンテの設計で着工。1514年の彼の死後、多くの改変を経て、1546年にミケランジェロの設計で着工。1564年の彼の死後、1590年にジャコモ・デッラ・ポルタとドメニコ・フォンターナがドームを完成。1607〜24年にカルロ・マデルノ設計の身廊部とファサードが増築。1656〜67年にベルニーニ設計の広場が増築

設計者…ブラマンテ、ミケランジェロほか

平面図

4.

Palazzo Farnese

カプラローラのパラッツォ・ファルネーゼ

五角形の要塞風ヴィッラ

ローマから北へ約60キロメートル、小さな町カプラローラにあるこの作品は、16世紀のローマ近郊のヴィッラのなかでは最も独創的なものだ。教皇パウルス三世と同名の孫である枢機卿アレッサンドロ・ファルネーゼ（1520〜89）の依頼により、ジャコモ・バロッツィ・ダ・ヴィニョーラが設計した。ただし新築ではなく、アントニオ・ダ・サンガッロ・イル・ジョーヴァネによって築かれた五角形の要塞を別荘に改築したもので、1559年に着工し、1573年にヴィニョーラが亡くなったときには大部分が完成していた。

このパラッツォは、傾斜地上にある町の中心を一直線に貫く長い坂道を登ったところに、舞台背景のように堂々とそびえ立っている。正面には楕円形の階段と台形の広場が設けられ、壮麗な五角形の建物の周囲には城塞の濠が残されている。ファサードは3層構成で、主要階となる第2層にロッジアが設けられている。五角形平面の背後にある2面からは幾何学的に整形された庭園が広がり、第2層のロッジアから眺めることができる。広い庭園をそなえた郊外型のヴィッラであると同時に、外部階段のデザインを駆使した、バロック建築に先駆けるかのような都市の文脈が考慮されたパラッツォでもある。

円形平面の中庭には、ブラマンテのパラッツォ・カプリーニの影響が見られるが、第2層ではイオニア式オーダーが選択され、2層にわたってアーチで開放されている。また、ドーリス式円柱を2本ずつ用いた内部の螺旋階段も立派で、ブラマンテによるヴァティカン宮殿の螺旋階段［95頁］が参考にされている。背後の庭園には、「カテーナ・ダックア」（水の鎖）と呼ばれる趣向を凝らした水路が設置され、その両縁にはS字状のイルカが何頭も鎖をなすように連続して彫られている。このパラッツォは都市・建築・庭園が有機的に一体化した計画の稀少な実現例であり、建築理論書『建築の5つのオーダー』と並んで、建築家ヴィニョーラとカプラローラの町の存在をあまねく知らしめることになった。

上…パラッツォ・ファルネーゼ正面　右…パラッツォ・ファルネーゼの庭園と噴水

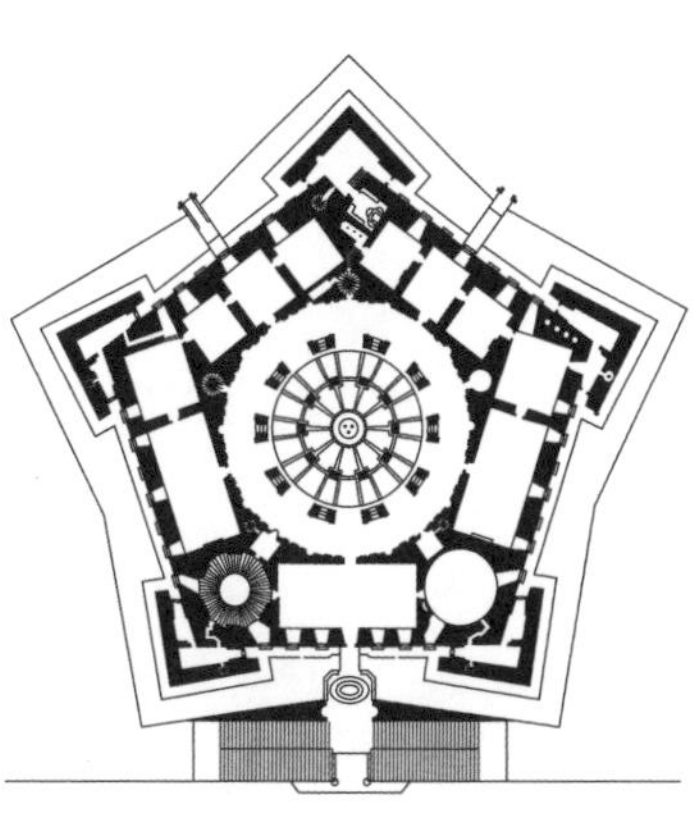

平面図

Data

名称…パラッツォ・ファルネーゼ
{Palazzo Farnese}
所在地…イタリア・カプラローラ
建設年代…1559〜75年
設計者…ジャコモ・バロッツィ・ダ・ヴィニョーラ

5.

ローマのイル・ジェズ聖堂

Chiesa del Gesù

世界各地に普及した聖堂ファサード

イル・ジェズ聖堂は、イグナティウス・デ・ロヨラ（1491～1556）によって創設されたイエズス会の本拠地である。枢機卿アレッサンドロ・ファルネーゼが建設を支援し、1568年にヴィニョーラの設計で着工された。ヴィニョーラは生涯にわたって楕円形平面の聖堂を

平面図

右頁…イル・ジェズ聖堂ファサード
上…身廊のヴォールト天井内観、イル・ジェズ聖堂

探究したことで知られ、この聖堂でも初めに楕円形平面を提案した。けれども、聖堂内での説教の効果が重視され、音響条件の優れた空間であることが要求されたため、最終的には単廊式バシリカによるラテン十字形平面となり、身廊は円筒ヴォールト天井、交差部は半球ドームで覆われた。ただし、交差廊は礼拝堂の外壁からほとんど突出していない。また、身廊の両側にはドームで覆われた礼拝堂が3つずつ並んでいるが、身廊の壁面を垂直方向に分割する対のコンポジット式の付柱に比べて、礼拝堂入口の半円アーチの高さがかなり低くなっているのは、音響効果の点からも身廊部を1つの大広間のようにしたかったのだろう。身廊が完成したのは、1570年にヴィニョーラからジャコモ・デッラ・ポルタに交代した後のことだった。バチッチャ（1639〜1709）による透視図法を駆使した身廊の天井画《イエスの名の勝利》はバロックの時代に描かれたが、聖書を重視したプロテスタントとは異なり、カトリックではミサの行われる聖堂の荘厳さが重視されたことがよくわかる。

　この聖堂では、内部空間のみならずファサードもきわめて重要である。2層構成の上層と下層とを渦巻き装飾でつなぐジャコモ・デッラ・ポルタの手法は、アルベルティによるサンタ・マリア・ノヴェッラ聖堂ファサード〔36頁〕でも採用されていたが、ここではトラヴァーチン（石灰華）のみが使われたモノクロームの仕上げで、オーダーはすべて対になって用いられている。サンタ・マリア・ノヴェッラ聖堂ファサードの意義が地元における「古代風」建築の再発見であるなら、カトリック改革の尖兵であったイエズス会のイル・ジェズ聖堂ファサードの意義は、世界中に布教しながら建築の形式もともに広く伝播させたことにあった。

Data

名称…イル・ジェズ聖堂
{Chiesa del Gesù}
所在地…イタリア・ローマ
建設年代…1568〜84年
設計者…ジャコモ・バロッツィ・ダ・ヴィニョーラ、ジャコモ・デッラ・ポルタ

6.

ボローニャのパラッツォ・デイ・バンキとマッジョーレ広場

Palazzo dei Banchi / Piazza Maggiore

ミケランジェロとマニエリスムの時代

ポルティコの町の建築と広場

ルネサンス期には教皇領第二の都市であったボローニャは、ヨーロッパ最古の大学都市として有名である。ボローニャの中心は今も昔もマッジョーレ広場であり、この矩形広場に面した南側にサン・ペトローニョ聖堂、西側にパラッツォ・コムナーレ（政庁舎、1555年に広場の中心軸に一致するように現在の正面入口を設置）、北側にパラッツォ・デル・ポデスタ（行政長官の邸館、1500年に部分的に改築）、そして東側にパラッツォ・デイ・バンキ（ポルティコ・デイ・バンキ）が建てられた。つまり、宗教や政治、経済の中心がすべてこの広場に集中しているのだ。パラッツォ・デイ・バンキを設計したヴィニョーラは、1543年にファサードが未完であったサン・ペトローニョ聖堂の建築家にも任命されたが、その計画は実現しなかった。

ボローニャでは、建物の通りや広場に面してポルティコを設けることで、中世から統一された町並みが形成された。これは同じく大学都市のパドヴァにも共通する特徴だが、ポルティコが設けられたおもな理由は、夏と冬の厳しい気候条件への対策としてである。ただしここでは、古代ローマの中央広場であるフォルムに、列柱廊をそなえたバシリカが設けられていたことにも着目したい。なお、「バンキ」とは英語の「バンク」から連想できるように「銀行」を意味する言葉であり、現在のパラッツォ・デイ・バンキが建てられる前から、この場所では広場に面してポルティコが設けられ、両替商が店を並べていた。

マッジョーレ広場の短辺にあたる東側の長さは96メートルある。既存のゴシック様式によるポルティコは15の柱間からなり、ポルティコと直交するように2本の通りが広場に入り込んでいた。ヴィニョーラはこのポルティコをつくり直す形で、広場に面して整然と柱が並んだファサードを実現した。このファサードは2層構成で、ポルティコの柱に対応するようにコンポジット式の付柱が設置され、2本の通りの広場入口のみ、半円アーチによる開口部の高さが付柱の高さと一致するようになっている。さらにこれらの入口を強調すべく2基の時計台も計画されていたが、実現はしなかった。けれども頂部のコーニスは、かつてのパラッツォ・デル・ポデスタやパラッツォ・コムナーレの高さと等しくなるように定められ、広場全体が統一されるように配慮されている。

平面配置図

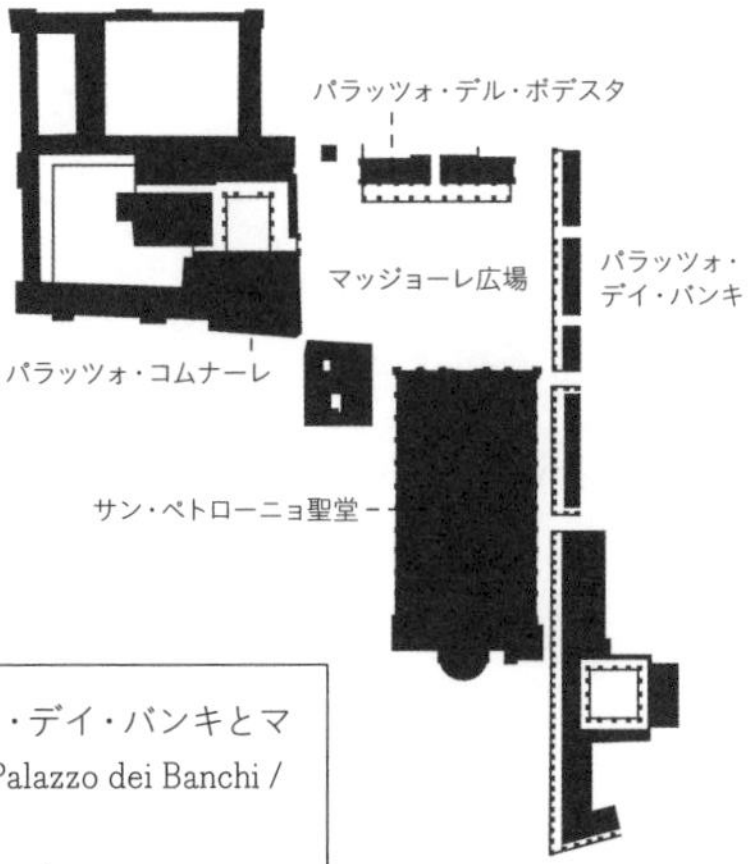

Data

名称…パラッツォ・デイ・バンキとマッジョーレ広場｛Palazzo dei Banchi / Piazza Maggiore｝
所在地…イタリア・ボローニャ
建設年代…1559年着工
設計者…ジャコモ・バロッツィ・ダ・ヴィニョーラほか

上…パラッツォ・デイ・バンキ　右…パラッツォ・コムナーレ

7.

ティヴォリのヴィッラ・デステ

Villa d'Este

ミケランジェロと
マニエリスムの時代

平面図

趣向を凝らした さまざまな噴水

ティヴォリ（古代名ティーブル）は、ローマからティブルティーナ街道を東に約30キロメートル進んだ地点にある。風光明媚であるため古代から避暑地として栄え、ハドリアヌス帝が別荘を構えたことでもよく知られている。ヴィッラ・デステは、枢機卿イッポーリト・デステ（1509～72）の依頼によりピッロ・リゴーリオが設計したもので、彫刻を用いた噴水による技巧の枠を尽くした庭園として非常に有名である。彼はこのほかにヴァティカンの教皇ピウス四世（在1559～65）のカジノを設計しているが、建築家というよりもむしろ学者のように古代遺跡などを研究しながら、多くの建築素描や復元図を描いた。

このヴィッラの建築は、既存のサンタ・マリア・マッジョーレ修道院回廊を増改築したもので、庭園に面したテラスの下にある左右対称の階段は、ローマのカンピドーリオ広場のパラッツォ・セナトリオ［154頁］を手本にしたと思われる。建物の内部はグロッタやフレスコ画による装飾で飾り立てられてはいるものの、主役はあくまでも庭園であり、建築は脇役にとどまっている。庭園は樹木の状態や訪れる季節によって印象がずいぶんと違うこともあるが、斜面上につくられた階段やスロープを下りていくと、要所要所に設けられたありとあらゆる噴水が訪問者を楽しませてくれる。ベストシーズンは夏で、水と緑は暑さをしのぐための工夫であったに違いない。

主要な噴水は、道と平行して一直線に並んだ動物などの口から噴出する「百の泉」を軸に、中央には「竜の泉」、斜面を背にした左端には古代ローマのミニチュア都市を表現した「ローマの泉」、右端にはティヴォリの滝を表現した「ティヴォリの泉」などがある。さらに下へ進むと、建築が舞台背景となって水力で作動する「オルガンの泉」から養魚池へと滝が流れ込むようになっている。また、枢機卿の別荘にあるまじき、多数の乳房をもつエフェソスの女神ディアナ（アルテミス）の噴水も訪問者を驚かせたであろう。ところで、このヴィッラの設計で建築家が苦心したのは、表に出ていない水道技術の問題であることを忘れてはならない。古代ローマの娯楽施設である大浴場も、水道橋があってこそ成り立っていたのだ。

右頁…オルガンの泉、ヴィッラ・デステ
上…ディアナの噴水、ヴィッラ・デステ

Data

名称…ヴィッラ・デステ｛Villa d'Este｝
所在地…イタリア・ティヴォリ
建設年代…1565年頃着工、1572年以降に完成
設計者…ピッロ・リゴーリオ

8.

Palazzo Pitti

フィレンツェのパラッツォ・ピッティ

トスカーナ大公の宮殿と庭園

フィレンツェのアルノ川左岸（南側）に位置するこのパラッツォは、ヴァザーリによれば、ルカ・ピッティ（1398～1472）の依頼によりブルネレスキが設計し、施工をルカ・ファンチェッリ（1430～95頃）が手がけたという。しかし、着工されたのは1458年以降で、1446年にブルネレスキが亡くなってからずっと後のことであり、またファンチェッリも1450年頃にはマントヴァに移住しているため、彼が設計したとも言いがたい。この問題はさておき、1470年に7つの窓列からなる中央部が完成した段階で、建設はしばらく頓挫した。当時のフィレンツェは共和制であり、コジモ・

イル・ヴェッキオは豪華過ぎる邸館を構えることは控えていたようだ。しかし未完であったとはいえ、その壮麗さはパラッツォ・メディチ〔32頁〕をしのいでいたのだろう。16世紀にフィレンツェが君主制となったのち、1549年にコジモ一世とエレオノーラ・ディ・トレド（1522〜62）の大公夫妻がピッティ邸を購入し、バルトロメオ・アンマンナーティの設計で1560年頃から建設が再開された。

アンマンナーティは、ミケランジェロがパラッツォ・メディチで挿入した窓にならい、ファサード第1層の3つの戸口のうち両端の戸口を窓に変更したが、ほかにはほとんど手を加えなかった。両側に翼部が展開された現在の長大なファサードは、17世紀のジュリオ・パリージ（1571〜1635）の増築を経たのち、19世紀になって完成したものである。アンマンナーティが手がけたのはおもに庭園に面した中庭の部分で、ローマのパラッツォ・ファルネーゼ〔102頁〕の中庭と同様にドーリス式（あるいはトスカーナ式）、イオニア式、コリント式のオーダーが順に積み重ねられている。壁面や柱は、ヴェネツィアのゼッカ（造幣局）〔115頁〕のようにすべてルスティカ仕上げである。また、正面入口に対応する中央の柱間は若干広めで、開口部にはセルリアーナが使用されている。この中庭は、パリのリュクサンブール宮殿で手本とされた。

パラッツォ・ピッティはほかのフィレンツェのパラッツォとは異なり、広大な庭園を有するため、ヴィッラの特徴も兼ね備えている。このボーボリ庭園はニッコロ・デ・ペリーコリ、通称トリーボロ（1497〜1550）により1550年に設計されたが、彼はその後すぐに亡くなったため、アンマンナーティとブオンタレンティが後を継いだ。なおブオンタレンティのグロッタ〔149頁〕は、パラッツォ・ヴェッキオ〔18頁〕からパラッツォ・ピッティへと至る、ヴァザーリが設計した秘密の通路の出口にあたる。

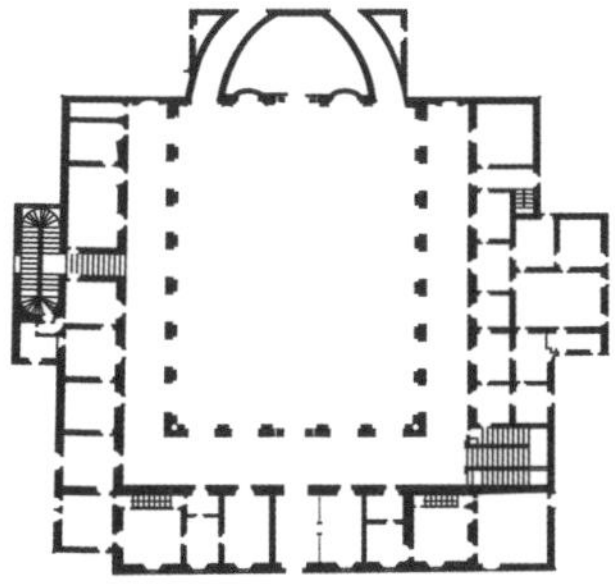

パラッツォ・ピッティ平面図

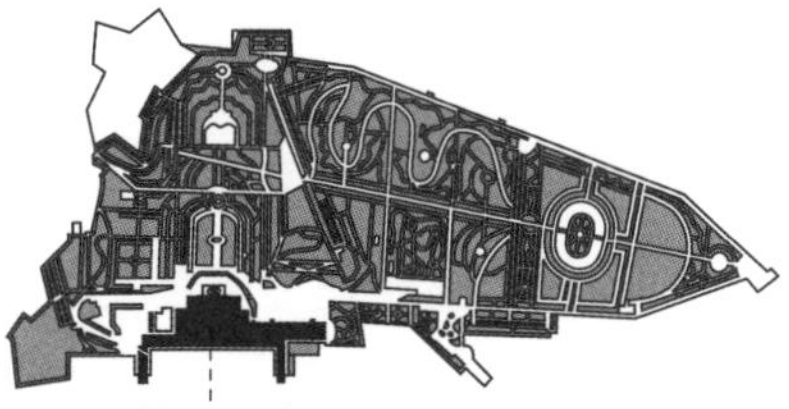

パラッツォ・ピッティ

平面配置図

右頁上…パラッツォ・ピッティ庭園側ファサード　右頁下…パラッツォ・ピッティ中庭

Data

名称…パラッツォ・ピッティ
{Palazzo Pitti}
所在地…イタリア・フィレンツェ
建設年代…中庭は1560年頃着工、アンマンナーティの関与は1577年まで
設計者…バルトロメオ・アンマンナーティほか
備考…現在はパラティーナ美術館などが含まれる

9. パラッツォ・デッリ・ウフィツィ

Palazzo degli Uffizi

オフィスという名の美術館

フィレンツェ観光の目玉であるこの美術館は、トスカーナ大公コジモ一世の依頼によりジョルジョ・ヴァザーリが設計したもので、1560年に着工された。「ウフィツィ」とは「オフィス」を意味し、元はトスカーナ大公国の行政施設を1ヵ所に集約するためにつくられた建物である。建物全体は、シニョリーア広場の南に細長い広場がつながるよう、南北方向に並置された長さの異なる東西2本の翼部を、南側のアーケードを含む短い棟で連結させた形をとる。フィレンツェの伝統的なパラッツォでは、ルスティカ仕上げを伴う外壁は閉鎖的、列柱廊で囲まれた中庭は開放的な印象を与えるが、都市的な規模をもつウフィツィでは、広場を兼ねた中庭の外壁がメインのファサードとなっている。

白と灰色で仕上げられた中庭のファサードは、全体として4層構成のようにも見えるが、アル

平面図

ノ川に面した短辺のファサード最下層のセルリアーナは2層にわたっていることから、これらは一体と見なすべきである。同様に、東西に面した長辺のファサードを外側から見たかぎりでは、第1層はドーリス式の柱と梁で構成され、その上に中2階が挿入されたと思うかもしれないが、ロッジアの内側から見ると中2階の部分には円筒ヴォールト天井が隠されていて、第1層と中2階層は一体であることがわかる。そして主要階となる第2層では、東西側には三角形とくし形のペディメントを頂く窓が交互に並んでいるのに対し、南側には再びセルリアーナが使用され、その両脇には半円アーチ状の窓が設けられている。

　こうした3層構成の細長い中庭の先例としては、ブラマンテによるヴァティカン宮殿ベルヴェデーレの中庭［94頁］が挙げられる。この中庭は当時ローマで発掘された古代彫刻の展示場として使用され、やがて歴代の教皇が収集した美術品を収蔵する巨大なヴァティカン美術館へと発展した。

　また、ヴァザーリは1565年にパラッツォ・ヴェッキオ［18頁］からウフィツィ、ヴェッキオ橋を経てアルノ川対岸のパラッツォ・ピッティ［168頁］へと通じる幅3メートルほどの長い廊下も設計した。これは、暗殺を恐れたコジモ一世が新旧の宮殿を安全に往復するためのもので、肖像画のギャラリーにもなっている。

　なお、西翼1階のランベルテスカ通りに面した「嘆願の戸口」（ポルタ・デッレ・スップリケ）は、1577年にブオンタレンティが設計したもので、縦に二分し逆向きに接合したくし形ペディメントが斬新である。

右頁…パラッツォ・デッリ・ウフィツィ南側正面　上…パラッツォ・デッリ・ウフィツィ広場側　中…ポルティコ内観、パラッツォ・デッリ・ウフィツィ　下…ブオンタレンティ「嘆願の戸口」ペディメント詳細

Data

名称…ウフィツィ美術館
{Galleria degli Uffizi}
所在地…イタリア・フィレンツェ
建設年代…1560年着工、ヴァザーリの関与は1574年まで
設計者…ジョルジョ・ヴァザーリ
備考…ヴァザーリの廊下が一部含まれているが、この部分の見学は要予約

10.

Strade Nuove

ジェノヴァのストラーデ・ヌオーヴェ

ミケランジェロとマニエリスムの時代

画家ルーベンスが描いた高級住宅街

中世にはイタリアの四大海洋都市国家の1つとしてヴェネツィアと競い合ったジェノヴァは、現代の観光地としての認知度では大きく差をつけられている。けれども、16世紀後半から17世紀前半にかけて整備されたストラーデ・ヌオーヴェ（「新しい道路」の複数形）は、ルネサンスの都市計画の一例として目を見張るべき存在である。この道路は、ヴェネツィアであればカナル・グランデ（大運河）に相当する町の目抜き通りである。最初に現在のガリバルディ通りが「ストラーダ・ヌオーヴァ」（このときはまだ1本の道路なので単数形）として整備された。その後、この道路西端のメリディアーナ広場から西のカイローリ通り、ベンサ通り、そしてバルビ通りも整備され連続されることで、これらの通りがまとめて「ストラーデ・ヌオーヴェ」と呼ばれるようになった。

ルネサンス期のジェノヴァは、1528年に提督アンドレア・ドーリアが神聖ローマ皇帝カール五世に与して以降、共和国としての自治を回復し黄金時代を迎えた。ジェノヴァの貴族は個人主義的な傾向が強く、共和国内での党派の対立もしばしば生じたが、パッラヴィチーノ、

右頁…ヌンツィアータ広場、アントニオ・ジョルフィ《ジェノヴァのさまざまな都市景観図集》1769年　上…パラッツォ・ドーリア=トゥルシ、ガリバルディ通り　下…パラッツォ・レアーレ、バルビ通り

スピノラ、レルカーリ、ロメッリーノ、グリマルディといった名家は、1550年から協力し、「アウレア通り」とも呼ばれたストラーダ・ヌオーヴァに沿ってルネサンス様式の邸館を構えるようになった。ヴァザーリによれば、ガレアッツォ・アレッシによって計画されたというこの直線道路は、ベルナルディーノ・カントーネ（1505〜80頃）によって実現された。個々のパラッツォの設計にはほかにも多くの建築家が関与しているが、道路の全体計画として、ブラ

マンテが設計したローマのジュリア通りが手本となったことはまず間違いない。ストラーダ・ヌオーヴァはおおむね海岸線と平行に走り、通りの両側は急斜面となる。そのため、パラッツォのファサードは浮彫や絵画などの装飾によりそれぞれ異なってはいるものの、平面計画はほぼ共通している。すなわち、個々のパラッツォは独立して建ち、隣接地との境である傾斜地には階段が設けられ、中央入口、中庭、広間、庭園ないしはテラスといった各部は、左右対称のモニュメンタルな階段で連結されている。

さらに注目すべき点は、「ロッリ」という迎賓館目録では、ジェノヴァ共和国の訪問者の身分に応じて滞在施設が3段階にランク付けされていて、ストラーダ・ヌオーヴァのパラッツォはいずれも教皇や皇帝、国王などが滞在する最高級の迎賓館として分類されていたことである。代表例として、1565〜79年に建てられたパラッツォ・グリマルディ（のちのパラッツォ・ドーリア＝トゥルシ、現在の市庁舎）などが挙げられる。ジェノヴァに滞在したバロック期フランドルの画家ピーテル・パウル・ルーベンス（1577〜1640、代表作にルーヴル美術館所蔵の連作《マリー・ド・メディシスの生涯》などがある）は、これらの高級住宅の建築図面を描き、その図面集は1622年にアントウェルペンで出版された。

右頁…パラッツォ・デル・ドゥーカ・ドーリア、アントニオ・ジョルフィ《ジェノヴァのさまざまな都市景観図集》1769年　上…ルーベンス『ジェノヴァのパラッツォ』より抜粋　中…パラッツォ・ロッソ中庭、ガリバルディ通り　下…パラッツォ・ポデスタ正面、ガリバルディ通り

Data

名称…ストラーデ・ヌオーヴェ
{Strade Nuove}
所在地…イタリア・ジェノヴァ
建設年代…1550年着工
設計者…ガレアッツォ・アレッシ、ベルナルディーノ・カントーネほか
備考…現在のガリバルディ通り、カイローリ通り、ベンサ通り、バルビ通りにあたる

11.

Sacro Monte di Varallo

ヴァラッロのサクロ・モンテ

エルサレムの模擬巡礼

「聖なる山」を意味するサクロ・モンテは、15～16世紀に北イタリアのピエモンテ州やロンバルディア州の山中に多くつくられた。これらは聖堂や修道院、独立した多くの礼拝堂などで構成されている。キリストや聖母マリア、聖人などの物語が絵画や彫刻で順に再現されているのが特徴であり、信者が聖地巡礼を仮想体験できる施設となっている。聖地巡礼は必ずしも中世に特有なものではない。だが、1453年のコンスタンティノープル陥落によりエルサレムがオスマン帝国の支配下に置かれ、巡礼がきわめて困難となったため、その代用となる施設を再

現する動きが高まった。14世紀以前にも、エルサレムの聖墳墓聖堂を模したボローニャのサント・ステファノ聖堂やピサの洗礼堂など単体の建築で聖地を模した例はあったが、15世紀からは複合施設としても登場するようになった。とりわけヴァラッロのサクロ・モンテは、1481年にフランチェスコ会修道士ベルナルディーノ・カイーミ（15世紀前半～1499）によって最初に創設されたもので、ほかのサクロ・モンテの手本となった重要なものである。

現在のヴァラッロの巡礼施設は、山上へ至るまでの道筋に5棟の礼拝堂、壁で囲まれた山上の聖域に45棟の礼拝堂、アッスンタ聖堂、そしてキリストの復活の泉が分散して建てられている。16世紀初期にはガウデンツィオ・フェッラーリ（1480頃～1546）が中心となって、1528年までに礼拝堂の建築や人物彫刻、フレスコ画を手がけたが、45棟の礼拝堂の大半は16世紀後半から17世紀前半に建てられた。礼拝堂の配置はガレアッツォ・アレッシが新たに立てた1565年以降の計画によるもので、カイーミが計画していた実際の場所を考慮したトポロジー的な配置から、イエスの生涯を順にたどることができるクロノロジー的な配置へと変更された。

16世紀後半には、トリエント公会議後の風潮のなかでサクロ・モンテの目的も変化し、聖カルロ・ボッロメーオの肝煎りによって、北イタリアやアルプス以北での信者の獲得や再教化の手段と見なされるようになった。現在ではヴァラッロのほかに、クレーア、オルタ、ヴァレーゼ、オロパ、オッスッチョ、ギッファ、ドモドッソラ、ヴァルペルガの計9件のサクロ・モンテがユネスコの世界遺産に登録されている。

右頁上…神殿の広場、ヴァラッロのサクロ・モンテ　右頁下…第17礼拝堂、ヴァラッロのサクロ・モンテ　上…ピラトの官邸、ヴァラッロのサクロ・モンテ

Data

名称…ヴァラッロのサクロ・モンテ {Sacro Monte di Varallo}
所在地…イタリア・ヴァラッロ（ヴェルチェッリ）
建設年代…1486年着工、1517年再開、アレッシの関与は1565～69年、1640年に大半の礼拝堂が完成
設計者…ガレアッツォ・アレッシほか

12.

ヴィーコフォルテの巡礼聖堂

Santuario di Vicoforte

巨大な楕円形ドーム

楕円形平面はバロック建築のおもな特徴と一般に見なされているが、屋根で覆われていないものであれば、ミケランジェロ設計のカンピドーリオ広場［154頁］はもとより、古代ローマの円形闘技場にまでさかのぼることができる。けれども楕円形ドームについては、ローマのフラミニア街道にあるヴィニョーラが設計したサンタンドレア聖堂を皮切りに、16世紀半ばから登場するようにはなったものの、小規模なものが

平面図

大半だった。16世紀末に着工されたヴィーコフォルテの巡礼聖堂は、前近代の宗教建築では最大規模の楕円形ドーム（長軸方向37メートル、短軸方向25メートル）をそなえ、ルネサンス建築としては最後の集中式聖堂に位置づけられる。なお、モンドヴィからヴィーコフォルテへの巡礼路には礼拝堂が点在して配置されており、同時代のサクロ・モンテ［176頁］との関係が想起される。

聖堂の創建は1592年にマリア像から奇蹟が生じたことに始まり、1595年に新たな聖堂が着工された。その後サヴォイア公カルロ・エマヌエーレの要請による設計競技で、初めサンフロン伯エルコレ・ネグロ（1541〜1622）の案が選ばれたものの、最終的には宮廷建築家アスカニオ・ヴィトッツィ（1539〜1615）の案に基づいて翌年から工事が進められた。1598年、公爵はこの聖堂を家族の墓廟に定め、同年に締結されたヴェルヴァンの和後は平和の永続を願って、この聖堂を「平和の神殿」（テンピオ・デッラ・パーチェ）と命名した。このようにヴィーコフォルテの聖堂は、奇蹟の聖遺物を保管する礼拝堂として、サヴォイア家歴代の墓廟として（この計画はトリノのスペルガ修道院に変更された）、そして誓願聖堂として、創建当初から記念堂の特徴を有していた。

方向性を有する楕円形平面は、集中式とバシリカ式の特徴を併せもつと見なすこともできるが、この聖堂では円形のバリエーションとして楕円形平面が選択されたに違いない。しかし工事は難航し、1615年のヴィトッツィの死後、元の計画は縮小された。19〜20世紀に再び計画の一連の変更がもたらされ、今日の姿となったのは20世紀のことである。

平面は、3つの入口をもつナルテックス（玄関）、マリアの礼拝堂を中心とする縦向きの楕円形ドームの大空間、そして半円形に突出した後陣を一直線に並べている。楕円形の短軸方向には聖堂側面の入口、対角線方向に礼拝堂を設置し、全体の四隅にはそれぞれ正方形平面の鐘塔を配置している。

右頁上…ヴィーコフォルテの巡礼聖堂ドーム内観　右頁下…巡礼聖堂ドーム側面外観　上…聖母マリアの礼拝堂、ヴィーコフォルテの巡礼聖堂

Data

名称…ヴィーコフォルテの巡礼聖堂 {Santuario di Vicoforte}
所在地…イタリア・ヴィーコフォルテ
建設年代…1595年着工、1615年以降完成
設計者…アスカニオ・ヴィトッツィ

南イタリアとイベリア半島のルネサンス

16世紀のカトリック王国とナポリの建築

7. South Italy and Iberian Peninsula

南イタリアは古代から中世を通じてさまざまな民族や国家によって支配された歴史をもつ。そのため、近代特有の各国史の枠組みで説明することは難しい。南イタリアのルネサンスについても、スペインのルネサンスと一緒に見ていく必要がある。

7. 南イタリアとアルプス以南のルネサンス

1章から6章では、もっぱらローマ以北のイタリアに現存する建築作品について説明してきたが、本章では15世紀からスペインのアラゴン家の支配下に置かれていた南イタリア（ナポリ）を、スペインやポルトガルとともに取り上げる。イタリアを除くこれらの国々のルネサンスは、しばしばフランスやドイツ、ネーデルラント（オランダ）、イングランドなどとともに北方ルネサンスとして一括されることもある。だが、ピレネー山脈よりも南はアフリカとは言わないまでも、「北方」という分類は個人的にはかなりの違和感を覚える。そこで、従来の建築史編纂で重視されてきた前述のアルプス以北の国々については、建築の分野でも16世紀から新教の影響を受ける点は類似しているので、本書では8章でまとめて扱う。一方、カトリックの王国だったスペインとポルトガルでは、王家と教会がおもな建築の依頼主だったことも共通している。また、16世紀のイベリア半島の国々は、当時の日本とも少なからぬ関わりがあるので（17世紀以降はオランダのみになるが）、世界史的な観点からはアルプス以北の国々以上に重視されてしかるべきであり、事実、建築史の分野でも注目に値する世界遺産レベルの作品は多い。

ナポリのルネサンス

中世のナポリは、支配者の目まぐるしい変遷を経験している。15世紀前半の南イタリアでは、シチリアがスペインのアラゴン家、ナポリがフランスのアンジュー家の支配下にあった。アルフォンソ五世（アラゴン王・シチリア王在1416〜58、ナポリ王としてはアルフォンソ一世）が1443年にナポリ王国を征服して、ナポリに入市してからルネサンスが始まったと見なすことができる。その後、1494年にフランス王シャルル八世がナポリ継承権を主張し、一時的にナポリを占領したものの、1503年にスペイン軍がフランス軍を追い出した。それ以降、ナポリはスペインから派遣された副王によって支配される属州となった。

ナポリはミラノやヴェネツィアと同様、おもにフィレンツェから招かれた多くの芸術家によって、15世紀半ばからルネサンス様式が普及し始めた。ルネサンス建築についても、のちにほかの国々に影響を及ぼすほどの名作が誕生した。その代表例の1つであるカステルヌオーヴォのアルフォンソ王の凱旋門［190頁］は、ウルビーノのパラッツォ・ドゥカーレ［54頁］に影響を与えた。また、ポッジョレアーレのヴィッラは現存していないものの、セルリオの建築書『第三書』に建築図面が掲載されたのは古代建築と同格と見なされたからであり、アルプ

サン・ジョヴァンニ・ア・カルボナーラ聖堂カラッチョロ・ディ・ヴィーコ礼拝堂／ナポリ

図1

ス以北にまで広く知れ渡った。そして16世紀になると、ナポリにもローマの盛期ルネサンスの影響が及ぶようになる。本書で取り上げることはできなかったが、枢機卿オリヴィエーロ・カラファがブラマンテに設計させたともいわれるナポリ大聖堂スッコルポ礼拝堂や、同じくブラマンテ風のサン・ジョヴァンニ・ア・カルボナーラ聖堂カラッチョロ・ディ・ヴィーコ礼拝堂［図1］などが注目に値する。スペインへのルネサンス建築の導入には、ナポリが重要な窓口となっていたのである。

スペインのルネサンス

中世のスペインは長い間アラブの支配下にあり、キリスト教の立場からはレコンキスタ（国土回復運動）の歴史であった。西ヨーロッパの諸侯による十字軍遠征はスペインとは無関係であり、エルサレムまで行かなくてもイスラーム教徒はすぐそばにいた。また聖地巡礼についても、サンティアゴ・デ・コンポステーラは特にフランスから多くの巡礼者を引き寄せた。こうした歴史は、中世から近世までの建築様式にも大きな影

響を及ぼしている。レコンキスタが早くから進められた北部では、カタルーニャ地方やサンティアゴへの巡礼路の聖堂にはフランスのロマネスクやゴシックとの共通点が見られる。とはいえ、特にアラブの文化が栄えたコルドバやセビーリャ、グラナダなど南部のアンダルシア地方では、ロマネスク、ゴシック、ルネサンスという変遷に従って説明することは難しい。レコンキスタの後も、とりわけ13～14世紀には「ムダッジャン」と呼ばれる残留イスラーム教徒の建築様式とキリスト教建築様式が融合した「ムデハル様式」が好まれた。アラゴン地方のムデハル建築は世界遺産にも登録されており、代表例としてはテルエルのサン・マルティン聖堂鐘塔［図2］や、サラゴサのアルハフェリア宮殿［図3］などが挙げられる。造形的には、イスラーム建築のように、壁面などに幾何学文様の装飾が施されているのが特徴である。

　ムデハル様式は、おおむねロマネスクからゴシックの時代と並行しているが、イタリアでルネサンスが始まっていた15世紀にも、スペインではゴシック様式の大聖堂が引き続き建てられていた。その代表例がセビーリャ大聖堂［192頁］で、聖堂本体が完成するにはおおよそ15世紀のまるまる１００年を必要とした。だが、アラゴン王フェルナンド二世（在１４７９～１５１６）とカスティーリャ女王イサベル一世（在１４７４～１５０４）の結婚によって１４７９年にスペイン王国が成立し、さらに１４９２年にナスル朝のグラナダを奪回、レコンキスタが完了したのちには、いよいよルネサンス様式が導入されるようになる。ちなみに、彼らカトリック両王がブラマンテのテンピエット［92頁］の建設を支援したことはすでに述べた。

　スペインの16世紀の建築は、おおむね次のような3期に分類されるが、様式名に一貫性がないことが理解を難しくしているようにも感じられる。

　まず、15世紀末から16世紀初期のカトリック両王の時代は、女王の名にちなんで「イサベル様式」と呼ばれてきたが、近年では絵画と同様に「イスパノフラメンコ様式」（フランドルの影響を受けたスペインの様式）と呼ばれることが多くなった。バリャドリッドのサン・パブロ聖堂ファサード［194頁］がその典型例で、彫刻装飾で建築が覆い尽くされているのが特徴である。形態的にはまだゴシックに近いが、装飾過多という点では、次の時代のプラテレスコ様式や、さらにのちのバロック期のチュリゲラ様式と共通する特徴でもあり、スペイン建築史の本流をなす様式といってもよい。

　次に、カトリック両王の孫である神聖ローマ皇帝カール五世（在１５１９～56、スペイン王カルロス一世としては在１５１６～56）は、父方からハプスブルク家の血を受け継いだため皇帝となったが、母方からはスペイン王家の血を受け継いだためスペイン国王も兼ねていた。このカール五世の時代には、16世紀第１四半世紀までは前述の「プラテレスコ様式」

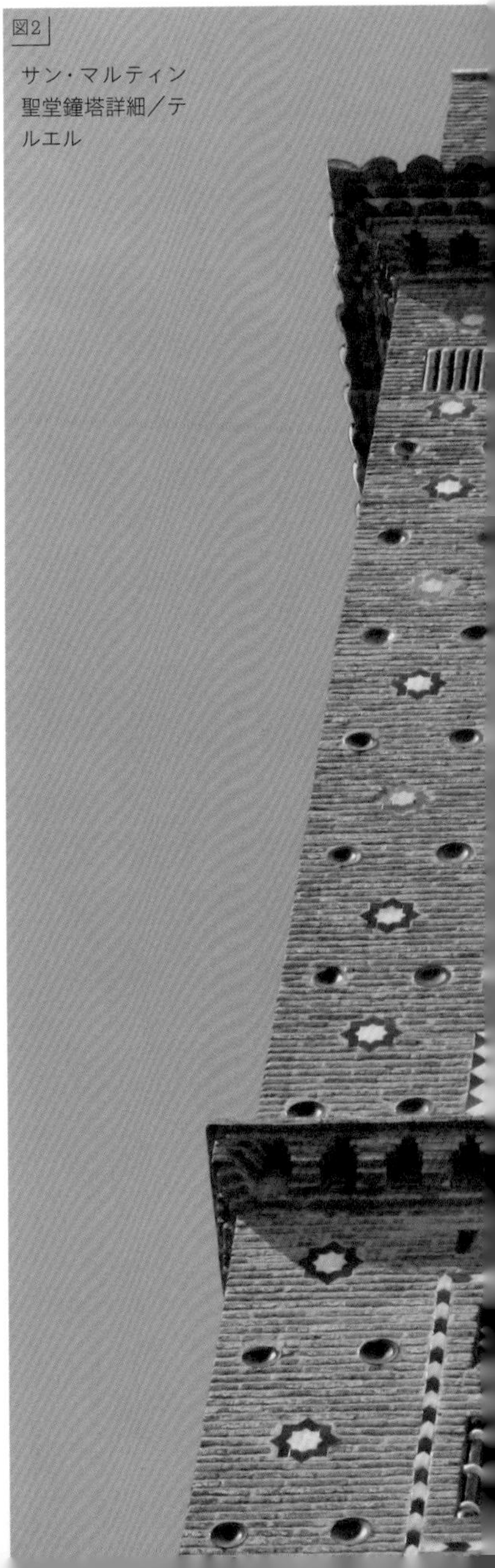
図2
サン・マルティン聖堂鐘塔詳細／テルエル

図3

が流行した。この様式はスペインにおける初期ルネサンスに相当するが、のちにイタリアから直輸入した純粋な古典主義に取ってかわられ、こちらが盛期ルネサンスに相当する。プラテレスコ様式の名称は、「銀細工」を意味する「プラテリア」に由来し、繊細な浮彫彫刻による装飾が特徴である。サラマンカ大学ファサード［196頁］やアルカラ・デ・エナーレス大学ファサード［198頁］がその好例であり、同じく装飾過多のイスパノフラメンコ様式と比べると、半円アーチのような古典の要素が多くを占めている。ただし、これらはいずれも二次元的な装飾にとどまり、三次元的な内部空間の革新にまでは至っていないため、イスパノフラメンコ様式とはむしろ共通点の方が多いと見なす研究者もいる。ディエゴ・デ・シロエ（1495頃～1563）のグラナダ大聖堂内陣［202頁］では、ゴシックとルネサンスとの融合が三次元のレベルまで展開されるに至ったものの、その頃にはすでにプラテレスコ様式も終わりへと向かいつつあった。その記念すべき作品こそ、同時代に同地グラナダのアルハンブラ宮殿に建てられたカール五世宮殿［206頁］である。もはやイスラームやゴシックを想起させるような細部は微塵もなく、1530年代にはローマの盛期ルネサンス建築がスペインに登場したのだった。

　そして最後が、カール五世の息子フェリペ二世（在1556～98）の時代の「エレーラ様式」である。彼はスペイン王位を継承したが、神聖ローマ皇帝位はフェルナンド一世（在1556～64）が継承したため、ハプスブルク家はスペインとオーストリアに分かれた。それでもフェリペは、中南米の植民地も含めた広大な領土を手に入れたため、当時のスペインは「太陽の沈まぬ国」と称された。彼は信仰心が篤くまじめな性格であり、建築の趣味についても装飾は控えめでありながら威厳を醸し出すような古典主義を好んだ。彼がマドリード郊外に建てさせたエル・エスコリアル修道院［208頁］は、ファン・バウティスタ・デ・トレド（1515頃～67）の設計で着工され、その後を引き継いだファン・デ・エレーラ（1530～97）によって完成された。この王室修道院はスペイン・ルネサンス建築のシンボルと見なされており、建築家の名にちなんだエレーラ様式は、17世紀にバロック様式が流行した時代にも、しばしば採用された。

　なお、16世紀のスペイン美術、特に絵画は黄金時代の17世紀絵画に比べると地味な印象を受ける。ギリシア人画家エル・グレコ（1541～1614、代表作はトレドのサント・トメ聖堂にある《オルガス伯爵の埋葬》など）は有名であるとはいえ、作風があまりに独特であったため、のちに影響を及ぼすことはほとんどなかった。

「玉座の間」天井、アルハフェリア宮殿／サラゴサ

ポルトガルのルネサンス

古代ローマ期のポルトガルは、スペインとともにイベリア半島全体で「ヒスパニア」と呼ばれた属州の1つだった。中世にアラブの支配下に置かれたのち、北部から徐々にレコンキスタが進められたところまではスペインの歴史とおおむね共通している。けれども、ポルトガル王国は1139年と早くから成立したため、中世の建築様式はスペインよりイスラーム色が弱く、おおむねロマネスクからゴシックへと展開した。そして15世紀末から16世紀初期のゴシックからルネサンスへの移行期には、国王マヌエル一世（在1495～1521）の名にちなんだ「マヌエル様式」が登場した。造形的には帆や綱、網、サンゴ、海藻といった海洋にまつわるモティーフを彫刻装飾に取り入れているのが特徴で、リスボンのジェロニモス修道院［212頁］やベレンの塔［図4］がその典型例である。装飾過多という点では、同時代のスペインのイスパノフラメンコ様式と似

ているものの、マヌエル様式では二次元的な装飾にとどまることなく、ねじり柱が好んで用いられたように、構造材そのものが変形しているのが特徴である。

ポルトガルに本格的なルネサンス様式が登場するのは16世紀半ばからで、1550年代に建てられたトマールのクリスト修道院大回廊［216頁］は、ローマの盛期ルネサンスに最も近い優れた作品である。また、コインブラにあるサンタ・クルース修道院［214頁］の「マンガの回廊」の噴水は、ブラマンテのテンピエットのような集中式聖堂を応用した独創的な作品で、とりわけ1533年という建設年代の早さには驚かされる。15～16世紀のポルトガルはスペインとともに大航海時代の主役であり、スペインとの同君連合の時代（1581～1640）を除けば、独立した王国として繁栄したことは、建築の分野にも少なからぬ影響を与えている。

図4
ベレンの塔／リスボン

1. カステルヌオーヴォのアルフォンソ王の凱旋門

Arco trionfale di Alfonso

ルネサンス初の常設の凱旋門

ナポリのカステルヌオーヴォは、別名「マスキオ・アンジョイーノ」(アンジュー家の大塔)とも呼ばれるように、1279年に当時シチリア王だったカルロ一世(シャルル・ダンジュー、シチリア王在1266〜82、ナポリ王在1282〜85)によって創建された。13世紀に建てられた部分はのちの火災で大半が失われたため、現在では王宮礼拝堂を残すのみだが、1443年にアラゴン家のアルフォンソ五世によって再建されてから現在に至るまで、ナポリ湾に面したランドマークとして大きな存在感を示している。5基の大きな円形の塔で囲まれたこの城は、全体としては中世的な印象を与えるかもしれない。だが、西側正面入口の凱旋門はナポリのルネサンスを代表する重要な作品であり、当時の人びとには古代を彷彿とさせたに違いない。

白大理石でできたこの凱旋門は、1442年のアルフォンソ王の戦勝とナポリ入市を記念したものである。設計者にはピエトロ・ダ・ミラノ(1410頃〜73)とフランチェスコ・ラウラーナ(1430頃〜1502)の名が挙げられる。凱旋門は塔の間に設けられたため、ファサードは縦長の4層構成をとっている。第1層と第3層に半円アーチによる開口部が設けられている

ことから、第2層と第4層は屋階（屋根裏）に相当する。この凱旋門の直接の手本となったのは、対になった円柱や彫刻装飾との類似性から、プーラにある1世紀のセルギウスの凱旋門と考えられる。さらに塔の間に設けられた凱旋門として、当時ナポリ近郊のカプアに存在していた神聖ローマ皇帝フリードリヒ二世の塔型門が参照された可能性も高い。アーチを積み重ねる手法は、ナポリのサン・ジョヴァンニ・ア・カルボナーラ聖堂［183頁］にあるラディスラオ王墓碑も候補に挙げられるが、むしろ従来の凱旋門とは異なったさまざまな新規性が見られる点に注目すべきだろう。

オーダーの積み重ねは、第1層にコリント式、第3層にイオニア式の円柱が用いられていて、通常の順序とは上下が逆になっている。また、古代ローマの凱旋門ではアーチの上の屋階に皇帝の偉業などが碑文として刻まれるのが一般的だが、アルフォンソ王の凱旋門の屋階は彫刻装飾で豊かに飾り立てられている。第2層は、1455～56年にドナテッロの2人の助手イザイア・ダ・ピサ（1410頃～64頃）とアンドレア・デッラクイラ（生没年不詳）も参加し、アルフォンソ王が四頭立て馬車で凱旋行進する場面の大部分を低浮彫で制作した。

右…アルフォンソ王の凱旋門　上…凱旋門第4層詳細　中…凱旋門第2層詳細　下…凱旋門第1層詳細

Data

名称…アルフォンソ王の凱旋門
{Arco trionfale di Alfonso}
所在地…イタリア・ナポリ
建設年代…1443～79年
設計者…ピエトロ・ダ・ミラノ、フランチェスコ・ラウラーナほか
備考…現在カステルヌオーヴォは市立美術館

2. セビーリャ大聖堂

Catedral de Sevil·la

キリスト教世界最大規模の大聖堂

現在のセビーリャ大聖堂の敷地にはかつて、1248年のレコンキスタ以前の12世紀後半に建てられた巨大なモスクが存在していた。その名残は、聖堂の北に隣接するパティオ・デ・ロス・ナランホス（オレンジの回廊）やミナレットを改修したヒラルダの塔に見られる。スペインの大聖堂には修道院回廊が隣接するものが多いが、この大聖堂は聖堂本体のみで比べてみても、スペインではもとより、キリスト教世界でも最

大規模である。聖堂本体はほぼ矩形平面の五廊式バシリカで、わずかに突出した後陣も含めた長さは１３０メートル、幅は75メートルに達する。聖堂の南側にはルネサンス期に増築された参事会室や聖具室が並び、北側の回廊も合わせると実に巨大な宗教施設となっている。

聖母マリアに捧げられた大聖堂はゴシック様式で１４０１年に着工され、１５０６年にようやく完成した。その後、１５１１年に交差部のヴォールト天井が崩壊したため、フアン・ヒル・デ・オンタニョン（１４８０～１５２６）が交差部とそれに隣接する身廊、そして交差廊のヴォールト天井を網目ヴォールト天井につくり直した。なお、スペインの聖堂では伝統的に身廊の中央に聖歌隊席が組み込まれるので、ここでは主祭壇が設置される内陣と聖歌隊席とを交差部が前後に分断している。天井は１５１９年に完成したが、まだゴシック様式だった。

１５２８年から16世紀末に至るまでは、大聖具室や王室礼拝堂、参事会室といった一連の付属施設が、聖堂とは独立するように、ドームをそなえたルネサンス様式で建てられた。側廊の南に位置する大聖具室は、１５２８年にディエゴ・デ・リアニョ（１５３４没）の設計によるプラテレスコ様式で着工、１５４７年に完成したと考えられていた。だが、最近の研究によれば設計者はディエゴ・デ・シロエであり、後を継いだマルティン・デ・ガインサ（１５５６没）が１５４３年に完成させたという。半球ドームの外側には、ピナクル（小尖塔）とフライング・バットレス（飛梁）のようなゴシック的要素が見られる点が興味深い。半球ドームで覆われた王室礼拝堂は大聖堂の後陣に位置し、カスティーリャ王家の墓廟として計画された。この礼拝堂はマルティン・デ・ガインサの設計によりルネサンス様式で１５５１年に着工され、彼の死後はエルナン・ルイス・エル・ホーベン（１５１４頃～１５６９）が引き継ぎ、さらにフアン・デ・マエダ（１５７６没）と息子のアセンシオ（１５４７～１６０７）によって１５７５年に完成した。聖堂の南東角に位置する参事会室は楕円形ドームが特徴であり、エルナン・ルイスの設計で着工、アセンシオによって１５９２年に完成した。

右頁上…王室礼拝堂ドーム内観、セビーリャ大聖堂　右頁下…セビーリャ大聖堂側面の礼拝堂屋根　上…大聖堂交差部天井

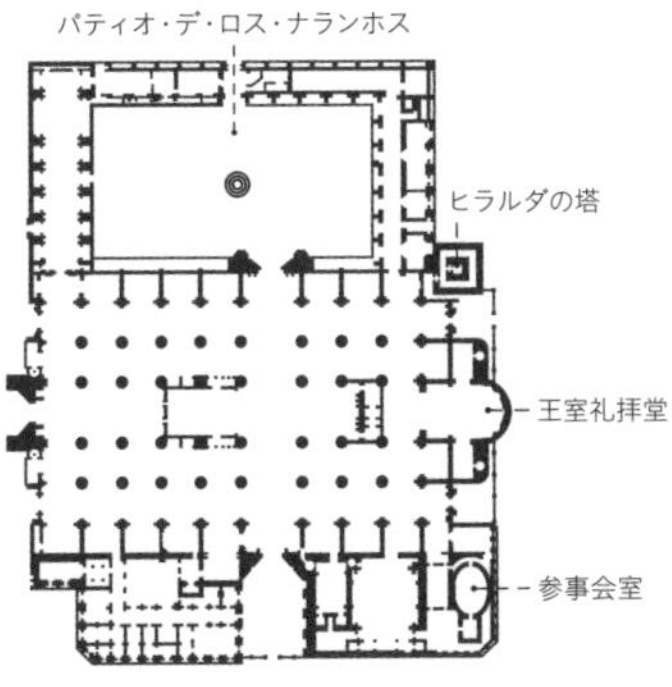

平面図

Data

名称…セビーリャ大聖堂
{Catedral de Sevilla}
所在地…スペイン・セビーリャ
建設年代…1401～1506年
設計者…フアン・ヒル・デ・オンタニョン、ディエゴ・デ・シロエほか

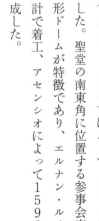

3.

Iglesia de San Pablo

バリャドリッドのサン・パブロ聖堂ファサード

イスパノフラメンコ様式の傑作

カスティーリャ女王イサベル一世とアラゴン王フェルナンド二世のカトリック両王の時代は、スペインの歴史上大きな転換期の1つである。1492年のグラナダ陥落によりレコンキスタが完了し、同年には彼らが航海を援助したジェノヴァの商人コロンブス（1451〜1506）が新大陸を発見した。バリャドリッドは彼らが1469年に婚礼を挙げた都市であり、この都市を代表する建築が、15世紀末に建てられたサン・パブロ聖堂とそれに隣接するコレヒオ・デ・サン・グレゴリオ（聖グレゴリウス神学校）である。これらの建築がかつて「イサベル様式」（最近ではイスパノフラメンコ様式）と呼ばれていたのは、バリャドリッドがカスティーリャ王国の都市であり、イサベルは近郊のメディナ・デル・カンポの王宮で亡くなったように、とりわけ彼女と密接な関係にある都市だからだろう。

スペイン建築史の分野では、イサベル一世の時代、すなわち15世紀末から16世紀初期に流行したイスパノフラメンコ様式は、造形的には末期ゴシックに近い。アルプス以北の出身であるフアン・グアス（1430頃〜96）とシモン・デ・コロニア（1450頃〜1511）によりバリャドリッドにもたらされた様式で、ゴシック様式とムデハル様式を融合させた過剰な装飾を特徴とする。なお、ブルターニュ出身のフアン・グアスはフランドルで修業し、ケルン出身のシモン・デ・コロニアは父フアン（1410頃〜81）とともにブルゴス大聖堂の建設に携わった。

サン・パブロ聖堂は、1270年に創設されたドミニコ会修道院聖堂である。現在の単廊式バシリカ平面の聖堂は、1445年に枢機卿フアン・デ・トルケマダ（1388〜1468）の依頼により着工された。トルケマダの死後、パレンシア司教アロンソ・デ・ブルゴス（1499没）の時代に、コレヒオ・デ・サン・グレゴリオとともに聖堂ファサードの建設が進められた。両脇に2基の簡素な鐘塔がそびえ立つファサードの中心部はおもに3層で構成され、壁面は彫刻で埋め尽くされている。建設過程はバラ窓頂部の第2層までの高さを境に、前者をシモン・デ・コロニア、後者を息子のフランシスコ（1470頃〜1542）が手がけ、1500年に完成させた。なお、同時期の1488〜96年に建設されたイスパノフラメンコ様式のコレヒオ・デ・サン・グレゴリオは、東側正面入口の作者名は定かではないが、ヒル・デ・シロエ（1510頃没）の名が挙げられている。

右頁…サン・パブロ聖堂ファサード　上…コレヒオ・デ・サン・グレゴリオ　中…サン・パブロ聖堂ファサード第3層詳細　下…聖堂ファサード第2層詳細

Data

名称…サン・パブロ聖堂
{Iglesia de San Pablo}
所在地…スペイン・バリャドリッド
建設年代…1486〜1500年
設計者…シモン・デ・コロニアほか
備考…隣接するコレヒオ・デ・サン・グレゴリオは現在国立彫刻博物館

4.

サラマンカ大学

Universidad de Salamanca

プラテレスコ様式のファサード

サラマンカ大学は現存するスペイン最古の大学で、1218年にレオン王国のアルフォンソ九世（在1188～1230）によって、大聖堂のすぐ近くに設立された。パティオ・デ・エスクエラス（大学の中庭）に面して現存するエスクエラス・マヨーレス、エスクエラス・メノーレス、そしてオスピタル・デル・エストゥディオの3棟の校舎が15世紀にまでさかのぼり、今も大学の施設として使用されている。これらのうち、エスクエラス・マヨーレスが大学の本部にあたる最も重要な建物である。内部の各部屋は、歴史ある図書館も含めて後世に改修が施されているが、おびただしい彫刻装飾が施されたプラテレスコ様式のファサードは当時の姿をとどめ、大学のシンボルとなっている。

エスクエラス・マヨーレスは1411年に着工されたが、ファサードはそれよりも、およそ100年後の1520年代前後につくられた。最近の研究によれば、設計者はファアン・デ・タラベラ（1476～1531に活動）であるという。ファサードは4層構成で、第1層の中央に二連の三心アーチからなる正面入口が設けられ、アーチ部は第2層と重なるように突出している。第2層は5つの柱間からなる。中央の柱間に円形のメダイヨン（大型のメダル）が設けられ、フェルナンド二世とイサベル一世の頭像と、彼らの象徴であるくびきと矢が表現されている。第3層も同じく5つの柱間で構成されている。中央にはカール五世の盾形紋章が設置され、左右の柱間にはそれぞれ、帝国の象徴である双頭のワシと福音書記者聖ヨハネの象徴であるワシの盾形紋章、さらに両端の柱間にもそれぞれ、カール五世と彼の母のカスティーリャ女王ファナ一世（かつては妃のイサベル・デ・ポルトガルと考えられていた）の横顔のメダイヨンが設置されている。3つの柱間からなる最後の第4層では、中央部は半円アーチを頂く礼拝堂のようになっている。教皇に捧げられ、その両脇には徳の擬人像のメダイヨン、ヘラクレスとウェヌスの像が設置されている。おびただしい装飾はゴシック的ではあるものの、水平性の強調や装飾プログラムに見られる古代の異教とキリスト教との組み合わせは、ルネサンス的である。

なおエスクエラス・メノーレスとオスピタル・デル・エストゥディオも同じくプラテレスコ様式であるが、装飾はかなり控えめであり、設計者も定かではない。

右頁…エスクエラス・マヨーレス、サラマンカ大学　上…エスクエラス・メノーレス、サラマンカ大学

Data

名称…サラマンカ大学
{Universidad de Salamanca}
所在地…スペイン・サラマンカ
建設年代…ファサードは1512頃～33年
設計者…フアン・デ・タラベラ

5.

アルカラ・デ・エナーレス大学

Universidad de Alcalá de Henares

16世紀の大学都市におけるルネサンス

マドリード東部のエナーレス川沿いに位置するアルカラ・デ・エナーレスは、15世紀末以来の大学都市であり、作家ミゲル・デ・セルバンテス（1547〜1616、代表作は『ドン・キホーテ』）の出生地としても知られている。現在のアルカラ大学は、1293年にカスティーリャ王サンチョ四世（在1282〜95）がこの地にストゥディウム・ゲネラーレ（「一般教育の学問所」の意。中世の大学を指す）を創設したことから始まる。その後、1499年に教皇に大学として認可され、都市へと発展した。ヨーロッパのほかの大学都市とは異なり、最初から大学都市として計画されたのが特徴である。

「コレヒオ」（英語の「カレッジ」）と呼ばれる大学の各施設は町に点在している。最も重要なのが、本拠地にあたるコレヒオ・デ・サン・イルデフォンソである。ここにあるサン・イルデフォンソ礼拝堂と講堂（パラニンフォ）は、シスネロス（1436〜1517）の時代に建てられた。礼拝堂には創設者のシスネロスが埋葬される予定で、ドメニコ・ファンチェッリ（1469〜1519）とバルトロメ・オルドニェス（1480頃〜1520）により墓碑彫刻が制作されたが、

結局遺骸は大聖堂に埋葬された。講堂は、正面入口を通る中心軸上に並んだ3番目の中庭（3ヵ国語の中庭）の西側に設けられ、現在ではセルバンテス賞の授賞式が行われる格式高い部屋である。なお、最初の中庭は「サント・トマス・デ・ビリャヌエバの中庭」、2番目の中庭は「哲学者たちの中庭」と呼ばれる。1617年にファン・ゴメス・デ・モラ（1586〜1648）の設計で着工され、1672年に完成した。

　プラテレスコ様式の有名なファサードは、ロドリーゴ・ヒル・デ・オンタニョン（1500〜77）の設計により1537年に着工され、上部は1548〜53年にペドロ・デ・ラ・コテラ（生没年不詳）の監督下で建てられた。全体は3層構成の中央部と、その両脇の1段低めの2層構成の翼部からなる。入口のある中央部の柱間は、対になった円柱の積み重ねや、頂部の三角ペディメント、豊かな彫刻装飾などでいっそう強調されていて、同じプラテレスコ様式のサラマンカ大学ファサード［196頁］に比べると、装飾にメリハリがある。いずれの層でもコリント式を変形させたような複雑な柱頭や、結び目のあるロープなど独特な装飾が用いられている。第2層では、縦に継ぎ足したような細身の円柱とトリグリフに似たディテールをもつフリーズの組み合わせ、第3層では斜め45度に設置された角柱など、実に型破りである。第3層の両側には5つずつ半円アーチが並んだギャラリーが設けられ、イオニア式の半円柱と、ガーゴイル（雨樋の排水口となる怪物彫刻）やピナクルのような屋根飾りが組み合わされていて、ゴシック様式の名残も感じられる。

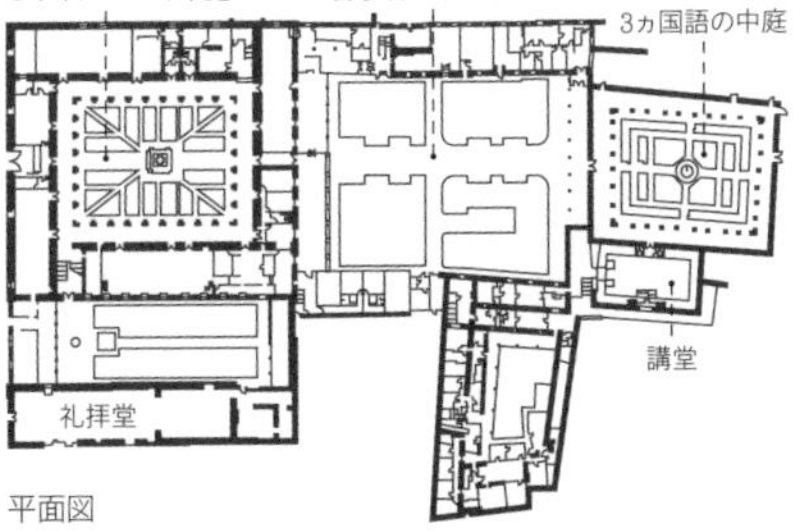

平面図

上…コレヒオ・デ・サン・イルデフォンソ正面、アルカラ・デ・エナーレス大学　右…サント・トマス・デ・ビリャヌエバの中庭、コレヒオ・デ・サン・イルデフォンソ、アルカラ・デ・エナーレス大学

Data

名称…アルカラ・デ・エナーレス大学｛Universidad de Alcalá de Henares｝
所在地…スペイン・アルカラ・デ・エナーレス
建設年代…ファサードは1537〜53年建設
設計者…ロドリーゴ・ヒル・デ・オンタニョンほか

6.

セビーリャ市庁舎

Ayuntamiento de Sevilla

南イタリアとイベリア半島のルネサンス

スペイン庁舎建築の類稀なる力作

中世やルネサンスの庁舎建築の名作は、イタリアやドイツ、オランダ・ベルギーには多く現存するが、スペインやフランス、イングランドではあまり見当たらない。両者の違いは政治体制に由来するもので、イタリアでもミラノやナポリのように早くから君主制が確立された都市では、政治の中心は市庁舎ではなく城であったため、立派につくられた城の方がよく知られて

いるに違いない。すなわち、共和制の都市国家では豪華な城は不要であるのに対し、強力な国王が支配していた国では城が多く存在するということである。実際、スペインではトレドやセゴビア、セビーリャなどのアルカーサル（城）が有名である。

セビーリャには巨大な大聖堂［192頁］とアルカーサルがあるので、それらに比べると市庁舎の存在感はかなり薄いかもしれない。けれども、スペイン全体で各都市の庁舎建築を比べてみるなら、プラテレスコ様式の代表例として知られるセビーリャ市庁舎は、力作の筆頭に挙げられる。この市庁舎はディエゴ・デ・リアニョの設計により1526年に着工された。デ・リアニョは1523年にセビーリャに移住して大聖堂の工匠長を務めた建築家で、ほかにもバリャドリッドのコレヒアータ（現在は廃墟）など多くの建築設計に携わった。

セビーリャ市庁舎は南北方向に軸線をなすように建てられ、現在のフランシスコ広場に面した東側ファサードがおおむね当初の姿をとどめている。ただし、当初は2層構成だったことは、ファサードを覆い尽くすプラテレスコ様式の彫刻装飾の密度からも確認できる。装飾の題材には、神話上の都市の創建者と伝えられるヘラクレス、ユリウス・カエサル（前100～前44）やカール五世のような歴史上の人物、そのほかの都市の善政や正義を象徴する擬人像などが、グロテスク装飾や盾形紋章とともに表現されている。市庁舎の南側は、かつてフランシスコ会修道院と西側に直角をなすようにつながっていたが、修道院は19世紀に2度の火災を経て取り壊された。そこで、現在のヌエバ広場に面した新古典主義様式の西側ファサードが、デメトリオ・デ・ロス・リオス（1827～92）とバルビーノ・マロン（1812～67）の設計で新たにつくられた。

上…セビーリャ市庁舎東側　下…市庁舎東側中央部詳細

Data

名称…セビーリャ市庁舎
{Ayuntamiento de Sevilla}
所在地…スペイン・セビーリャ
建設年代…1526～64年
設計者…ディエゴ・デ・リアニョほか

7.

グラナダ大聖堂

Catedral de Granada

南イタリアとイベリア半島のルネサンス

集中式とバシリカ式の融合

レコンキスタは、1492年のグラナダ陥落をもって完了した。このことは、グラナダがスペインの都市のなかで、アラブの支配下に置かれていた期間が最も長いことを意味する。レコンキスタ以前のグラナダにはほかの多くの都市と同様に、現在の大聖堂の敷地にモスクが存在しており、大聖堂が建てられたのはかなり遅かった。最初の計画は、1506年にエンリケ・エガス（1455頃〜1534）がトレド大聖堂を手本にゴシック様式で設計したが、着工されたのは遅く1523年であった。というのも、彼は大聖堂に隣接する王室礼拝堂の建設にも同時に関与し、こちらが優先されたからだった。王室礼拝堂ではトレドのサン・ファアン・デ・ロス・レイエス修道院が手本とされ、内部にはカトリック両王フェルナンド二世とイサベル一世の墓碑、フィリップ美公と狂女ファナの墓碑が設置されている。

その後、1529年から大聖堂の建築家はディエゴ・デ・シロエに交代した。グラナダ大聖堂はシロエの代表作だが、彼はすでに1519年にブルゴス大聖堂北交差廊の豪華な「黄金の階段」（エスカラーダ・ドラーダ）を制作していた。この作品ではブラマンテの設計によるベルヴェデーレの中庭［94頁］の階段が参照されているが、彼は彫刻家でもあったため、装飾が豊かに施されているのが特徴である。それゆえ、彼の作風はプラテレスコ様式に分類され、地元のイスラームやゴシック様式に、イタリアで学んだルネサンス様式を導入したものといえる。こうした手法は、一般には装飾や建築部位などの細部を組み合わせて表現される。五廊式で、奥行き方向の柱間も5つからなるこの大聖堂の身廊部は正方形平面に近いので、ゴシックとは言いがたいかもしれないが、例えば身廊部の束ね柱ではコリント式柱頭や半円アーチといったルネサンス様式が融合されている。

グラナダ大聖堂で注目すべきは、平面の規模で新旧の様式が巧みに統合されている点である。

右頁…グラナダ大聖堂ドーム内観　右下…大聖堂ファサード　左下…大聖堂身廊内観

グラナダ大聖堂交差部天井

この大聖堂は当初、カール五世によってスペイン王家歴代の墓所として計画されたため（その場所は息子のフェリペ二世によってエル・エスコリアル修道院［208頁］へと変更はされたものの）、バシリカに墓廟としての円堂を接続する案は、エルサレムの聖墳墓聖堂にならった可能性が高い。だが、ゴシック様式特有の周歩廊と放射状祭室からなる内陣部をドームで覆われた円形平面にすることで、イタリア・ルネサンスの建築家が理想としていた集中式と、宗教儀式に好都合なバシリカ式との融合という課題にも見事な解答を示した。ちなみに、シロエはウベダのエル・サルバドル聖堂の設計でも同じ形の平面を採用しているが、こちらは規模が小さいため周歩廊はない。一方、グラナダ大聖堂の内陣の立面は、付柱がリブまで連続して垂直性が強調されている点はゴシック風だが、ブラマンテによるパヴィア大聖堂との類似性も指摘される。なお、グラナダ大聖堂の三連アーチからなる現在のバロック様式のファサードは、アロンソ・カノ（1601〜67）が設計したものである。

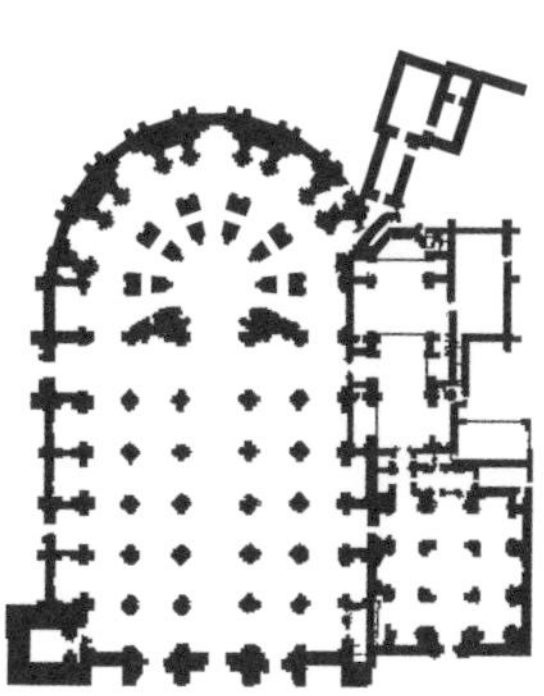

平面図

Data

名称…グラナダ大聖堂
{Catedral de Granada}
所在地…スペイン・グラナダ
建設年代…1529〜59年
設計者…ディエゴ・デ・シロエほか

8.

Palacio de Carlos V

アルハンブラ宮殿のカール五世宮殿

南イタリアとイベリア半島のルネサンス

スペイン・ルネサンス建築の光と闇

グラナダのアルハンブラ宮殿は、コルドバのメスキータと並ぶ中世スペインのイスラーム建築の精華である。ところが、これらのど真ん中に、傍若無人のごとく割り込んできた建物があった。コルドバのメスキータにおける大聖堂の増改築は、「どこにでも見られる建物をつくるために、世界に1つしかない建物を壊してしまった」と語られているが、こうした蛮行が可能だった人物は、当時のヨーロッパで最大の領土を支配していたカール五世以外にはいなかった。

一方、アルハンブラ宮殿のカール五世宮殿は、

単体の建築として見れば、スペイン・ルネサンス建築の最高峰であることは間違いない。画家でもあったペドロ・マチューカ（1490頃〜1550）の設計であり、彼がイタリアで学んだ古代建築やルネサンス建築の成果がいかんなく発揮されている。平面は、一辺が63メートルの正方形に直径30メートルの円形中庭が設けられた集中式平面である。既存の「アラヤネスの中庭」とは、北東の隅に組み込まれた小さな八角形平面の礼拝堂で巧みに接続されている。高さも配慮されてはいるものの、既存の建物との調和よりも対比が意図されていて、まるでアルハンブラ宮殿の新しい中心はここだと言わんばかりである。この円形中庭の立面は上下とも柱楣式の2層構成で、下層のドーリス式オーダーではトリグリフをそなえた本格的なフリーズが採用され、上層にイオニア式オーダーが積み重ねられている。実現しなかったラファエロのヴィッラ・マダマ［96頁］の影響と思われるが、むしろコロッセウムのような古代の劇場空間を想起させる堂々たるものである。

西側ファサードはマチューカの死後、16世紀後半に着工され、1595年に完成した。こちらもすばらしい出来栄えであり、彼の案に基づいていると判断してよい。下層をルスティカ仕上げ、上層を付柱とした2層構成のファサードは、ブラマンテのパラッツォ・カプリーニの系譜に位置づけられるが、規模ははるかに巨大である。柱間の数は15で、正面入口のある中央部では上下層とも対にした柱が用いられ、下層は三角ペディメント、上層はセルリアーナで強調されている。左右両側の柱間では、いずれの層でも矩形と円形の窓が採用されている。とりわけ下層におけるルスティカ仕上げと柱を組み合わせた手法は、同時代のイタリアにおける使用例と比べてもかなり早いことに驚かされる。

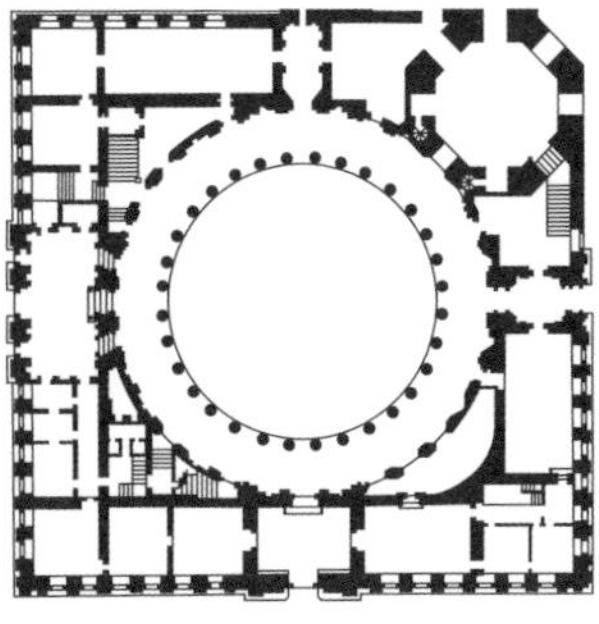

平面図

右頁上…円形中庭、カール五世宮殿、アルハンブラ宮殿、　右頁下…アラヤネスの中庭、ナスル朝宮殿、アルハンブラ宮殿　右…カール五世宮殿外観

Data

名称…カール五世宮殿
{Palacio de Carlos V}
所在地…スペイン・グラナダ
建設年代…1527〜95年
設計者…ペドロ・マチューカ

9.

エル・エスコリアル修道院

Real Monasterio de San Lorenzo de El Escorial

右頁…階段室天井、エル・エスコリアル修道院　上…サン・ロレンソ聖堂ファサード、エル・エスコリアル修道院

政治・宗教・文化の一大中心地

フェリペ二世は1557年にサン・カンタンの戦いでフランスに勝利したことを記念し、マドリードの北西約45キロメートルの地にあるエル・エスコリアルに、聖ラウレンティウスに捧げた修道院を創設した。1563年にファン・バウティスタ・デ・トレドの設計で着工され、彼の後を継いだファン・デ・エレーラによって1585年に完成した。フェリペ二世は父カール五世と正反対の性格だったように、建築の趣向についてもヴィニョーラ風の古典主義を好んだ。なお、スペインの建築様式には王や女王の名にちなんだ名称も多いが、この修道院に由来する簡素で厳粛な古典主義はフェリペ様式ではなく、「エレーラ様式」と呼ばれる。

この王室修道院は、聖堂のほかにも王宮や王家の墓廟、図書館などを含む複合施設であり、外観とは対照的に内部は当代屈指の画家たちによって豪華に飾り立てられた。修道院全体の正面幅は207メートル、奥行きは167メートルの長方形平面で、大小さまざまの回廊・中庭によって構成されている。集中式平面の聖堂を中心に据え、その左右に十字形に四分割された回廊を設ける方法は、ミラノのオスペダーレ・マッジョーレ［76頁］の影響と思われるが、規

模的にはむしろスプリトのディオクレティアヌス帝の宮殿に近い。さらに、フラウィウス・ヨセフス『ユダヤ古代誌』第8巻におけるソロモン王の神殿と王宮の記述を参照したという興味深い説もあり、聖堂入口に設置されたダヴィデ王とソロモン王の彫像は、それぞれカール五世とフェリペ二世になぞらえられるという。

正面入口のあるファサード中央部分は、その背後に聖堂があることを暗示するかのように2層構成のオーダーと三角ペディメントで強調さ

れている。ここにはセルリオの建築書や、ヴィニョーラのイル・ジェズ聖堂［162頁］ファサード計画からの影響がうかがえる。この入口の奥には「王の中庭」と呼ばれるアトリウムと、ギリシア十字形平面のサン・ロレンソ聖堂が設けられている。聖堂はガレアッツォ・アレッシの設計によるジェノヴァのサンタ・マリア・ディ・カリニャーノ聖堂［150頁］と似ている。中央部はドームで覆われ、ファサード両脇に2基の塔がそびえ立つ立面構成である。実はファン・バウティスタの死後、最終的にエレーラの案が実施されるまでの間に、フィレンツェのアカデミア・デル・ディセーニョにファン・バウティスタの設計図が送られて意見が求められ、1572年頃にはイタリアの何人かの有名建築家から新たな設計案が募集されることも決定していた。さらにヴィニョーラには、それらの案をまとめる役割が依頼されたけれども断られた、といった複雑な経緯があった。なお、信仰心の篤いフェリペ二世の居室は聖堂の背後に設けられており、寝室からそのまま祭壇が見えるようになっている。

右頁上…エル・エスコリアル修道院南側外観　右頁下…修道院西側正面　右…修道院西側正面入口

Data

名称…サン・ロレンソ・デ・エル・エスコリアル王立修道院
{Real Monasterio de San Lorenzo de El Escorial}

所在地…スペイン・サン・ロレンソ・デ・エル・エスコリアル

建設年代…1563〜85年

設計者…フアン・バウティスタ・デ・トレド、フアン・デ・エレーラ

10.

ベレンのジェロニモス修道院

Mosteiro dos Jerónimos

ポルトガル黄金時代のモニュメント

テージョ川の河口部に位置するこのヒエロニムス会修道院は、同時期に建てられたベレンの塔［189頁］と並ぶ大航海時代のポルトガルの富の象徴であり、マヌエル様式を代表する建築である。1496年にマヌエル一世が教皇庁より修道院建設の許可を得たのち、ディオゴ・デ・ボイタカ（1460頃〜1528頃）の設計で1501年に着工された。マヌエル一世は香辛料貿易で得た富をつぎ込んで建設事業を進めたが、いくつかの中断を挟み、最終的な完成まで300年ほどかかった。

修道院全体は、聖堂の東西の軸線に従って南に面した長大なファサードをもつ。ファン・デ・カスティーリョ（1470〜1552）が設計した2層構成の南面入口は、ピナクルや彫像、

右頁上…聖堂内観、ジェロニモス修道院　右頁下…修道院回廊　上…修道院外観

浮彫などでふんだんに飾り立てられ、曲線が多用された豪華なものである。だが、正門にあたるのはニコラ・シャントレーヌ（1485頃〜1551）が設計した聖堂西側正面の入口だ。ボイタカが設計した聖堂は、ラテン十字形平面の三廊式バシリカで、身廊と側廊の天井高が等しいハレンキルヘの形式である。1517年頃からボイタカの後を継いだのが、前述のスペイン人建築家カスティーリョである。ボイタカは交差廊部分も三廊式とする計画だったが、カスティーリョは交差廊と内陣を柱のない単一の空間にまとめて、巨大なヴォールト天井で覆う案に変更した。1521年から工事はしばらく中断し、1550年にディオゴ・デ・トッラルヴァ（1500頃〜66）がルネサンス様式で建設を再開、交差部の南北両端の聖歌隊席と後陣とを増築し、修道院回廊も完成させた。イオニア式とコリント式オーダーの積み重ねによる後陣は、マヌエル一世以降のポルトガル王家の墓所として計画され、後を継いだジャン・ド・ルーアン（1500〜80）によって1572年に完成された。

聖堂北側の修道院回廊には、聖具室や参事会室、食堂が隣接する。回廊の一辺の長さは55メートルで、四隅が45度に切断された両端部も含めると、6ベイからなる正方形平面である。2層構成で、上下層ともに半円アーチによる二連窓を主体とした繊細なトレーサリーで飾られ、隅部では45度方向に横断アーチが架けられている。ボイタカの設計で着工され、回廊内側の壁面にはマヌエル様式の装飾が施されているが、カスティーリョはボイタカの円柱を角柱に変更し、回廊外側の壁面を繊細なプラテレスコ様式の装飾で飾り立てた。角柱はゴシック様式の控《ひかえ》壁《かべ》を想起させるが、半円アーチや水平性の強調はルネサンス様式の特徴を示している。

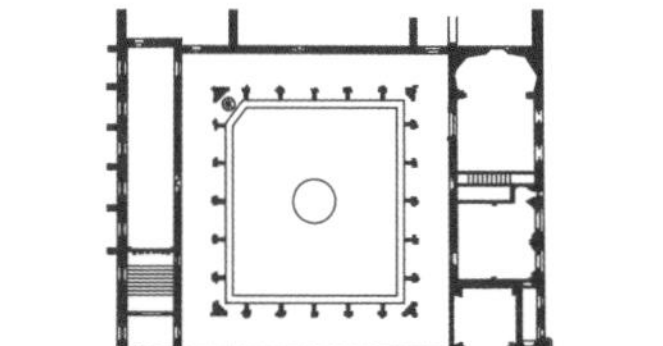

平面図

Data

名称…ジェロニモス修道院
{Mosteiro dos Jerónimos}
所在地…ポルトガル・リスボン
建設年代…1501年着工
設計者…ディオゴ・デ・ボイタカ、フアン・デ・カスティーリョほか
備考…現在は国立考古学博物館と海洋博物館が隣接

11.

コインブラのサンタ・クルース修道院

Mosteiro de Santa Cruz

マンガの回廊の噴水の新規性

ポルトガル王国の歴史は、1139年にアフォンソ一世（在1139〜85）がカスティーリャ王国から独立して王国を創設したことに始まる。その首都は1255年にリスボンに移されるまで、コインブラに置かれていた。サンタ・クルース修道院は、1131年にコインブラの市壁外に計画され、アフォンソ一世とサンシュ一世（在1185〜1211）の2人が埋葬されるなど、ポルトガル王国初期における最も重要な修道院として繁栄した。

16世紀前半のマヌエル一世の時代に修道院全体の改築計画が立てられ、新たな転換期を迎えた。聖堂はディオゴ・デ・ボイタカの設計により、1507〜13年に建てられた。単廊式のバシリカ平面で、ファサードの両脇には左右対称の鐘塔が設けられている。正面入口は、ディオゴ・デ・カスティーリョ（15世紀末〜1574）

とニコラ・シャントレーヌにより1522～26年につくられた。ジェロニモス修道院［212頁］の南面入口と同様、マヌエル様式が主体となってはいるものの、扉口周辺には半円アーチが使用され、彫刻装飾も抑制されていて、ルネサンス様式の影響がうかがえる。身廊部に設置された説教壇も、同じくシャントレーヌが1521年に制作したものである。1517年からは、マルコス・ピレス（1521没）が後を継ぎ、聖堂やそのほかの諸施設を完成させた。内陣の北に隣接するマヌエル様式の「沈黙の回廊」も彼の設計によるもので、1517～22年に建設された。ここにもジェロニモス修道院回廊との共通点が見られるが、装飾はずっと控えめである。

「マンガの回廊」は修道院の東側に独立して設けられている。回廊というよりもむしろ広場のようであり、平面全体はギリシア十字形平面の噴水と通路で四分割されている。中央には、コリント式のような8本の列柱廊で取り囲まれた円形平面の建物が設置されていて、半球ドームの上には採光塔が載せられている。さらに、中心から対角線方向には守衛所のような4棟の小さな円筒状の建物が配置され、それぞれの屋根が中心の建物のドーム下部とフライング・バットレスのような部材で連結されている点が興味深い。オーダーの正確な理解という点で、マンガの回廊の噴水は不十分さを残してはいるものの、ゴシックの構造形式を部分的に採用しながら、ルネサンスの集中式聖堂を応用した独創的な作品であることは間違いない。この回廊の設計者はフランス人建築家のジャン・ド・ルーアンで、このような噴水が1533年につくられたことは瞠目に値する。当時のイタリアにも類例はなかったことを強調しておきたい。

右頁上…マンガの回廊、サンタ・クルース修道院　右頁下…修道院回廊　上…アフォンソー世墓碑、サンタ・クルース修道院　下…説教壇

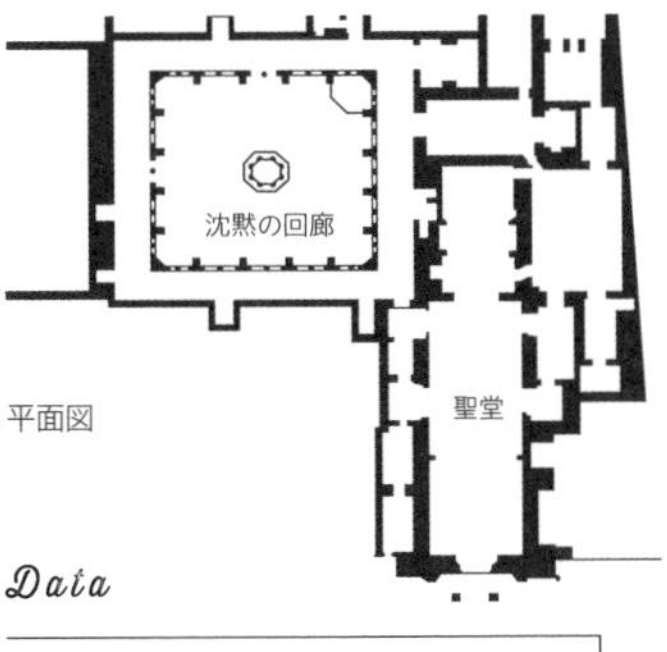

平面図

Data

名称…サンタ・クルース修道院
{Mosteiro de Santa Cruz}
所在地…ポルトガル・コインブラ
建設年代…1507年着工
設計者…ディオゴ・デ・ボイタカ、ディオゴ・デ・カスティーリョ、ジャン・ド・ルーアンほか

12.

トマールのクリスト修道院大回廊

Convento de Cristo

南イタリアとイベリア半島のルネサンス

ポルトガル・ルネサンス建築の頂点

ポルトガルのルネサンス建築は、スペインのルネサンス建築の脇役のように見なされがちである。しかしながら、ポルトガル王家と密接な関わりをもつトマールのクリスト修道院は、エル・エスコリアル修道院［208頁］にも影響を与えたといわれている。そのなかでも大回廊（ジョアン三世の回廊）は特に完成度が高く、イタリア・ルネサンスの地方版であると単純には言いがたい。

この修道院は、12世紀にテンプル騎士団により創建された。このときのロマネスク様式の円堂が修道院全体の中心であり、以降はこの周囲に各施設が増築された。15世紀末のマヌエル一世の時代に、聖堂本体にマヌエル様式で増築が施されるとともに、円堂の内部も豊かな装飾で飾り立てられた。そしてジョアン三世（在1521〜57）の時代になると、ファン・デ・カスティーリョの設計により、聖堂の西側に回廊を含めた諸施設が大規模に増築された。この増築部は、正方形を田の字形に四分割した回廊として計画されたようである。このようなイタリア・ルネサンス建築の先例には、15世紀末のミラノのオスペダーレ・マッジョーレ［76頁］があるが、ここでは各回廊がいずれも異なる形となった。

1552年のカスティーリョの死後、設計者がディオゴ・デ・トッラルヴァに交代してから、1558年に既存の大回廊を設計し直すことになった。彼による現在の大回廊は柱間3つの正方形平面と見なすことができるが、四隅では四分円状に突出している。第1層では各アーチの両脇に対をなすドーリス式の円柱が設けられている。隅の部分も含めた第1層の立面は、ABABABAのリズムをなすように、対の円柱とアーチが交互に配置された凱旋門モティーフだ。一方、第2層で円柱はイオニア式に、アーチはセルリアーナに、円柱に挟まれた上部の窓は矩形から円形にかわっているが、全体のリズムは第1層と同じである。

隅を四分円状に突出させる方法では、ジローラモ・ジェンガによるヴィッラ・インペリアーレ［108頁］の中庭があるが、トッラルヴァはこの作品をフランシスコ・デ・オランダ（1517〜85）による素描を通じて知っていたといわれている。確かにクリスト修道院の敷地は、このヴィッラの敷地と同様に傾斜地であるため、レベル差の異なる回廊やテラスを連結する方法は参考になったのだろう。セルリアーナは16世紀半ばのポルトガルでも知られていたので、トッラルヴァもセルリオの書を参照したに違いない。

右・下…クリスト修道院大回廊　上…最初の円堂、クリスト修道院

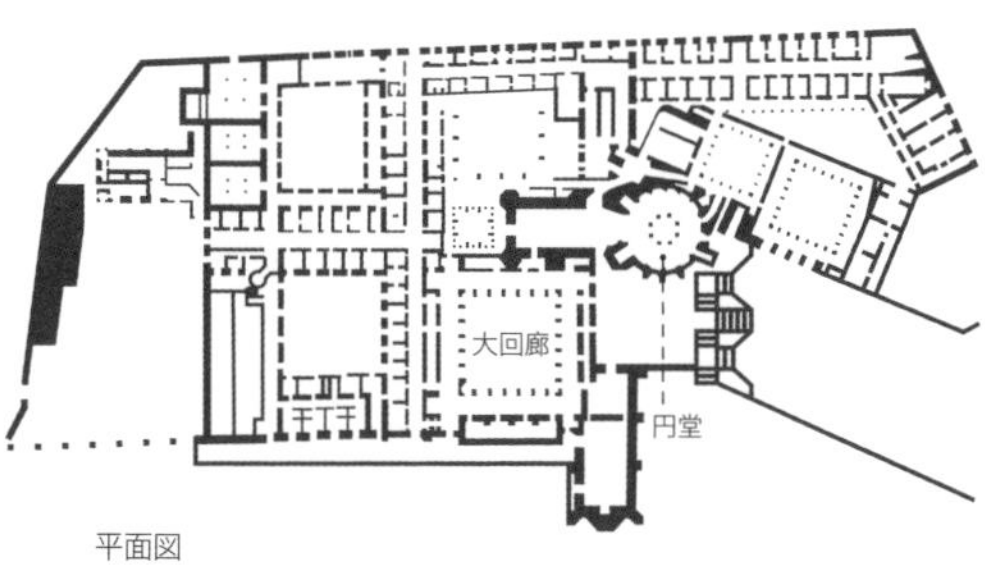

平面図

Data

名称…クリスト修道院
{Convento de Cristo}
所在地…ポルトガル・トマール
建設年代…大回廊は1558〜91年
設計者…ディオゴ・デ・トッラルヴァ

8. Northern Renaissance

アルプス以北の国々

それぞれの国で栄えた独自のルネサンス

ヨーロッパをおおまかに南北に分けるとき、アルプスが境界となる。前章までのラテン、ルネサンス（クラシック）、カトリックの南の国々に対する、ゲルマン、ゴシック、プロテスタントの北の国々を本章で見ていきたい。

8. イタリアから渡った各国のルネサンス

美術史の分野における北方ルネサンスは、現代の国ごとに分けて説明することが難しい場合も多い。それでも、例えばフランス・ルネサンスの場合は、中世にゴシック様式がフランスからイタリアに伝えられたのとは逆に、ルネサンス様式がイタリアからフランスに伝えられたという流れで理解しても、特に問題はないだろう。そこで本章では、建設年代順よりもイタリアからの地理的な距離を勘案しながら、今日のフランス、ドイツ、オーストリア、チェコ、ポーランド、ベルギー、オランダ、イングランドの代表作を順に取り上げる。

フランス・ルネサンス

フランスは、すでに13世紀のアンジュー家の時代に、シチリアとナポリを支配していた歴史がある。南イタリアはのちにスペインのアラゴン家の支配下に入ったが、1494年にはヴァロワ朝のフランス王シャルル八世がナポリ継承権を主張してイタリアに攻め込んできた。教皇庁や神聖ローマ帝国をはじめとする諸国が神聖同盟を結んで対抗したため、1498年にフランス軍は撤退したものの、その後16世紀まで断続的に勃発したハプスブルク家とのイタリア争奪戦の発端となった。また、14世紀には教皇庁がアヴィニョンに移転されていたこともあり、フランス

図1
ジャン・ビュラン、プティ・シャトー、シャンティイの城館

とイタリアの文化交流は中世末期から活発に行われていた。

16世紀フランスの建築設計の依頼主は第一に国王であり、フランス・ルネサンス建築では宗教建築よりも住宅建築の分野で優れた作品が多い。イタリアのヴィッラは、フランスでは大規模なシャトー（城館）［図1］に翻案され、のちのヴェルサイユへと展開される宮殿建築の方向性を示したといえるだろう。芸術のパトロンとしては、レオナルド・ダ・ヴィンチを招待したフランソワ一世が特に有名である。彼はほかにも、セバスティアーノ・セルリオやロッソ・フィオレンティーノ（1494〜1540）、フランチェスコ・プリマティッチョ（1504〜70）などイタリアから多くの芸術家を呼び寄せた。また、アンリ二世（在1547〜59）の王妃カトリーヌ・ド・メディシス（1519〜89）はメディチ家の出身であり、彼女がフランスにイタリア文化をもたらしたこともよく知られている。フランス人の建築家としては、シュノンソーの城館やアネの城館を設計したフィリベール・ド・ロルム（1514〜70）や、パリのルーヴル宮殿（現在のルーヴル美術館）クール・カレ西翼の南半分を設計したピエール・レスコー（1515頃〜78）などが挙げられる。

ドイツ・オーストリア・チェコのルネサンス

現在のドイツやオーストリア、チェコは、当時はおおむね神聖ローマ帝国領に組み込まれていた。これに隣接するポーランド王国も、同じ文化圏に分類しても差し支えないだろう。また、後述のネーデルラントも、15世紀後半にはブルゴーニュ公家からハプスブルク家の所領となった。なお、本書では取り上げなかったハンガリーについては、15世紀のマーチャーシュ一世（在1458〜90）の時代にルネサンス文化の一大拠点として栄えたものの、1526年にオスマン帝国に敗れたのち、約150年間にわたってハプスブルク家の支配下に置かれた。

この巨大な神聖ローマ帝国は大小さまざまな領邦の統合体であり、1438年以降ハプスブルク家の当主が皇位を独占してはいたものの、帝国の実権は皇帝選挙権をもつ七大選帝侯を中心とした諸侯が握っていた。それゆえ、同時代のイタリアのように地方ごとの独立性が強く、建築の依頼主は必ずしも君主にかぎらず、ビルディング・タイプもバラエティ豊かである。だが、聖堂よりも聖書を重視した宗教改革は、建築以外の分野にもさまざまな影響を及ぼし、宗教対立を超えた多くの戦争も引き起こした。ドイツ語圏の国々には、画家のアルブレヒト・デューラー（1471〜1528、代表作としてはミュンヘンのアルテピナコテーク所蔵の《自画像》や銅版画《メランコリアI》などがあり、『絵画論』や『築城論』などの理論書も著した）のようにイタリアにも影響を与えた有名な建築家は現れず、帝国最大の権力者であったカール五世がスペインに残したようなモニュメントも実現はしなかった。それでも、クラクフのヴァヴェル大聖堂ジグムント礼拝堂［248頁］やプラハ城［244頁］のベルヴェデーレ宮殿のように、イタリア人建築家によるきわめて純粋なルネサンス建築がアルプス以北にも誕生したことは、当時それらの都市や君主が先進的であったことを示している。

オランダ・ベルギーのルネサンス

今日のオランダとベルギーに相当するネーデルラントの場合、「ネーデルラント・ルネサンス」という呼び名はほとんど使用されず、あたかも狭義の北方ルネサンスであるかのように扱われている。15〜16世紀の

図2
ブルッヘの町並み

イタリアから見た「北方」とは、アルプス以北という地理的な区分だけでなく、ゴシック文化圏を指す。例えば、15世紀の初期フランドル派の画家たちが活躍したヘントやブルッヘ［図2］などの都市は、当時ブルゴーニュ公国に属しており、美術には国際ゴシック様式の影響がうかがえる。しかし、古代の復興という性格とは縁がなかったにもかかわらず、北方「ルネサンス」と呼ばれるのは、細密描写や油彩技法のような絵画史上の重要な変革を成し遂げたからにほかならない。少なくとも現在では、「北方」におけるネーデルラントの先進性や、イタリア・ルネサンスからの独立性が認められている。

一方で、ブリュッセル市庁舎［図3］に代表される15世紀フランドルの建築を見ると、中央の塔は明らかにゴシックで、この市庁舎がルネサンスに分類されることはまずない。同時代の絵画に見られるような個性や革新性に欠けるからである。

建築の分野において、イタリアから導入された正真正銘の北方ルネサンスは、16世紀後半のコルネリス・フロリス（1514～75）の設計によるアントウェルペン市庁舎［250頁］から始まった。ネーデルラントのルネサンス建築は、構造体や内部空間については中世の伝統を保ちながら、建築オーダーのような新しい要素は表面的な装飾として採用しているのが特徴である。ビルディング・タイプは、市庁舎のような公共建築が大半で、アントウェルペン市庁舎はそのプロトタイプとなった。ところで、

図3
ブリュッセル市庁舎

二次元的な設計手法でよしとするのであれば、古代建築やルネサンス建築を学ぶためにイタリアまで行く必要も、イタリアから建築家を招く必要もなく、きれいな図版が多く掲載された建築書を入手できれば事足りる。ネーデルラントへのルネサンス様式の伝播には、16世紀以降に多くの建築書が出版されるようになったことが、大きなきっかけとなったに違いない。当時、イタリアではヴェネツィアが、アルプス以北ではアントウェルペンが出版の中心地だった。1537年にヴェネツィアでセルリオの建築書『第四書』が出版されると、1539年にアントウェルペンでピーテル・クック・ファン・アールスト（1502〜50）によるフラマン語訳がただちに出版された。セルリオはこの海賊版を強く批判したけれども、出版文化がネーデルラントにおけるルネサンス建築の伝播に大きく貢献し、ハールレムの食肉市場［図4］のようなさまざまなバリエーションを生み出したことは確かである。

イングランドのルネサンス

最後に、イタリアから最も遠く離れたイングランドのルネサンス建築について見てみよう。宗教建築の名作が少ないのは、ゴシック様式が16世紀にも長く残り続けたからである。1534年にローマ教皇庁から独立してイングランド国教会が設立されたことで交流が途絶え、新しい情報が伝わらなかったためだろう。一方、世俗建築の優れた作品は多く見られるものの、広大な敷地に建てられた郊外型住宅が大半を占めており、都市型住宅や公共施設は少ないのが特徴である。それでも16世紀後半になると、イタリアから直接ではなく、フランスやドイツ、ネーデルラントを経由してルネサンス様式が導入されるようになった。その典型例が

図4

リーフェン・デ・ケイ、ハールレムの食肉市場

バーリー・ハウス〔254頁〕である。イングランドのゴシック様式は時代順に、初期イングランド式、装飾式、垂直式と分類されるが、近世の建築様式の名称は王や女王の名に由来するものが多い。バーリー・ハウスは「エリザベス様式」に分類され、ルネサンスの初期段階に相当する。

次のスチュアート朝の建築様式は、創始者であるジェームズ一世（イングランド王在1603～25）の名にちなんで「ジャコビアン様式」と呼ばれる。この時代に、イングランドで最初の建築家と見なされているイニゴー・ジョーンズ（1573～1652）によって本格的なルネサンス様式が登場した〔図5〕。彼は16世紀末から17世紀初期に2度のイタリア留学を経験し、パラーディオの建築に感銘を受け、ルネサンス建築をイングランドにもたらした。17世紀のローマではすでにバロック様式が支配的だったが、ジョーンズはミケランジェロの建築を好まなかったため、以降のイングランドでは躍動感のあるバロック様式ではなく、端正を旨とするパラーディオ主義が流行したのである。

イニゴー・ジョーンズ、バンケッティングハウス、ホワイトホール／ロンドン
図5

1.

シャンボールの城館

Château de Chambord

レオナルド・ダ・ヴィンチ風の二重螺旋階段

一般に「城」とは防御の役割をそなえた住居を指すが、フランス語の「シャトー」には建物とは無関係な「ボルドー・ワインのブドウ園」という意味もあるからか、殺伐とした「城郭」や「城塞」よりは、優雅な「城館」をイメージしがちである。防御性よりも居住性が重視された城館は、フランスではロワール渓谷に集中しており、王家とも関わりの深い有名なルネサンスの城館が目白押しである。シャンボールの城館はその筆頭に挙げられ、ロワール渓谷がユネスコの世界遺産に登録される前から、すでに1981年に単独で登録されていた。

この城館は、フランソワ一世がドメニコ・ダ・コルトーナ（1470頃～1549頃）の木製模型に基づいて、1519年につくらせたものである。コルトーナはジュリアーノ・ダ・サンガッロの弟子で、1495年にシャルル八世に連れられてフランスに移住し、のちにフランソワ一世にも仕えた。天守に相当する母屋（ドンジョン）は正方形平面で、四隅に巨大な円塔をそなえている。前面はそのまま左右に展開して城壁を形成し、その両端に再び巨大な円塔が設置される。しかし、この城壁は側面の途中

からは第1層の高さまでにとどまっている。1525年にフランソワ一世がパヴィアの戦いで捕虜となったことによる工事の中断も一因ではあるが、もともと狩猟時に短期間滞在する館として計画されたため、防御の役割はさほど重視されていなかったのだろう。原案はフランスの伝統に従って修正されたため、急勾配の円錐屋根に煙突や採光塔、小塔、ドーマー窓などが林立する外観は、ゴシック建築のような印象を与えるかもしれない。けれども、集中式平面や付柱による壁面の分割、開口部などの細部にはイタリア・ルネサンスの影響がうかがえる。

母屋の平面は、円筒ヴォールト天井で覆われた十字形平面の広間で四分割され、その中心にはこの城館のハイライトでもある二重螺旋階段が設けられている。上りと下りの動線が分離されたこの階段は、レオナルド・ダ・ヴィンチが発明したとしばしば語られるが、彼がこの城館の設計に関与していたかは定かでない。しかし、パラーディオが『建築四書』第1書で見事な階段の一例として、この二重螺旋階段を図面とともに紹介するほど有名であったことは確かである。なお、同時代の二重螺旋階段の例としては、1527年以降にアントニオ・ダ・サンガッロ・イル・ジョーヴァネが設計したオルヴィエートのサン・パトリツィオの井戸がある。

上…シャンボールの城館外観　右…二重螺旋階段、シャンボールの城館

Data

名称…シャンボールの城館
{Château de Chambord}
所在地…フランス・シャンボール
建設年代…1519年着工、母屋は1537年頃完成
設計者…ドメニコ・ダ・コルトーナ

2.

フォンテーヌブローの城館

Château de Fontainebleau

アルプス以北の国々

イタリア・ルネサンスのインテリア装飾

フォンテーヌブローの城館は、12世紀後半にフランス王の狩猟場としてルイ七世（在1137〜80）の館が建てられてから、歴代の国王によって徐々に発展を遂げた。現在の城館はおもにフランソワ一世の時代に建設されたものだが、その後もアンリ四世（在1589〜1610）の時代に増改築が進められたため、全体は複雑な平面構成である。まずは1528〜40年に、ジル・ル・ブルトン（1553没）の設計によって南側の「黄金の門」（ポルト・ドレ）を含む楕円形中庭（クール・オヴァール）、そこから西へと延びる「フランソワ一世のギャラリー」、

そしてこのギャラリーと接続されるラ・トリニテ礼拝堂を含む「白馬の中庭」(クール・デュ・シュヴァル・ブラン)が建設された。「黄金の門」ではウルビーノのパラッツォ・ドゥカーレ〔54頁〕が手本とされ、アーチが2層に積み重ねられている。

　フランソワ一世はイタリアの芸術家を好み、セ

上…フォンテーヌブローの城館庭園側外観、中央が「泉の中庭」、右の建物が「見事な暖炉をそなえた翼廊」

右…フランソワ一世のギャラリー、フォンテーヌブローの城館　左…黄金の門、フォンテーヌブローの城館

バスティアーノ・セルリオやロッソ・フィオレンティーノ、フランチェスコ・プリマティッチョを招いた。この宮殿の特筆すべき点は、イタリアからもたらされた優雅なインテリア装飾である。1530～40年にロッソ、1532～55年にプリマティッチョがその仕事を手がけ、1552年にニッコロ・デッラバーテ（1509／12～71）が新たに参加した。とりわけ「フランソワ一世のギャラリー」が有名で、その内部立面は縦長の窓を境界とする7つの区画、上下2層で構成される。下層にはクルミ材のパネルが貼られ、上層では各区画の中央に描かれたフレスコ画の周囲が、オーダーやカリアティード（女性の人像柱）、ストラップワーク（革帯文様）などのストゥッコ装飾で豊かに枠取りされている。ここで使用されたストラップワークは、ドイツやネーデルラント、イングランドなどのルネサンス建築に大きな影響を与えた。

「黄金の門」の東には、セルリオの設計で1541年に30×10メートルの舞踏用大広間（サル・ド・バル）が設けられた。元はヴォールト天井となる計画だったが、アンリ二世の時代の1548～56年に、フィリベール・ド・ロルムやプリ

マティッチョによって平天井に変更された。「フランソワ一世のギャラリー」と同様に、重厚な角柱は2層で構成され、半円アーチによるスパンドレルにも豊かな装飾が施されている。また「白馬の中庭」は、フランソワ一世の時代には正方形平面で囲まれていたが、のちに西側が鉄格子に改築されたため、現在はコの字形平面となっている。当時はこの南棟に「オデュッセウスのギャラリー」も設けられていたが、これものちの改築により、南棟では「パン（牧神）のグロッタ」のみが現存している。これはプリマティッチョの設計により、1541～43年に建てられたもので、男性人像柱やルスティカ仕上げが特徴である。1568年には、アンリ二世の王妃カトリーヌ・ド・メディシスが、「泉の中庭」（クール・デ・フォンテーヌ）を囲むように、「見事な暖炉をそなえた翼廊」（アイル・ド・ラ・ベル・シュミネ）と呼ばれる東棟を建てさせた。これもプリマティッチョの設計で、中庭に面した左右対称の立派な階段が印象的である。

右頁上…フランソワ一世のギャラリーの内部装飾、フォンテーヌブローの城館　右頁下…ラ・トリニテ礼拝堂、フォンテーヌブローの城館　左頁上…舞踏用大広間、フォンテーヌブローの城館　左頁下…白馬の中庭、フォンテーヌブローの城館

Data

名称…フォンテーヌブローの城館
{Château de Fontainebleau}
所在地…フランス・フォンテーヌブロー
建設年代…1528年着工
設計者…ジル・ル・ブルトン、セバスティアーノ・セルリオ、フィリベール・ド・ロルム、ロッソ・フィオレンティーノ、フランチェスコ・プリマティッチョほか

3.

アンシー=ル=フランの城館

Château d'Ancy-le-Franc

フランス版・集中式平面のヴィッラ

ブルゴーニュ地方の田園地帯にあるアンシー=ル=フランの城館は、クレルモン伯アントワーヌ三世（1498〜1578）の依頼で、セバスティアーノ・セルリオが1541年頃に設計した。セルリオは1540年にフランスに移住したので、移住後すぐに仕事が依頼されたことになるが、1537年と1540年にヴェネツィアで出版された建築書『第四書』と『第三書』を通じて、彼がすでに有名だったことがわかる。

この城館の第一印象は、依頼主の要求と建築家の主張との対立が見え隠れする、フランスとイタリアのハイブリッドといったところだろう。平面は、4棟の建物で囲まれた中庭をもつ正方形で、四隅にはパヴィリオンが突出するように設けられている。典型的なルネサンスの集中式平面のヴィッラと見なすことができ、事実セルリオの建築書『第三書』に図面が掲載されたナポリのポッジョレアーレのヴィッラとよく似ている。このヴィッラは現存していないが、彼の師であるペルッツィがローマでヴィッラ・ファルネジーナ［104頁］の設計時に手本にしたといわれ、セルリオにとっても思い入れの強い建築だったに違いない。

外側の立面を見ると、入口などの細部を除けば4面ともほぼ同じで、中央部は2層、パヴィリオンは3層で構成されている。だが、セルリオの『第六書』に掲載された図面から、元の計画では外側・中庭側のいずれも、下層はルスティカ仕上げとなる予定だったことがわかる。現在の外部立面には上下層ともに付柱が用いられ、トスカーナ式とドーリス式との区別がつけにくいが、軒先のトリグリフのような持送りに着目すると、上層ではドーリス式が採用されていると考えられる。一方、中庭の立面は4面とも2層構成で、今度は上下層ともに付柱が対の形となり、下層ではコリント式、上層ではコンポジット式が用いられている。ただし、南北方向と東西方向とでは若干異なり、前者の下層には三連アーチによる開口部が設けられ、ここではヴァティカン宮殿ベルヴェデーレの中庭［94頁］やヴィッラ・マダマ［96頁］が手本にされている。

　対してフランスの伝統は、急勾配の屋根とドーマー窓によって表現されている。こうした屋根はアルプス以北ではアンシー＝ル＝フランにかぎらずどこでも見られるが、1930年代に日本で登場した洋風の壁面を和風の瓦屋根で覆った「帝冠様式」と呼ばれる建築を思い出してしまう。フランスであればさしずめ「王冠様式」となるが、屋根は建築や都市景観の印象をしばしば決定づけることも確かである。

右…アンシー＝ル＝フランの城館正面　上…ドーマー窓、アンシー＝ル＝フランの城館

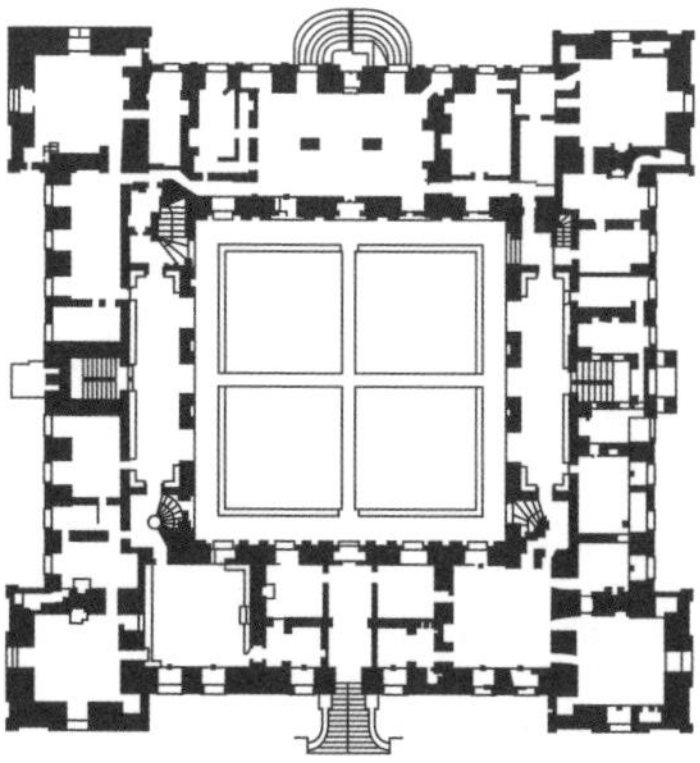

平面図

Data

名称…アンシー＝ル＝フランの城館｛Château d'Ancy-le-Franc｝
所在地…フランス・アンシー＝ル＝フラン
建設年代…1541頃〜50年
設計者…セバスティアーノ・セルリオほか

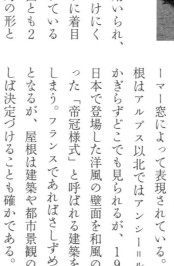

4.

Fuggerkapelle in St.Anna

ザンクト・アンナ聖堂
フッガー家礼拝堂

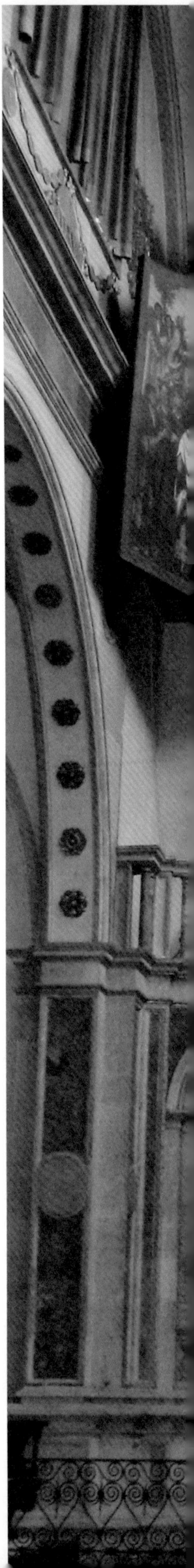
フッガー家礼拝堂内観

ドイツで最初のルネサンス建築

古代ローマにさかのぼる歴史をもつアウクスブルクは、ドイツで最初にルネサンス建築が導入された都市でもある。その理由には、イタリアに近い交通の要所という地理的な条件もあるが、15～16世紀にフッガー家がこの都市を中心に鉱山の採掘権や銀行業で巨万の富を築き上げ、芸術のパトロンとして活躍したことも大きい。アウクスブルクには、世界最古の社会福祉住宅のフッゲライやエリアス・ホル（1573～1646）設計の市庁舎など、取り上げるべき多くのルネサンス建築が現存しているが、ここではフッガー家の最盛期に「富豪」（デア・ライヘ）と呼ばれたヤコプ二世（1459～1525）が依頼した家族礼拝堂について説明したい。

ヤコプ二世にはウルリヒ（1441～1510）とゲオルク（1453～1506）という兄がいたが、ゲオルクの死後、1509年に男性の家族の墓所として、カルメル会修道院聖堂（現在は新教のザンクト・アンナ聖堂）の西側内陣に礼拝堂を設けることを計画した。設計者は定かではないが、セバスティアン・ロッシャー（1482／83～1541）とハンス・ブルクマイアー（1473～1531）などが共同で手がけたと考えられる。1518年に完成し、ヤコプ二世の死後には、彼の甥であるライムントとヒエロニュムスのみが埋葬された。

礼拝堂の中央部は正方形平面で、壁面を構成する付柱や半円アーチからは新しいルネサンス様式が導入されたことがわかる。だが、南ドイツにしばしば見られる網目ヴォールト天井は、いまだゴシック様式の特徴をとどめている。このように、壁には新しい様式、屋根や天井には伝統の様式という選択は、フランス・ルネサンス建築にも共通する特徴だったが、この礼拝堂ではイタリアから招かれた有名な芸術家ではなく、地元の多くの芸術家たちが腕を振るったことに大きな意義がある。例えば、《キリストの哀悼》の祭壇彫刻はアドルフ・ダウハー（1460／65～1523）と息子のハンス（1486頃～1538）が手がけ、オルガンの扉の絵画はイェルク・ブロイ・デア・エルテレ（1475／76～1537）が手がけた。なお、ウルリヒとゲオルクの墓碑は、有名な画家アルブレヒト・デューラーの素描に基づいて制作された。この礼拝堂は建築のみならず絵画や彫刻の分野でも、イタリア・ルネサンスの実験場かつ美術学校となった。デューラー以外の芸術家は日本ではあまり有名ではないかもしれないが、フッガー家のモニュメントとして、のちに大きな影響を及ぼしたのである。

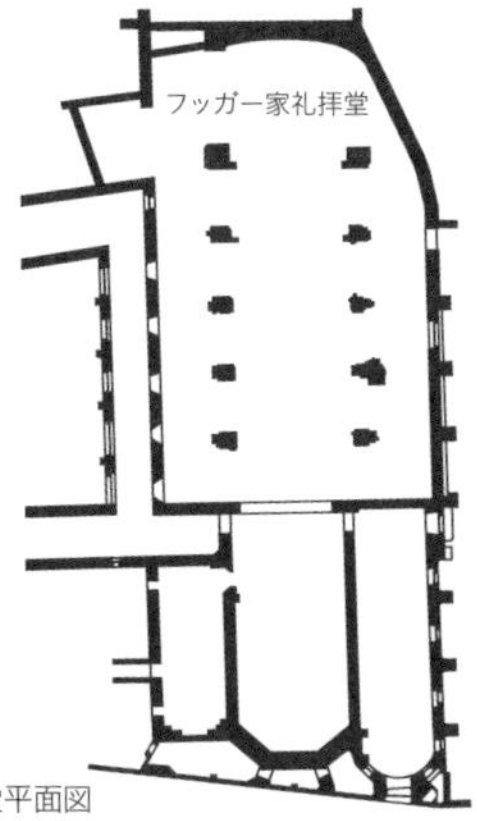

聖堂平面図

Data

名称…ザンクト・アンナ聖堂フッガー家礼拝堂 {Fuggerkapelle in St.Anna}
所在地…ドイツ・アウクスブルク
建設年代…1509～18年
設計者…セバスティアン・ロッシャー、ハンス・ブルクマイアーほか

5.

ミュンヘン・レジデンツのアンティクアリウム

Antiquarium der Münchner Residenz

ドイツで最初の「古代美術館」

1180年にバイエルン公位を獲得したヴィッテルスバッハ家は、1623年からは選帝侯、1806年からは国王として、約800年にわたってミュンヘンを南ドイツの宮廷文化の中心都市に育て上げた。1385年以降、公爵の宮殿として代々発展を遂げ、およそ400年を経て完成したレジデンツが学芸のパトロンとしてのこの名家の歴史を物語っており、その白眉がアンティクアリウム（古代遺物の展示室）である。この部屋の名称からルネサンスをイメージすることは容易だが、事実ミュンヘンにルネサンス様式がもたらされたのは、この施設の依頼主であるアルブレヒト五世（1528～79）の時代である。16世紀後半のドイツ語圏の宮廷では、自然物、人工物を問わず、あらゆる品を博物学的に収集して一挙に展示したヴンダーカマー（驚異の部屋）が流行した。彼もその例にもれず、特に古代の彫刻をはじめとする美術・工芸品や書籍などを大量に所有していたため、アンティクアリウムはそれらの展示施設として計画された。設計にはマントヴァ出身のヤコポ・ストラーダ（1507〜88）が関与し、彼もまた古代遺物や図書の収集家として有名だったことは、ティツィアーノ（1488〜1576、ヴェネツィア派の画家、代表作にはヴェネツィアのサンタ・マリア・グロリオーザ・デイ・フラーリ聖堂主祭壇画《聖母被昇天》などがある）作の肖像画（ウィーン美術史美術館所蔵）に示されている。

アンティクアリウムは1568〜71年に建てられたが、現在のレジデンツの大部分は第二次世界大戦中に破壊されたため、戦後に再建されたものである。レジデンツはいくつもの中庭からなる巨大な複合施設で、アンティクアリウムはその中心に対角線方向をなすように細長い中庭とともに並置され、1階が博物館、2階が図書館として計画された。柱間の数は17、長さ69メートルのヴォールト天井で覆われたギャラリーのような大空間は、アルプス以北のルネサンスの広間としては最大規模を誇る。

上…アンティクアリウム1階内観
右…アンティクアリウム2階内観
次頁上…グロッタの中庭、ミュンヘン・レジデンツ　次頁下…グロッタ、ミュンヘン・レジデンツ

天井高は低めだが、側面のアーチ開口部が大きく取られているため、十分な採光が可能となっている。

次のヴィルヘルム五世（1548〜1626）とマクシミリアン一世（1573〜1651）の時代に、アンティクアリウムの1階は祝祭など

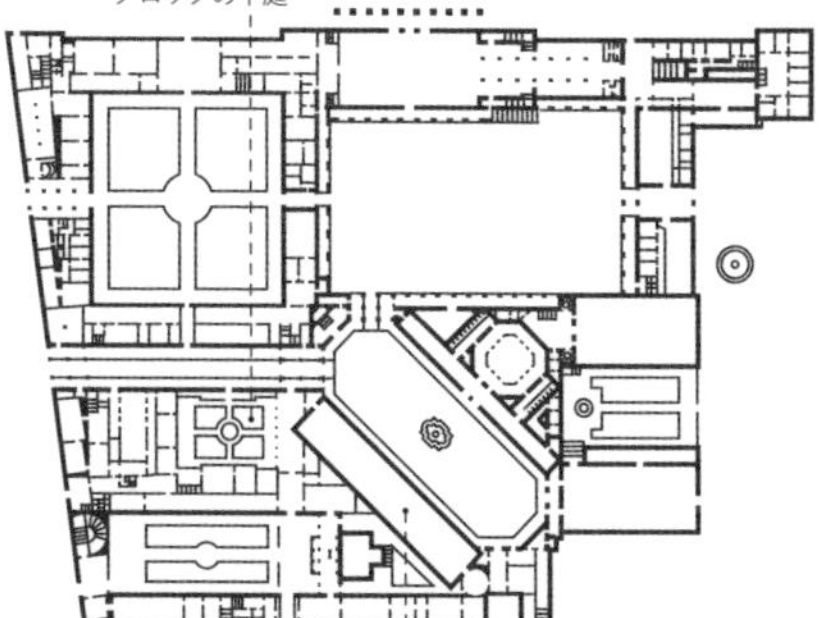

平面図

Data

名称…レジデンツのアンティクアリウム{Antiquarium der Münchner Residenz}
所在地…ドイツ・ミュンヘン
建設年代…1568〜71年
設計者…ヤコポ・ストラーダほか
備考…現在はレジデンツ博物館

が催される大広間へと用途変更された。それに伴い、1580〜84年にフリードリヒ・ズストリス（1540〜99）が内装を手がけ、古代ローマ風のグロテスク装飾が施された。1584年以降も、ハンス・ドナウアー（1521頃〜96）やペーター・カンディド（1548頃〜1628）など多くの画家によって作業は続けられ、ルネッタ（半月形の壁面）の部分には1600年頃のバイエルン公国102の都市景観が描かれた。またヴィルヘルム五世は、1581〜89年に、アンティクアリウムの西側に「グロッタの中庭」（グロッテンホーフ）と呼ばれる庭園を取り囲む形で、夏の宮殿も建てさせた。ズストリスは建築家としてもこの仕事に携わり、同時期にはミュンヘンのイエズス会聖堂であるザンクト・ミヒャエル聖堂の建設にも関与した。

ハイデルベルク城

Heidelberger Schloss

ドイツで最も有名なルネサンスの城

ハイデルベルクは、ドイツで最も古い大学がある都市だ。第二次世界大戦による被害を受けなかった稀少な都市でもあり、旧市街は中世の面影を残している。この都市景観を決定づけているのが、南側の丘の上にそびえ立つハイデルベルク城である。この城は17世紀に三十年戦争とプファルツ継承戦争を経験し、その後も落雷による破壊や建設資材の調達地として利用され、19世紀初めまで長らく廃墟と化していた。1900年頃に修復工事が行われ、現在に至っている。

ハイデルベルク城は13世紀前半に創建されたと考えられる。現存する最も古い建物は、北側の城門から入ってすぐ左手にあるループレヒト館で、ループレヒト三世（1352〜1410）の時代にゴシック様式で建てられた。この館を含む歴代城主の住居が、中庭を取り囲むように徐々に増築されていった。中庭の東側手前にあるのは、1524年にルートヴィヒ五世（1478〜1544）が同じくゴシック様式で建てたルートヴィヒ館である。この建物は階段室を中心とした左右対称の構成だったが、北半分はオットーハインリヒ館の建設時に取り壊され、

右頁…フリードリヒ館、ハイデルベルク城　上…オットーハインリヒ館、ハイデルベルク城　下…ハイデルベルクの城と町並み

１７６４年の火災によって大きな被害を受けた。ルネサンス様式は、１５４９年に中庭の北側右に建てられたガラスの広間館から採用されるようになったが、ゴシック様式の要素もとどめている。この建物に隣接して、１５５６〜63年に、中庭の東側奥にオットー・ハインリヒ（１５０２〜59）による彼と同名の館が建てられた。カスパール・フィッシャー（１５１０頃〜79）が設計に携わったが、赤色砂岩でできた３層構成のファサードを残して廃墟の状態となっている。

ファサードではイオニア式、コリント式、コンポジット式の付柱が順に積み重ねられているものの、全体はネーデルラントのアレクサンデル・コリン（１５２７／29〜１６１２）による彫刻の方が支配的である。旧約聖書の人物や異教の神々、ローマ皇帝などの寓意像は、選帝侯の統治理念を表している。

中庭の北側左、ガラスの広間館の隣には、１６０１〜07年にフリードリヒ四世（１５７４〜１６１０）によってフリードリヒ館が建てられた。設計者はヨハネス・ショッホ（１５５０頃〜１６３１）で、２つの大きな破風が設けられたファサードにはセルリオの影響がうかがえる。しかし、ここでも彫刻の方が目立ち、選帝侯の彫像などで豊かに飾り立てられている。１階は聖堂、２階より上は住居として用いられたが、２階より上は火災後に復元されたものである。北側には「アルタン」と呼ばれるテラスが設けられ、都市に面したファサードもそなえている。

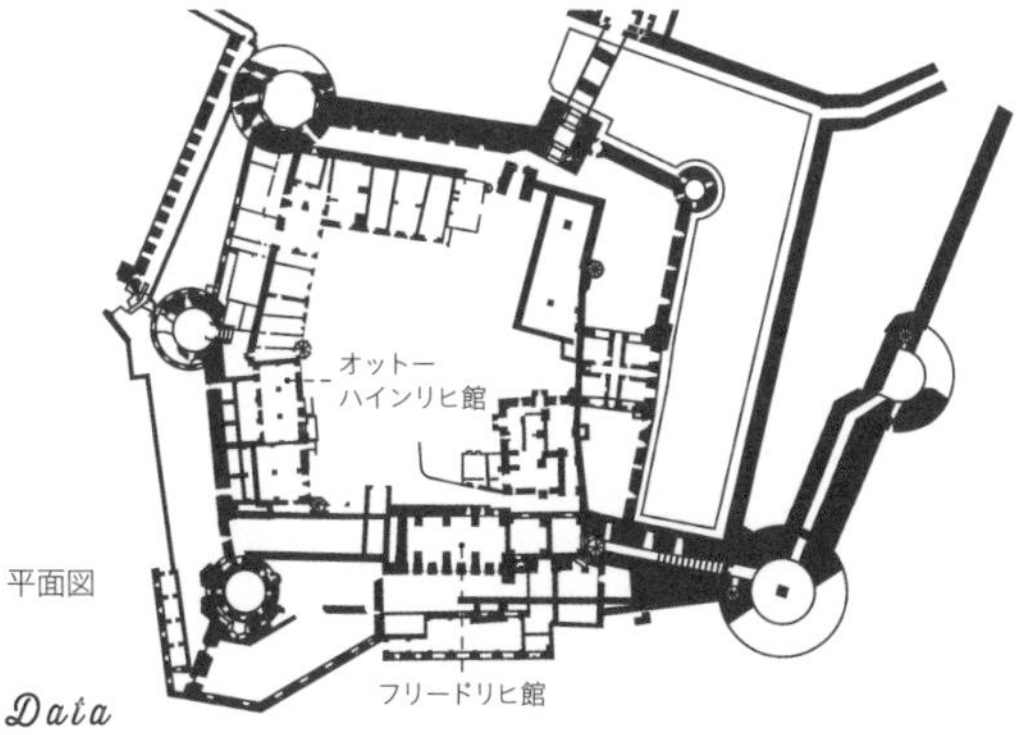

平面図

Data

名称…ハイデルベルク城 {Heidelberger Schloss}
所在地…ドイツ・ハイデルベルク
建設年代…オットーハインリヒ館は1556〜63年建設、フリードリヒ館は1601〜07年建設
設計者…オットーハインリヒ館はカスパール・フィッシャーほか、フリードリヒ館はヨハネス・ショッホ

7.

グラーツ州庁舎

Grazer Landhaus

コマチーニが北方にもたらしたルネサンス建築

オーストリア南部に位置するグラーツは、16世紀にはヴェネツィア共和国とオスマン帝国との国境に近い重要な都市であった。旧市街には多くのルネサンス建築が残されている。そのなかで最も重要なのが、ドメニコ・デッラッリオ（1505／15～63）が設計したラントハウス（州庁舎）であり、これはオーストリアを代表するルネサンス建築であるといってよい。

現在のイタリアとスイスとの国境地帯であるコモ湖周辺では、中世初期から「コマチーニ」と呼ばれる優秀な石工を多く輩出し、各地に出稼ぎに赴く伝統が近世にも続いていた。ドメニコも同地の石工の家に生まれ、1530年代にはシュタイアーマルクで仕事をしていた。当時ハプスブルク家はオスマン帝国との戦争に備えて防備を強化する必要に迫られており、最新の要塞技術を導入するために、イタリアから多くの建築家や技術者が招かれていた。彼もその1人として、1543年にはグラーツとヴァラジュディン（現在はクロアチアの都市）の要塞の改築に携わった。

現在のラントハウスは、町の目抜き通りであるヘレンガッセに面した東側を正面とし、北側のラントハウスガッセと西側のシュミートガッセで囲まれたブロックのなかに3つの中庭を有している。その建設過程はおもに3段階からなる。まずは1494年にヘレンガッセとラントハウスガッセの角地が取得されて、東側の公文書局と中庭隅の聖母の礼拝堂から着工されたが、1500～10年にはすぐに増築が計画された。次に1519年に、シュミートガッセとラントハウスガッセの角地が獲得され、1527～31年に「騎士たちの広間」を含むL字形の棟が建てられた。この西側のファサードは、ゴシックからルネサンスへの過渡期を示している。そして1549年には、ヘレンガッセに面した現在の敷地がすべて獲得されるに至った。

こうして1555年にドメニコに設計が依頼されると、彼は既存の建物をすべて一体化させた形でルネサンスのパラッツォを設計した。1557年に東側ファサードから着工され、続けて3層にわたってロッジアで開放された大きな中庭が建てられた。1563年の彼の死後は、ベネデット・デッラ・ポルタ（生没年不詳）とピエトロ・タッデイ（生没年不詳）が工事を引き継ぎ、北側ファサードを完成させた。この中庭は1581～85年にアントニオ（生没年不詳）とフランチェスコ・マルモロ（1595没）の兄弟によって完成されたが、翌年に中庭の北西の隅にあった塔が取り壊され、その場所には1630～31年にバルトロメオ・デ・ボシオ（生没年不詳）の設計でアッスンタ礼拝堂が建てられた。

この州庁舎の建設には多くの建築家が関与したが、のちの時代に増改築が行われたときにも既存の建物と調和するように配慮されたため、全体としてはルネサンス様式を保っている。

右頁…グラーツ州庁舎中庭の屋上テラス　上…州庁舎中庭

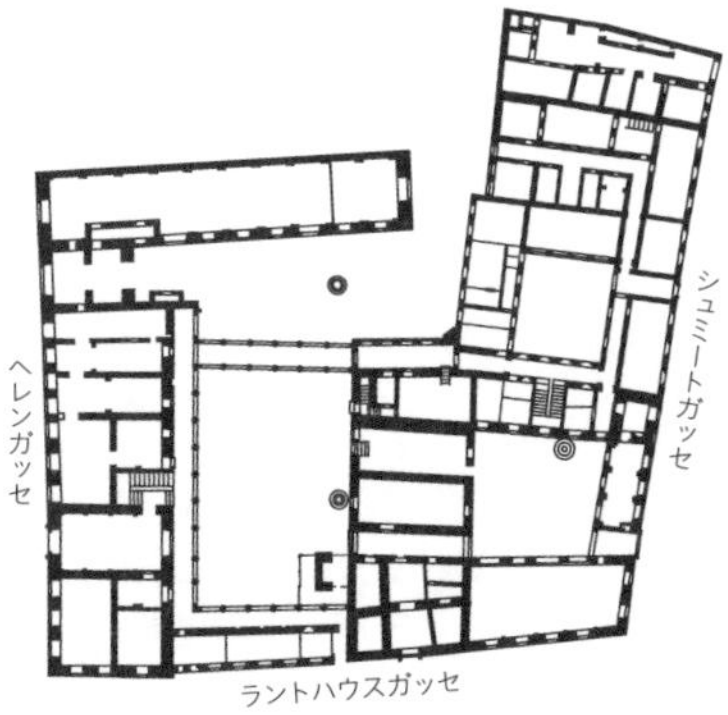

平面図

Data

名称…グラーツ州庁舎
{Grazer Landhaus}
所在地…オーストリア・グラーツ
建設年代…1557～65年
設計者…ドメニコ・デッラッリオほか

8. プラハ城王宮のヴラジスラフ・ホール

Vladislavský Sál, Pražský Hrad

「黄金のプラハ」のルネサンス

　プラハのシンボルとして、ヴルタヴァ川（ドイツ語ではモルダウ川）西岸の丘フラッチャニにそびえ立つプラハ城は、9世紀以降のさまざまな時代の建物で構成された巨大な複合施設である。その中心となる建物は大聖堂と王宮で、大聖堂は神聖ローマ皇帝カール四世（ボヘミア王カレル一世、在1346〜78）の時代に、現在のようなゴシック様式に改築された。王宮は1階がロマネスクの時代に着工され、2階が同じくカール四世の時代にゴシック様式で増築された。

右頁…ヴォールト天井、ヴラジスラフ・ホール、プラハ城　上…プラハ城外観　下…ヴラジスラフ・ホール内観、プラハ城

　その後、フス戦争の時代に城主がいなくなるとプラハ城は荒廃したが、1485年にクトナー・ホラでフス派とカトリックの和解が成立すると、ウラースロー二世（ボヘミア王ヴラジスラフ・ヤゲロンスキー、在1471〜1516）が再建に着手した。

　そして、王宮の最上階である3階に、宮廷儀式の場として「ヴラジスラフ・ホール」と呼ばれる大広間が設けられたのである。

　この大広間は、1493〜1502年にベネディクト・リート（ボヘミア語ではレイト、1450頃〜1531／36）の設計で建設された。長さ62メートル、幅16メートル、天井高13メートルと、当時のヨーロッパでは最大規模の広間であり、馬上槍試合ができるほどの大きさだった。実際、この広間へと至る北側の階段は広々としていて、傾斜も緩やかにつくられている。広間では東西方向に5つの柱間が並び、付柱が途中で枝分かれして

リブとなり、そのまま複雑な網目ヴォールト天井を形成している。それゆえ、天井形式はドイツの末期ゴシック様式に分類されるが、内部空間としては水平性が強調されていて、矩形の簡素な開口部にも、新たなルネサンス様式が導入されていることが読みとれる。開口部には新しい様式を取り入れながら、天井や屋根に関しては伝統の技術に従うという方法は、ほぼ同時代の南ドイツのフッガー家礼拝堂［234頁］にも見られる特徴である。北側の中庭外壁も同様に、3階のルネサンス様式の矩形窓は、2階のゴシック様式の尖頭アーチの開口部とは明確なコントラストをなしているが、屋根は再びゴシック風の急勾配となる。なお、王宮は傾斜地に建てられているため、北側では1階が地下に隠れている。

プラハ城内にあるそのほかの有名なルネサンス建築としては、神聖ローマ皇帝フェルナンド一世が皇妃アンナの夏の離宮として建てさせたベルヴェデーレ宮殿が挙げられる。1538年にパオロ・デッラ・ステッラ（1552没）の設計で着工され、ボニファーツ・ヴォルムート（1510〜79）が後を継いで完成させた。全体としてはパドヴァのパラッツォ・デッラ・ラジョーネと似ているが、1階はブルネレスキ風のロッジア［26頁］で囲まれているのが特徴である。

また、1602～06年にルドルフ二世（神聖ローマ皇帝、在1576～1612）がつくらせた「スペイン・ホール」（現在の王立美術館）は、彼の膨大な芸術・科学コレクションの展示場であった。当時の宮廷には芸術家、錬金術師、占星術師などが集められ、プラハは再びカール四世の時代のような国際芸術都市として繁栄したのである。

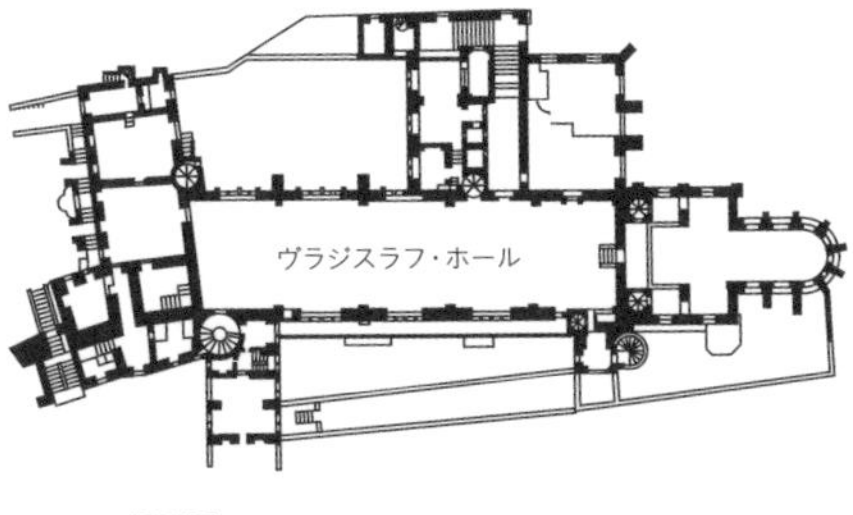

平面図

右頁…ヴラジスラフ・ホール北側の出入口　上…ベルヴェデーレ宮殿、プラハ城　下…ヴラジスラフ・ホール北側の階段

Data

名称…プラハ城王宮のヴラジスラフ・ホール
{Vladislavský Sál, Pražský Hrad}
所在地…チェコ・プラハ
建設年代…1493～1502年
設計者…ベネディクト・リート

9. ヴァヴェル大聖堂ジグムント礼拝堂

Kaplica Zygmuntowska, Katedra Wawelska

大聖堂平面図

世界遺産第1号の都市のルネサンス建築

クラクフは11世紀半ばから1596年まで、ポーランド王国の首都だった。第二次世界大戦中に被害を受けなかったため、歴史的な景観が保存されており、1978年にユネスコ世界遺産第1号となる12件の1つに選ばれた。ポーランドの歴代国王の居城だったヴァヴェル城は、「大王」（ヴィエルキ）と呼ばれたカジミェシュ三世（在1333～70）の時代に、旧市街南のヴィスワ川に面して独立した丘の上に建てられた。この城は、大きな中庭を取り囲むように大聖堂や王宮などで構成された複合施設である。ロマネスクからバロックまでのあらゆる建築様式が集結しているため、ポーランド建築史を一度で学ぶことのできる格好の題材でもある。とりわけゴシックからルネサンスの時代は、1386～1572年まで続いたヤギェウォ朝の黄金時代と重なり、ジグムント一世（在1506～48）はイタリアをはじめ諸外国から優れた芸術家を呼び集め、この城をルネサンスの殿堂へと変えた。

城内の中心に位置するヴァヴェル大聖堂は、14～18世紀にはポーランド国王の戴冠式が行われた場所で、国王の墓所でもあった。現在の姿はおおむねゴシック様式の三廊式バシリカとなっているが、国王の墓が置かれたクリュプタ（地下祭室）はロマネスクの時代にまでさかのぼる。また、側廊と並ぶように多くの礼拝堂が設置されたが、最も有名なのが、側廊南のほぼ中央に位置するルネサンス様式のジグムント礼拝堂だ。これはジグムント一世がフィレンツェからバルトロンメオ・ベッレッチ（1480～1537）を招いて、1517～33年に建てさせたものである。正方形平面の小さな建物だが、外から見ると一番下に滑面仕上げの基壇が設けられ、その上の壁面はドーリス式の付柱で3つに分けられているのがわかる。強い印象を与えるのは金色のドームで、大きな丸窓でくりぬかれた八角形平面のドラムによって支えられている。この礼拝堂にはジグムント一世のほか、彼の息子ジグムント二世（在1548～72）と娘アンナ・ヤギェロンカ（在1575～96）の墓碑も設置され、内部は彫刻で豊かに飾り立てられている。イタリア国外では最も純粋なルネサンス建築と高く評価されている。

城内の東端にある現在の王宮は、1499年の火災ののち、ジグムント一世によってフランチェスコ・フィオレンティーノ（1516没）の設計で1502年に着工後、ベッレッチが引き継ぎ、1536年頃に完成させた。敷地に合わせた不規則な形の中庭に面した3層構成のファサードは、古典主義の規則からは逸脱しているものの、実に洗練されている。

右頁…ヴァヴェル大聖堂ジグムント礼拝堂、ヴァヴェル城　上…王宮中庭、ヴァヴェル城　右…王宮中庭第1層のアーケード

Data

名称…ヴァヴェル大聖堂ジグムント礼拝堂｛Kaplica Zygmuntowska, Katedra Wawelska｝
所在地…ポーランド・クラクフ
建設年代…1517～33年
設計者…バルトロンメオ・ベッレッチ

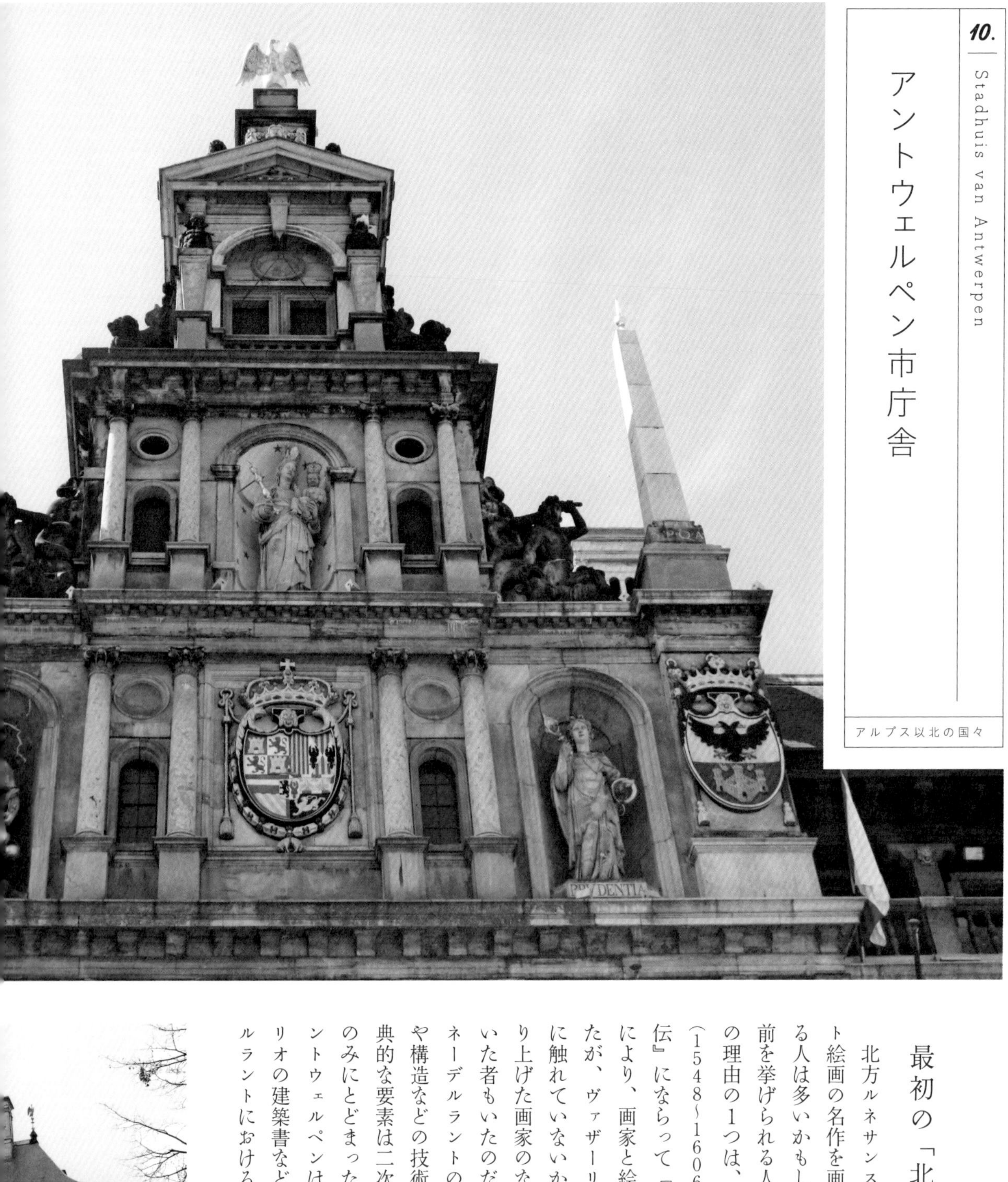

10.

アントウェルペン市庁舎

Stadhuis van Antwerpen

最初の「北方」ルネサンス建築

北方ルネサンス美術といえば、ネーデルラント絵画の名作を画家の名前とともに思い浮かべる人は多いかもしれないが、建築や建築家の名前を挙げられる人はほとんどいないだろう。その理由の1つは、カーレル・ファン・マンデル（1548～1606）がヴァザーリの『美術家列伝』にならって『北方画家列伝』を著したことにより、画家と絵画作品の名前は広く知れ渡ったが、ヴァザーリとは異なり、彫刻家と建築家に触れていないからだ。ファン・マンデルが取り上げた画家のなかには、建築設計に携わっていた者もいたのだけれど。もう1つの理由は、ネーデルラントのルネサンス建築が、内部空間や構造などの技術面では中世の慣習に従い、古典的な要素は二次元的なファサードなどの装飾のみにとどまったからに違いない。16世紀のアントウェルペンは出版の一大拠点であり、セルリオの建築書などによる建築図面集が、ネーデルラントにおけるルネサンス建築の普及に大きな役割を果たしたのである。

それでも、イタリアを訪れて古代やルネサンスの建築を直接学んだ者は少なくなかった。彫刻家でもあったコルネリス・フロリスは1538年頃にローマで学び、帰国後は版画家で出版者でもあるヒエロニムス・コック（1518～70）と協力して、1556年にグロテスク装飾の版画集、1557年に古代墓碑の新たなデザイン集を出版した。建築家としての彼の代表作はアントウェルペン市庁舎であり、ネーデルラントで最初の本格的なルネサンス建築として、のちに大きな影響を与えた。

この市庁舎は、マルクト広場に面して4層構成の広いファサードをそなえ、全体としては水平性が強調されているが、中央部のみ垂直性が強調されている。ブリュッセル市庁舎［224頁］に代表されるネーデルラント中世の市庁舎では、中央部に鐘塔が設けられることが多かったように、全体のプロポーションとしては地元中世の伝統を踏襲しながら、塔のかわりにパヴィリオンを採用している。中央部を除いた両側の4層構成の部分は、第1層が半円アーチによるルスティカ仕上げ、第2層が台座をそなえたドーリス式の付柱とエンタブラチュア、第3層は同じくイオニア式の付柱が積み重ねられ、最上部はギャラリーとして開放されている。また、第2層と第3層の矩形の窓には十字形窓枠が採用されている。一方、中央部は6層構成で、第3層までのオーダーの種類は共通しているが、第4層でコリント式、第5層でコンポジット式、そして第6層で男性の人像柱となっている。また、第2層から第5層までは付柱ではなく、対の半円柱と半円アーチの組み合わせによる凱旋門モティーフが用いられている。

上…アントウェルペン市庁舎正面中央部詳細　右…市庁舎正面

Data

名称…アントウェルペン市庁舎
{Stadhuis van Antwerpen}
所在地…ベルギー・アントウェルペン
建設年代…1561～66年
設計者…コルネリス・フロリス

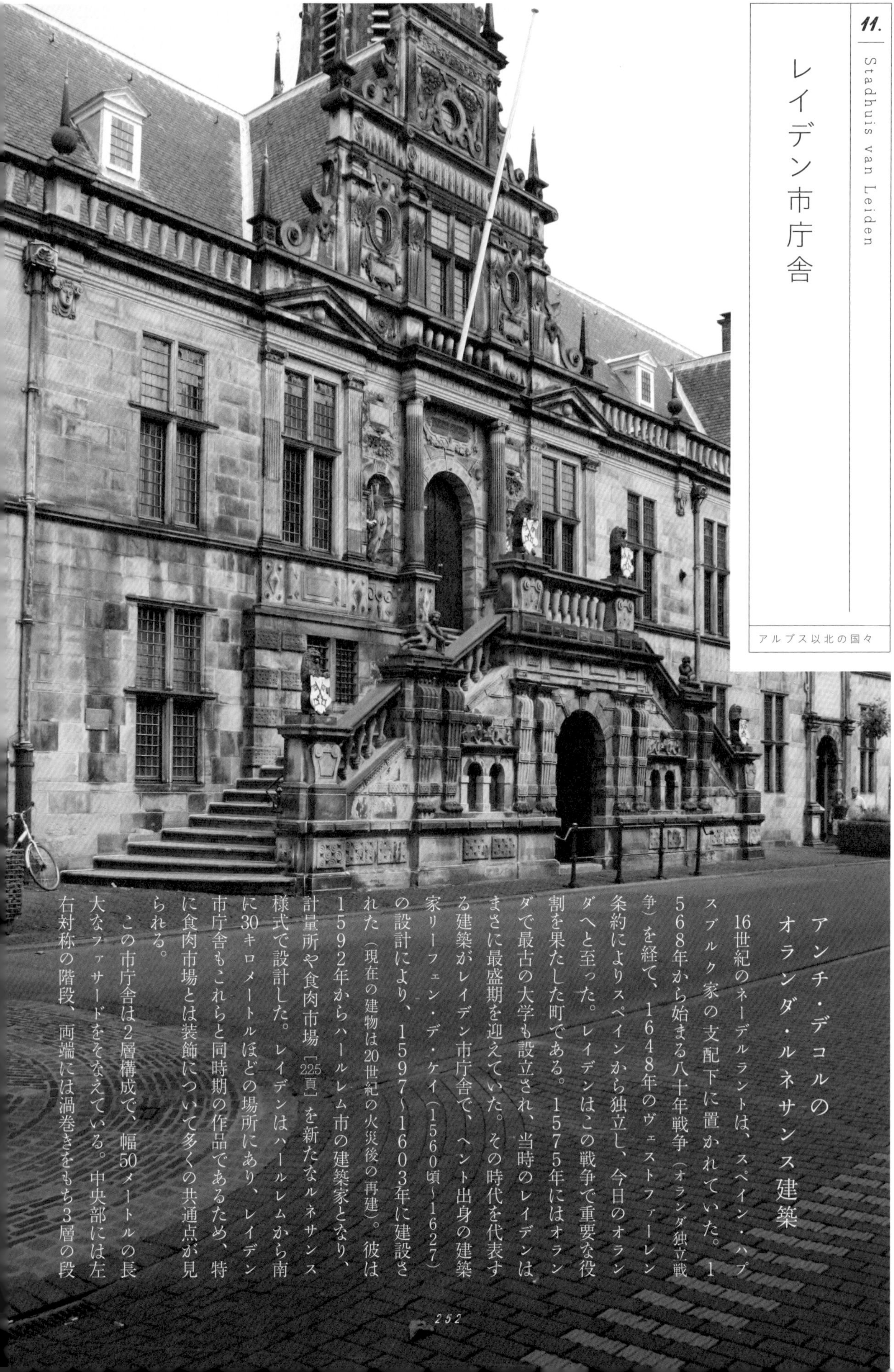

11.

レイデン市庁舎

Stadhuis van Leiden

アンチ・デコルの
オランダ・ルネサンス建築

16世紀のネーデルラントは、スペイン・ハプスブルク家の支配下に置かれていた。1568年から始まる八十年戦争（オランダ独立戦争）を経て、1648年のヴェストファーレン条約によりスペインから独立し、今日のオランダへと至った。レイデンはこの戦争で重要な役割を果たした町である。1575年にはオランダで最古の大学も設立され、当時のレイデンはまさに最盛期を迎えていた。その時代を代表する建築がレイデン市庁舎で、ヘント出身の建築家リーフェン・デ・ケイ（1560頃〜1627）の設計により、1597〜1603年に建設された（現在の建物は20世紀の火災後の再建）。彼は1592年からハールレム市の建築家となり、計量所や食肉市場［225頁］を新たなルネサンス様式で設計した。レイデンはハールレムから南に30キロメートルほどの場所にあり、レイデン市庁舎もこれらと同時期の作品であるため、特に食肉市場とは装飾について多くの共通点が見られる。

この市庁舎は2層構成で、幅50メートルの長大なファサードをそなえている。中央部には左右対称の階段、両端には渦巻きをもち3層の段

をなす切妻破風、そして背後にそびえ立つ塔で強調されている。全体構成としてはアントウェルペン市庁舎［250頁］が手本とされているが、ここでは階段を上った2階に正面入口が設けられ、オーダーの積み重ねは中央部のみにかぎられている。その両側では、上下層とも十字形の窓枠をそなえた矩形の窓が整然と並んでいる。また、アントウェルペンの中央部では凱旋門モティーフが採用され、彫刻は建築に従属していたのに対し、ここではその関係が逆転している。つまり、パラペットよりも上の3層構成の部分ではイオニア式、コリント式の付柱が積み重ねられているが、ストラップワークやオベリスクなどによるにぎやかな彫刻が建築全体を支配しているのだ。

デ・ケイはハールレムの食肉市場では至る箇所にルスティカ仕上げを用いていたが、ここでは階段の正面部に限定したかわりに、いっそうアクの強いデザインとなっている。トリグリフのような付柱の徐々に細くなった底部には猛獣の足が見られるが、これはセルリオの建築書の暖炉の装飾を参照したものだろう。また、ファサード両翼部の第2層の軒下には、中央部のイオニア式オーダーに対応させたイオニア式柱頭の渦巻きと、人や動物の顔を組み合わせた持送りが設置されている。本来、イオニア式オーダーは既婚女性の身体になぞらえたもので、ウィトルウィウスやセルリオの美的概念であるデコル（ふさわしさ）の原則はまるで無視されている。しかし、デ・ケイによる独特な装飾は、後世に少なからぬ影響を及ぼした。時代はすでに17世紀のバロックを迎えていたのである。

右頁…レイデン市庁舎正面　上…市庁舎正面中央部詳細　右…市庁舎正面階段

Data

名称…レイデン市庁舎
{Stadhuis van Leiden}
所在地…オランダ・レイデン
建設年代…1597〜1603年
設計者…リーフェン・デ・ケイ

12.

スタンフォードのバーリー・ハウス

Burghley House

エリザベス朝建築を代表するカントリー・ハウス

イングランドでは、中世に地方領主の邸宅であるマナー・ハウスが発展し、その優れた遺構が今日も多く残されている。16世紀のチューダー朝の時代には、中世の生活習慣を踏襲しながらも、防衛よりも快適さを重視して、外国から新しい造形要素を取り入れたカントリー・ハウスが登場した。カントリー・ハウスはエリザベス朝の時代に最盛期を迎え、バーリー・ハウスはその代表例の1つに数えられる。バーリー・ハウスは、エリザベス一世（在1558〜1603）の重臣バーリー卿ウィリアム・セシル（1520〜98）の邸宅である。中世の建物を改築したため、外観やホールにはその名残が見られるが、ルネサンス様式は中庭側で採用されている。18世紀にケイパビリティことランスロット・ブラウン（1716〜83）が設計した風景式庭園もそなえており、今なおセシル家が居住する大規模なカントリー・ハウスである。

全体はおおむね矩形の中庭型平面で、西側の正面入口を軸線とする左右対称の配置であり、中庭の第1層はイタリアのパラッツォのようにアーケードで開放されている。しかし外部立面を見ると、全体としては3層構成であり、頂部

にはパラペットが巡らされている。そのため水平性が強調されてはいるものの、正面入口の両脇には八角形平面の塔がそびえ立ち、屋上には多くの小塔や煙突が林立するにぎやかなスカイラインとなっている。また、西側ファサードでは出窓がかなりの面積を占めていて、中世の伝統が文字通り前面に押し出されている。

セシルは1552年頃から敷地を取得し、彼自身も装飾などの図面を描いた。アントウェルペンとロンドンとを頻繁に往復していた石工に、アントウェルペンでつくらせて送るように指示することもあった。さらに、1568年頃からウィトルウィウスやフィリベール・ド・ロルムなどの建築書も入手し、独学でルネサンス建築の研究に取り組みながら設計にも関与した。その後、1577年に西側ファサードを完成させたが、新しい研究の成果は、この正面入口から中庭に入って正面にそびえ立つ時計塔のパヴィリオンで実現された。1585年の日付が記されたこの塔の立面は、ドーリス式、イオニア式、コリント式の順にオーダーが積み重ねられた3層で構成され、その上に時計のある壁面とオベリスクのような急勾配の屋根が載る。第1層と第2層では、円柱は対の形で半円アーチと組み合わされて凱旋門モティーフを形成し、第3層ではアーチの部分が出窓となっている。時計層の両脇には小さなオベリスクに加えて、跳びかかる犬の彫刻も屋根飾りとして設置されていることから、ド・ロルム設計のアネの城館や、アントウェルペン市庁舎［250頁］などが手本とされた可能性は高い。

平面図

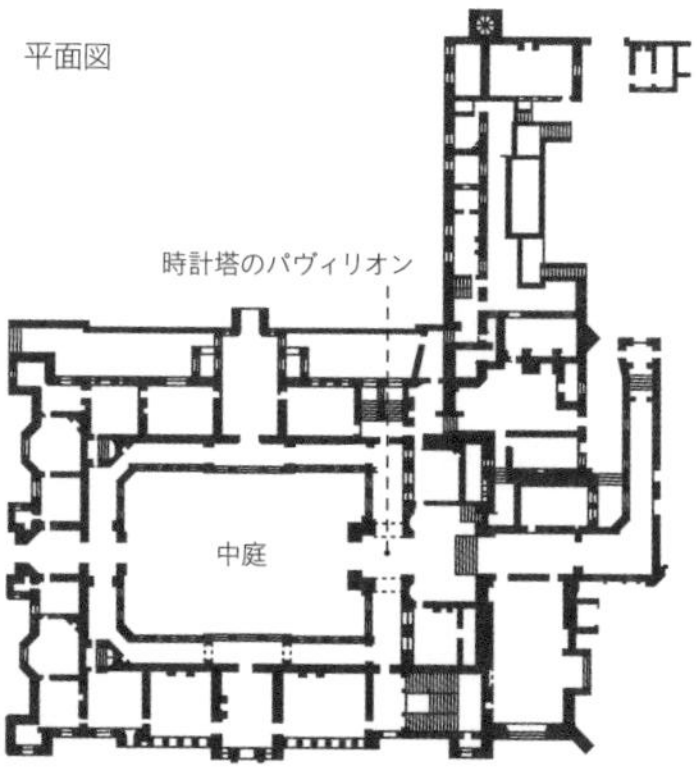

上…バーリー・ハウス外観　右…時計塔のパヴィリオンの図(19世紀頃)、バーリー・ハウス

Data

名称…バーリー・ハウス
{Burghley House}
所在地…イングランド・スタンフォード
建設年代…1556年着工
設計者…ウィリアム・セシル

13.

Queen's House

グリニッジのクイーンズ・ハウス

遅咲きのルネサンス建築

ロンドンは、ルネサンス発祥の地であるフィレンツェと、直線距離でもプラハやブダペストよりもずっと遠く離れている。単純に考えても、イングランドにルネサンスが伝わるのが遅くなるのは当然のことだろう。イニゴー・ジョーンズは、イタリア・ルネサンス建築を直接イングランドにもたらした最初の建築家だが、時代はすでに17世紀に入っていた。彼が最良の手本と見なしたのは、ヴェネト地方のパラーディオ建築だった。これは造形的な好みだけではなく、パラーディオがヴィッラの設計を得意としていたため、イングランドでの応用のしやすさも念頭に置いていたに違いない。

ジョーンズの最初の作品は、ロンドン郊外、グリニッジのクイーンズ・ハウスである。グリニッジには標準時刻を定めた王立天文台があり、テムズ川沿いの港町としても有名だが、その歴史は国王ジェームズ一世がアン王妃（1574〜1619）のためにこの家を建てさせたことに始まる。現在の建物は正方形平面で、テムズ

川に面した北側には基壇が設けられているが、南側では2層構成のファサードが地面からそのまま立ち上がり、頂部にはパラペットをそなえた陸屋根が載っている。南北両面ともに下層には滑面仕上げが施され、全体的に簡素な外観で、窓は規則的に並べられていて装飾も少ない。東西の側面にはドーリス式円柱による長い列柱廊が続くが、建設当初の建物はH字形平面で、2つの等しい棟が通りを挟んで南北に独立して建てられ、両者はブリッジで連結されていた。かつての道路が敷地に取り込まれて、列柱廊に変えられたのである。北棟中央には、正方形平面の吹き抜けのホールが設けられ、その東隣に「チューリップ階段」と呼ばれる見事な螺旋階段が設けられている。庭園に面した南棟の2階中央には、イオニア式の円柱によるロッジアが設けられている。

　ロッジアの有無で判断すると、ジョーンズは南側の眺望を重視していたと考えられるが、テムズ川の流れる北側に目を向けると、この建物の南北方向の軸線がのちに周辺を開発するときの基準線となったことは間違いない。テムズ川から見たマリタイム・グリニッジ（海事都市グリニッジ）の景観としては、双子のドームをそなえたグリニッジ病院（旧王立海軍大学）の方が強い印象を与えるかもしれないが、クリストファー・レン（1632～1723）がこの建物を設計したときには、クイーンズ・ハウスの眺望が妨げられないように配慮し、この建物とテムズ川との間を広場で開放したのである。

上…クイーンズ・ハウス南側正面　中…チューリップ階段、クイーンズ・ハウス　下…クイーンズ・ハウス北側正面

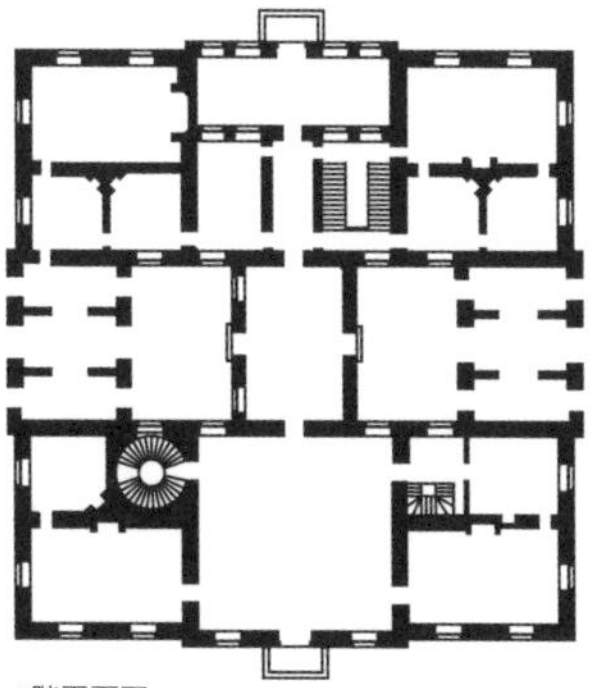

1階平面図

Data

名称…クイーンズ・ハウス
{Queen's House}
所在地…イングランド・グリニッジ
建設年代…1616～35年
設計者…イニゴー・ジョーンズ

様式の種類

カロリング朝（751〜987）

フランク王国2番目の王朝で、751年に小ピピンがメロヴィング朝にかわって創始した。「カロリング」という名称は彼の父カール・マルテルに由来する。小ピピンの子カール大帝（シャルルマーニュ）は西ヨーロッパのほぼ全体を統治し、800年にローマ教皇から帝冠を授けられた。彼の時代にアーヘンの宮廷を中心として、古典古代の文化復興が生じ、これを「カロリング・ルネサンス」という。のちに王国は東フランク、西フランク、中フランクの3つに分裂し、それぞれ現在のドイツ、フランス、イタリアのもととなったが、987年に西フランク王国の王家断絶をもって消滅した。

ビザンティン様式

4世紀頃から始まった東ローマ帝国（ビザンティン帝国）の建築・美術様式で、ドイツ語で「ビザンツ様式」とも表記される。建築の分野ではドームやモザイク壁画が特徴で、代表例としてはイスタンブル（コンスタンティノープル）のハギア・ソフィア大聖堂などが挙げられる。ドームは古代ローマ建築にもすでに用いられていたが、ビザンティン建築では矩形平面上に円形平面のドームを架ける手段として、スクインチやペンデンティヴを駆使したドームが登場するようになった。ルネサンスとの関係で見ると、イタリアではヴェネツィアやラヴェンナの中世建築に多くの例が見られ、特にドームをそなえた集中式平面という特徴は、ルネサンスの建築家にも少なからぬ刺激を与えたと考えられる。また1453年のコンスタンティノープル陥落後は、イスラーム教のモスクなどにしばしば採用された。

ロマネスク様式

「ロマネスク」という言葉は、「ローマ風」という意味だが、19世紀に登場した当初は「ローマが堕落した様式」という否定的な意味で用いられていた。むろん現在ではそのようには評価されておらず、10世紀末から13世紀にヨーロッパ各地に見られた建築・美術様式を指す。建築的な特徴としては、ロマネスク以前の初期キリスト教時代に用いられていた木造の天井が、耐火性をそなえた石造のヴォールト天井に取ってかわられたことと、それに伴い開口部の小さな重厚な壁面をもつようになったことが挙げられる。代表例にはヴェズレーのマドレーヌ聖堂が挙げられるが、ロマネスク様式は地方色が強いため、イタリアでは初期キリスト教時代の伝統が残り、ピサ大聖堂などのように木造の天井が採用された例も少なくない。

ゴシック様式

「ゴシック」という言葉は、アルプス以北（ドイツ）からもたらされた建築のことを、15〜16世紀のイタリア人が「ローマ帝国を滅ぼした野蛮なゴート人（ゲルマン民族）の建築」と呼んでいたことに由来する。しかし今日では否定的な意味合いはなく、12世紀前半にパリを中心とするイル＝ド＝フランス地方で発生し、地方によっては16世紀まで流行していた中世の建築・美術の様式を指す。建築の分野では、とりわけ大聖堂では、尖頭アーチやリブ・ヴォールト、フライング・バットレス（飛梁）によって高い天井と広い開口面積が実現し、垂直性が強調されるという特徴がある。また、外観は鐘塔のみならず、ピナクル（小尖塔）が屋根の上に林立するにぎやかな外観となることが多いが、人体比例を重視したルネサンス期のイタリア人には無秩序な建築と思われた。宗教建築の代表例としてはシャルトル大聖堂などが挙げられるが、ヴェネツィアのパラッツォ・ドゥカーレやカ・ドーロのように、市庁舎や宮殿の類にもしばしば採用された。

ムデハル様式

アラビア語で「残留者」を意味する「ムダッジャン」に由来するスペイン中世の建築様式で、レコンキスタ後、イスラーム教とキリスト教の様式が融合したものを指す。壁面の幾何学文様の装飾やムカルナス（鍾乳石状の天井装飾）、馬蹄形アーチなどが特徴で、代表例としてテルエルのサン・マルティン聖堂鐘塔などが挙げられる。

プラテレスコ様式

16世紀前半のカール五世の時代のスペインにおける、初期ルネサンスに相当する建築様式を指す。名前の由来は、銀細工（プラテリア）のように繊細な浮彫装飾が壁面全体を埋め尽くすように施されたことによる。代表例としては、サラマンカ大学ファサードやグラナダ大聖堂などが挙げられる。

チュリゲラ様式

17世紀末から18世紀のスペインにおけるバロック様式の建築を指す。名称は建築家・彫刻家のチュリゲラ一族に由来し、ねじり柱などによるおびただしい彫刻装飾をそなえたファサードを特徴とする。代表例として、サンティアゴ・デ・コンポステーラ大聖堂ファサードなどが挙げられる。

柱関連

円柱（コラム）

幾何学の分野では底面と上面が等しい円でできた立体図形を指し、英語では「シリンダー」と呼ばれるが、建築の分野では断面が円でできた柱を指し、英語では「コラム」と呼ばれる。後者の場合、一般に柱の直径は上に行くにつれて逓減《ていげん》する。古典建築の円柱に見られるこのような視覚補正は「エンタシス」と呼ばれる。角柱は装飾を伴わない単なる構造材として用いられることもあるが、一般に円柱は角柱よりも格が上と見なされ、古代ローマ建築ではトラヤヌス帝の円柱のような単独の記念柱としても用いられた。

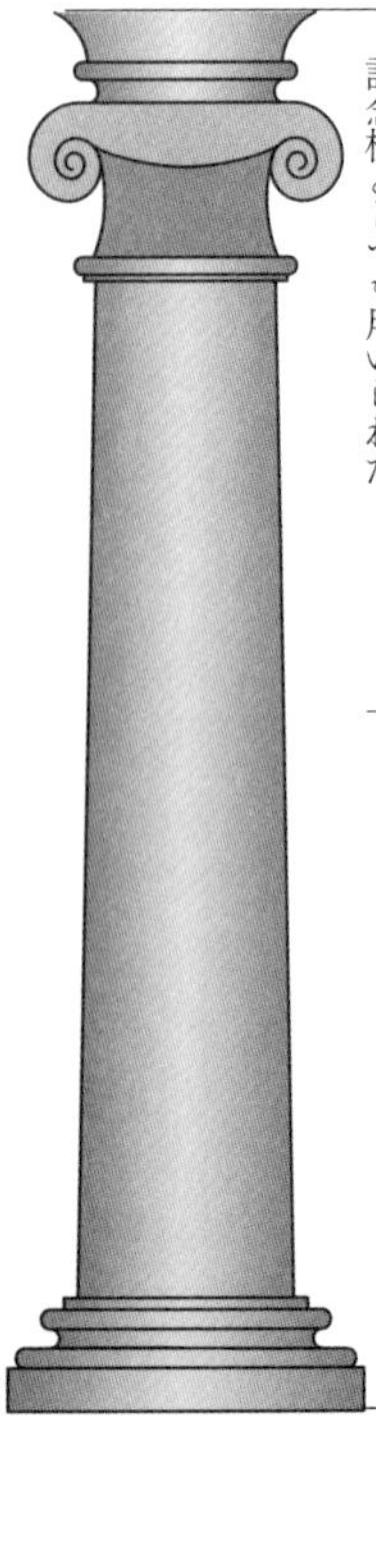

束ね柱

複数の細い円柱（シャフト）を束ねて1本の柱としたもので、断面は四葉などの形をとる。束ね柱は垂直性を強調するうえで効果的であり、頂部では枝分かれしてヴォールト天井のリブに接続されるため、とりわけゴシック様式の聖堂でしばしば使用された。

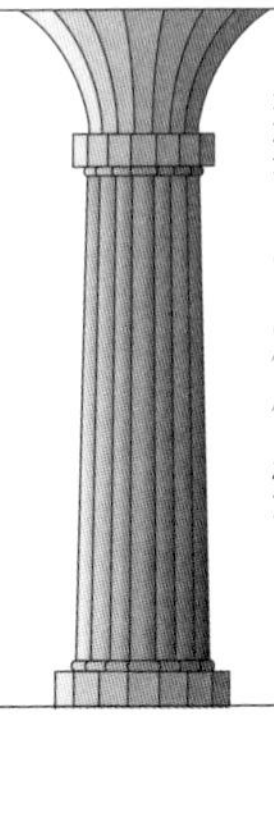

角柱（ピア）

幾何学の分野では底面と上面が等しい多角形でできた立体図形を指し、英語では「プリズム」と呼ばれる。建築の分野では、一般に正方形や八角形などの断面からなる柱を指し、英語では「ピア」と呼ばれるが、複数の円柱からなる束ね柱もピアと呼ばれる。なお、ブルネレスキは円柱にはフルート（縦溝）を刻まず、角柱や付柱にはフルートを刻むことで両者を区別していたが、古代建築の慣習とは関係がない。

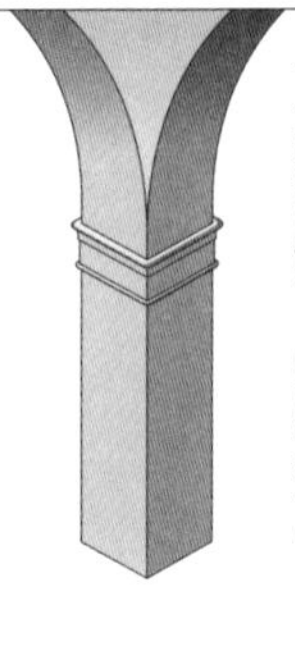

付柱（ピラスター）

壁と一体化され、浮彫のように壁面からわずかに突出した装飾用の柱のこと。「片蓋柱《かたふたはしら》」とも呼ばれる。古典建築では広い壁面にメリハリを与える際などに用いられた。円柱と同様に柱頭や柱礎をそなえているが、イタリア語ではそれらが簡略化されたものは「レゼーネ」として、一般の「ピラスター」（ピラストロ）とは区別される。また、円柱を縦方向に二分した半円柱も付柱の一種と見なせるが、一般には「ハーフ・コラム」と呼ばれて区別される。

柱楣式《はしらまぐさしき》

垂直方向の柱と水平方向の梁や桁からなる軸組による構造形式。西洋建築では長辺に架けられる桁と短辺に架けられる梁は区別されず、両者はともに「楣《まぐさ》」（エンタブラチュア）と呼ばれる。石造では古代エジプトやギリシアの神殿、木造では日本の住宅や寺社などで広く採用されている。それに対し、壁を主な構造躯体とし、開口部がアーチでできたものは古代ローマ建築で発展し、屋根はアーチを応用したヴォールトやドームで覆われるようになった。これらの構造形式の違いを理解していたアルベルティは、円柱には楣、角柱にはアーチを用いるべし、と主張している。

柱間《はしらま》とベイ

「柱間」とは、2本の柱でできた単位空間をもとに、建築のおおよその規模を表現する方法。例えば間口方向に柱が8本、奥行き方向に柱が17本並んでいれば、間口は7間、奥行きは16間となる。西洋の建築、特にヴォールトやドームが連続するロマネスク以降の宗教建築では、4本の柱で囲まれた単位空間が「ベイ」と呼ばれる。ただし、例えば身廊と側廊がいずれも交差ヴォールト天井で覆われているような場合、柱ではなくヴォールトを単位として数えるため、身廊のベイと側廊のベイの数が異なることもあるので注意する必要がある。

列柱廊（コロネード）

等間隔に並んだ柱と、それらによって支えられたエンタブラチュアからなる通路のこと。単純に「柱廊」とも呼ばれる。一般には屋根で覆われ、住宅や公共建築の中庭、都市の広場などさまざまな場所で用いられる。エンタブラチュアのかわりにアーチが連続する場合は「アーケード」と呼ばれる。ただし、同じような形態でも、ポンペイなどの古代ローマの住宅に見られる中庭を囲む列柱廊は「ペリステュリウム」や「ペリスタイル」、中世以降の修道院回廊は「クロイスター」と呼ばれる。また、建物の正面入口に用いられる場合は「ポルティコ」や「ポーチ」と呼ばれ、神殿ではエンタブラチュアの上にペディメントが設けられる。

アーケード

柱で支えられたアーチやヴォールト天井が連続してつくられる通路のこと。建築の内部空間としては聖堂の側廊などに相当するが、宮殿の中庭や都市の広場のような半屋外空間としても設けられる。日本ではアーケードはしばしば商店街を連想させるが、西洋の広場でもアーケードには店舗が設けられることが多い。

ロッジア

広場や庭などに面して設けられた列柱廊やアーケードのこと。「開廊」とも呼ばれる。開口部の形式は、柱楣式の例もアーチの例もあるが、中庭などを取り囲む形態よりも、眺望などを目的として一面のみが開放された形態となるのが一般的。また、イタリアの広場などでは、フィレンツェのランツィのロッジアのように中世から独立した単体の建築として建てられ、イベントが行われるときの貴賓席などに用いられた例も多い。ヴェネツィアでサンソヴィーノの設計により、サン・マルコ広場に建てられたロッジェッタ（ロッジアの小型版）も、同じ目的で使用された。

回廊（廻廊）

修道院などで中庭を取り囲むように設けられた列柱廊による空間のこと。修道院では聖堂やそのほかの諸施設に隣接して設けられ、修道士たちの生活の中心となった。

アーチ関連

尖頭アーチ

アーチの頂上が尖った形態のアーチで、ゴシック建築やイスラーム建築でしばしば用いられる。

迫元《せりもと》

壁や柱からアーチが立ち上がる部分のこと。

要石《かなめいし》

アーチの頂上に最後に設置される石材。

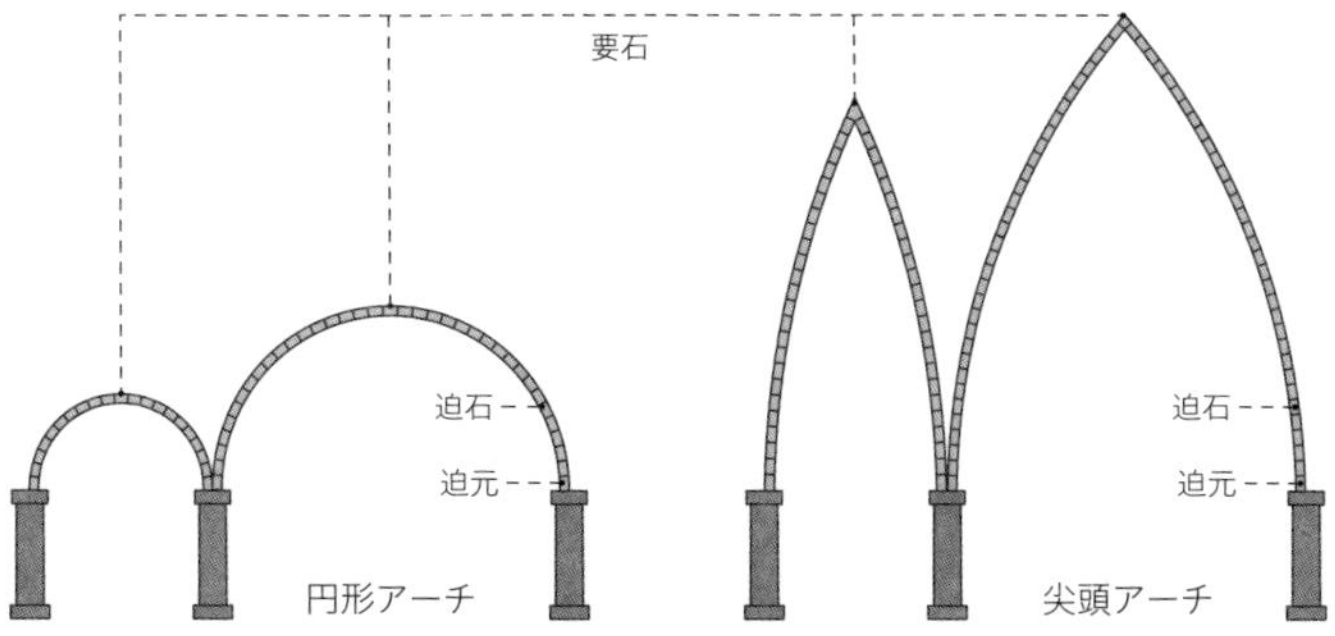

窓関連

二連窓（ビフォレ）

全体をアーチで構成された窓が、縦に二分割されて小さな二連アーチをそなえた窓のこと。中世の建築にしばしば見られる。同様に三連アーチをそなえた窓は、「三連窓」（トリフォレ）と呼ばれる。

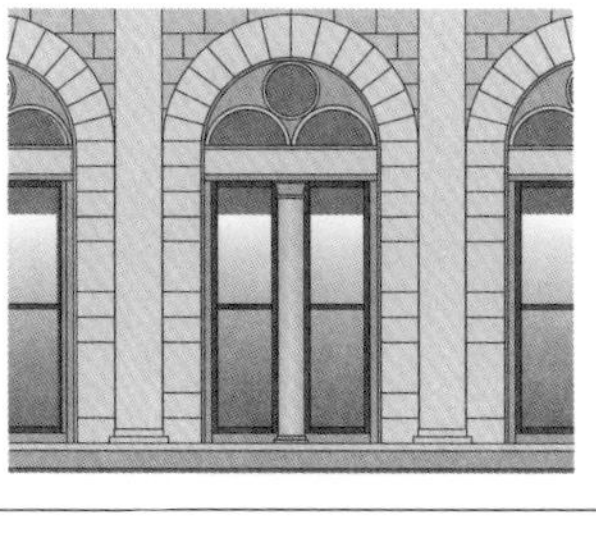

ドーマー窓

屋根の上に設けられる、小さな屋根を伴った形の窓のこと。ヨーロッパの建築では、屋根裏部屋を設けることが可能なほど急勾配の屋根をもつ、アルプス以北の建築にしばしば見られる。

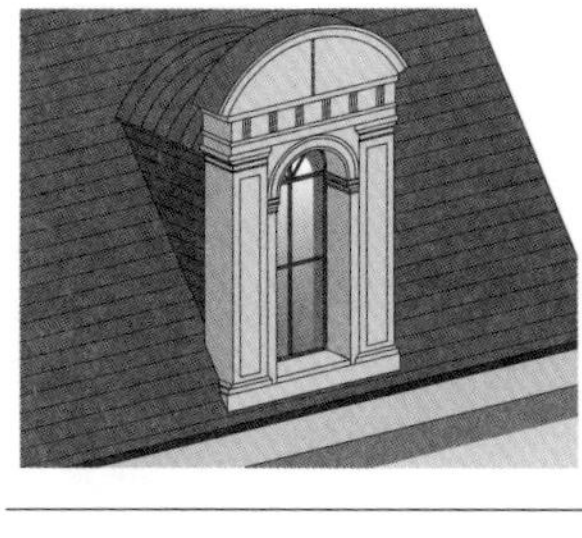

オーダーの種類

オーダー

古典建築における柱とエンタブラチュア（梁または桁）からなる部材の総称。柱は基本的に、下から順に柱礎、柱身、柱頭の3部からなるが、ギリシアのドーリス式では柱礎が省かれる。また、柱礎の下に台座が設けられることもある。一方、エンタブラチュアは下から順にアーキトレーヴ、フリーズ、コーニスの3層で構成される。（左図はドーリス式）

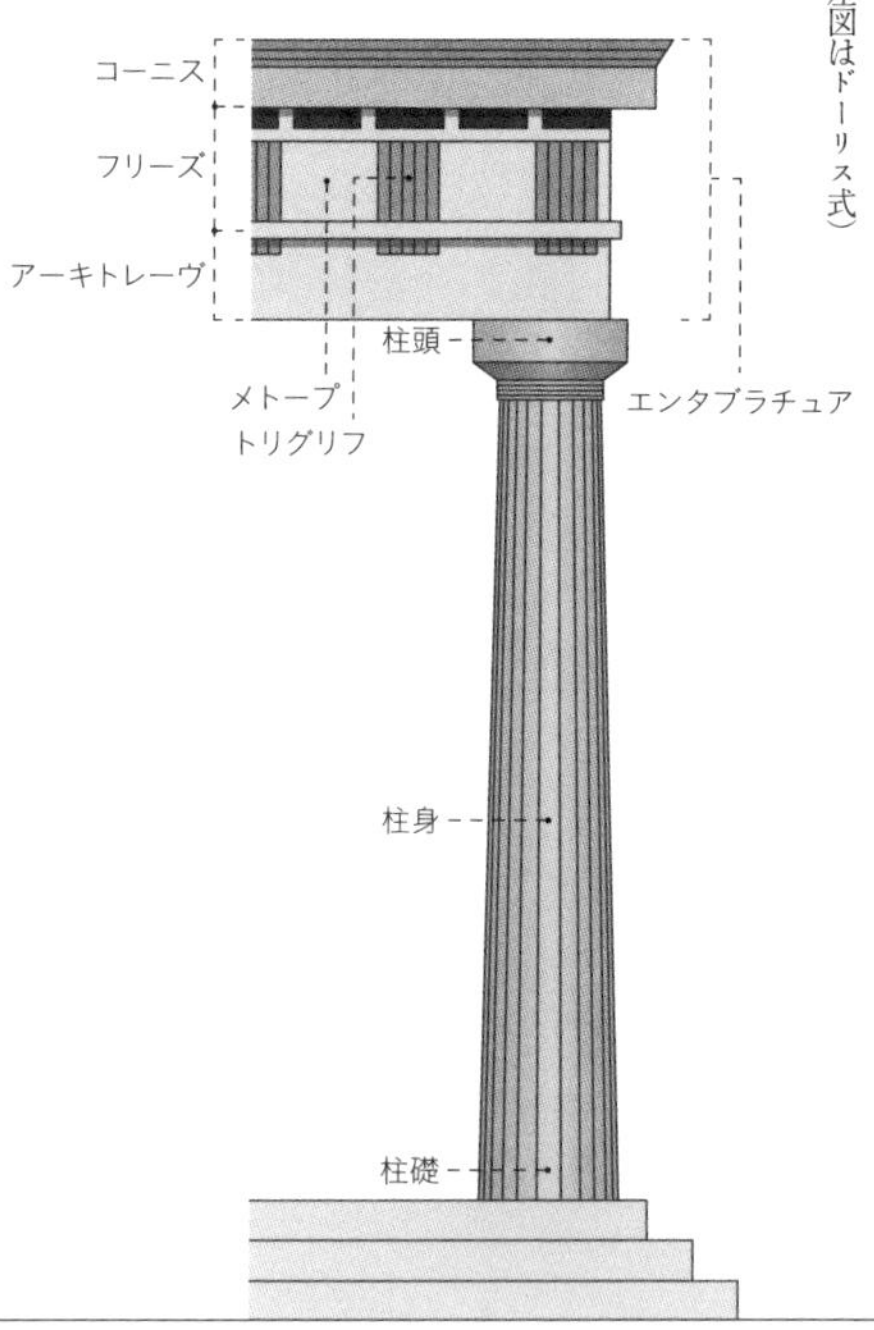

コーニス

一般には額縁や戸口のような枠を意味するが、古典建築のオーダーの場合、エンタブラチュアの一番上の軒先部分を指す。

トリグリフ

ドーリス式オーダーのフリーズに配置される、縦に3本の溝が刻まれた部材。柱の真上と柱間に均等に配置され、トリグリフどうしの間には正方形のメトープが置かれることも多いため、コーナーの納まりには工夫が必要となる。

フリーズ

古典建築のエンタブラチュアの中間層を指す。ドーリス式ではトリグリフが設けられるのが特徴だが、イオニア式やコリント式では単純に仕上げられることも多く、しばしば建築主や建設年代などが刻まれる。コーニス、フリーズ、アーキトレーヴはいずれも等しい高さとなるのが一般的だが、フリーズに装飾が施されるときにはフリーズのみ若干高めになる。

ドーリス式

イオニア式、コリント式とともに古代ギリシア建築のオーダーの1つで、「ドーリア式」とも呼ばれる。円柱のプロポーションは男性の身体を基準につくられ、これら3つのオーダーのうちでは最もずんぐりとしている。柱頭は簡素で、平鉢形のエキヌスとその上の方形のアバクスからなる。柱身の下に柱礎はなく、基壇の上から直接立ち上げられるのが特徴だが、ローマの建築ではむしろ柱礎をそなえている例が多い。フルート（縦溝）が刻まれた柱身は、上に行くに従って徐々にすぼまり、アルカイック期の例では、円柱底部の直径と頂部の直径との差が激しい。3層構成のエンタブラチュアは、中間層のフリーズにトリグリフとメトープが設けられる点が、ほかのオーダーとの大きな違いである。神殿建築の代表例としては、アテネのパルテノンが挙げられる。なお、ウィトルウィウスの『建築十書』では神殿の入口の形式として、ドーリス式、アッティカ式、イオニア式の3つが取り上げられているが、これらは矩形の額縁のような形態となるため、イオニア式では渦巻持送りが両脇に設置される点を除けば、オーダーと共通する特徴はあまり見られない。

イオニア式

古代ギリシア建築のオーダーの1つで、円柱のプロポーションは既婚女性の身体を基準につくられた。円柱部分の特徴としては、柱頭の両脇に対になった渦巻き装飾が設けられる点や、ドーリス式にはなかった柱礎が設けられる点が挙げられる。エンタブラチュアは、ドーリス式の場合よりも簡素に仕上げられることが多いが、上層のコーニスには垂木を模したような歯飾りがしばしば設けられる。フリーズは平らな形態が一般的だが、ルネサンス期にはしばしばふくらんだ形態が好まれた。

コリント式

古代ギリシア建築のオーダーの1つ。円柱のプロポーションは未婚女性の身体を基準につくられ、古代ギリシア建築の3つのオーダーのうちでは一番ほっそりとしている。アカンサスの葉を模した装飾の豊かな柱頭が主な特徴で、イオニア式の場合と同様に柱礎をそなえている。ウィトルウィウスによれば、彫刻家のカリマコスが少女の墓に供えられた籠の場所から生えてきたアカンサスの葉を見て、それをヒントに考案したという。帝政期のローマ建築には、装飾の豊かなコリント式が多く使用される傾向があったため、イタリア15世紀の建築にも、もっぱらコリント式オーダーが採用された。

コンポジット式

古代ローマ建築のオーダーの1つ。円柱のプロポーションはコリント式と同じか、あるいはよりほっそりとしているが、柱頭を除けば、コリント式とおおむね同じ形態をとる。名前の由来となった「複合」を意味する柱頭は、イオニア式の渦巻きとコリント式のアカンサスの葉を組み合わせてつくられる。帝政期のローマでは、ドーリス式やイオニア式よりもコリント式が好まれたが、蔓状の繊細な渦巻き部分が破損しやすいという欠点を補うために発明されたと考えられる。ウィトルウィウスの時代にはまだ見られず、1世紀末のティトゥス帝の凱旋門で最初に登場したといわれている。なお、アルベルティはコンポジット式を「イタリア式」と呼んでいた。

トスカーナ式

古代名では「エトルリア式」であり、ウィトルウィウス『建築十書』ではエトルリア神殿のオーダーとして説明されている。形態的にはドーリス式と似ているが、柱身にフルート（縦溝）がないことや、フリーズにトリグリフがないことなどが特徴である。しかし、現存する古代エトルリア建築の大半は墓で、神殿の遺構はほとんど残されていないため、ルネサンス以降につくられたトスカーナ式は、ドーリス式との区別が難しいものも多い。セルリオの建築書『第四書』では、ドーリス式よりも簡素でアルカイックなオーダーと見なされ、ルスティカ仕上げ（粗面仕上げ）とともに説明されている。

ヴォールトの種類

ヴォールト

アーチの平行移動や回転、あるいはそれらの組み合わせによって形成される天井のことで、「穹窿《きゅうりゅう》」とも呼ばれる。例えば、半円アーチを平行移動させれば円筒ヴォールト、2つの円筒ヴォールトを直交させれば交差ヴォールトができる。ただし、アーチを180度回転させた天井は「ドーム」と呼ばれる。

リブ

一般には「肋骨」を意味するが、建築の場合はヴォールト天井の稜線となる部材のことを指す。例えば交差ヴォールトであれば、横断アーチと対角線の部分にリブが設置される。ゴシック建築に頻出するようになった。1ベイがリブで分割される数に応じて、四分ヴォールトや六分ヴォールトなどに分類されるが、末期ゴシック建築には稜線部分に限らず、ヴォールト天井全体に複雑な形のリブが設けられた、星形ヴォールトや網目ヴォールトも登場した。

円筒ヴォールト

「トンネル・ヴォールト」、「バレル・ヴォールト」とも呼ばれるヴォールトの最も単純な形態で、半円アーチや尖頭アーチが平行に連続した天井のこと。

交差ヴォールト

「クロス・ヴォールト」とも呼ばれ、2つの円筒ヴォールトを直交させてできた天井のこと。半円アーチからなる円筒ヴォールトでは、長方形平面に交差ヴォールトを架けるときに不都合が生じるが、尖頭アーチからなる円筒ヴォールトでは、交差するアーチの高さが等しければ、幅を調節できるので好都合だった。そのため、交差ヴォールトはルネサンス建築にもゴシック建築にも採用された。前者ではもっぱら正方形平面となるのに対し、後者では長方形平面の例も多く見られる。

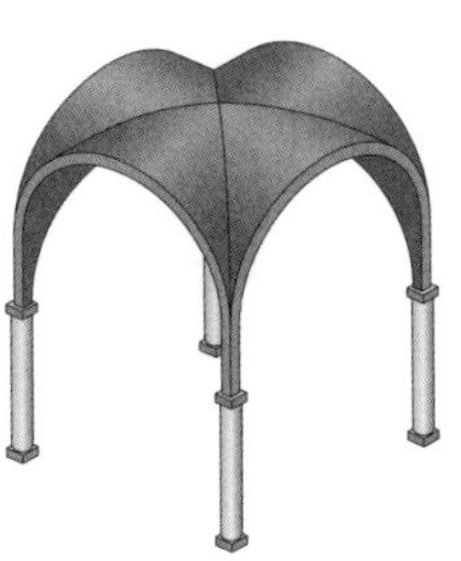

六分リブ・ヴォールト

リブ・ヴォールトの一種で、とりわけ初期ゴシック建築に用いられた。ロマネスクの聖堂では、身廊の柱間2つ分を一辺とする正方形の区画に交差ヴォールトが架けられることが多く、その稜線部にリブを設けると四分リブ・ヴォールトが形成される。一方、初期ゴシックの聖堂ではその一辺の中点に置かれた柱からも横断アーチが架けられることで、正方形の天井はリブで六分割される。代表例としては、パリ大聖堂が挙げられる。

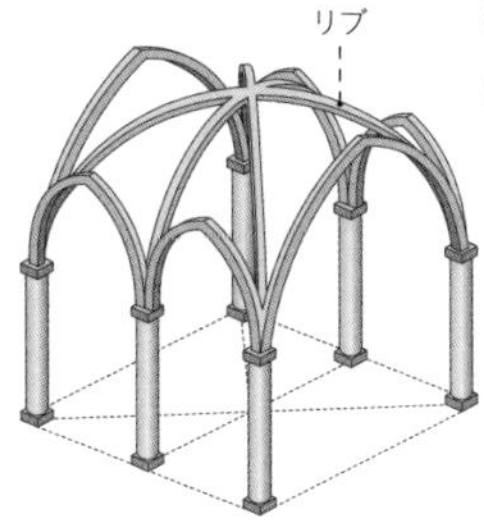

網目ヴォールト

リブがひし形の網目をなすように装飾として複雑化されたリブ・ヴォールトの一種で、「ネット・ヴォールト」とも表記される。イングランドや南ドイツなどの末期ゴシック建築にしばしば見られる。

ドーム関連

ドラム

ドームを支える円筒状の壁のこと。古代ローマ建築やビザンティン建築のドームには見られず、ルネサンス建築のドームの特徴の1つといえる。

二重殻構造

ドームの屋根ないしは天井が二重に架けられたもの。古代ローマのドームでは屋根と天井が一体化されていたが、ビザンティン建築など中世以降のドームでは、外観の見栄えをよくするために、外殻の屋根と内殻の天井との間に大きな空間が生じた。なお、外殻がドームではなく、塔のように異なった形で覆われる場合は、「ティブリオ」と呼ばれる。ロンドンのセント・ポール大聖堂のように三重殻構造をとるものもある。

採光塔

ドームの頂上から採光を得るために設置される小さな塔。「頂塔」、「ランターン」とも呼ばれる。

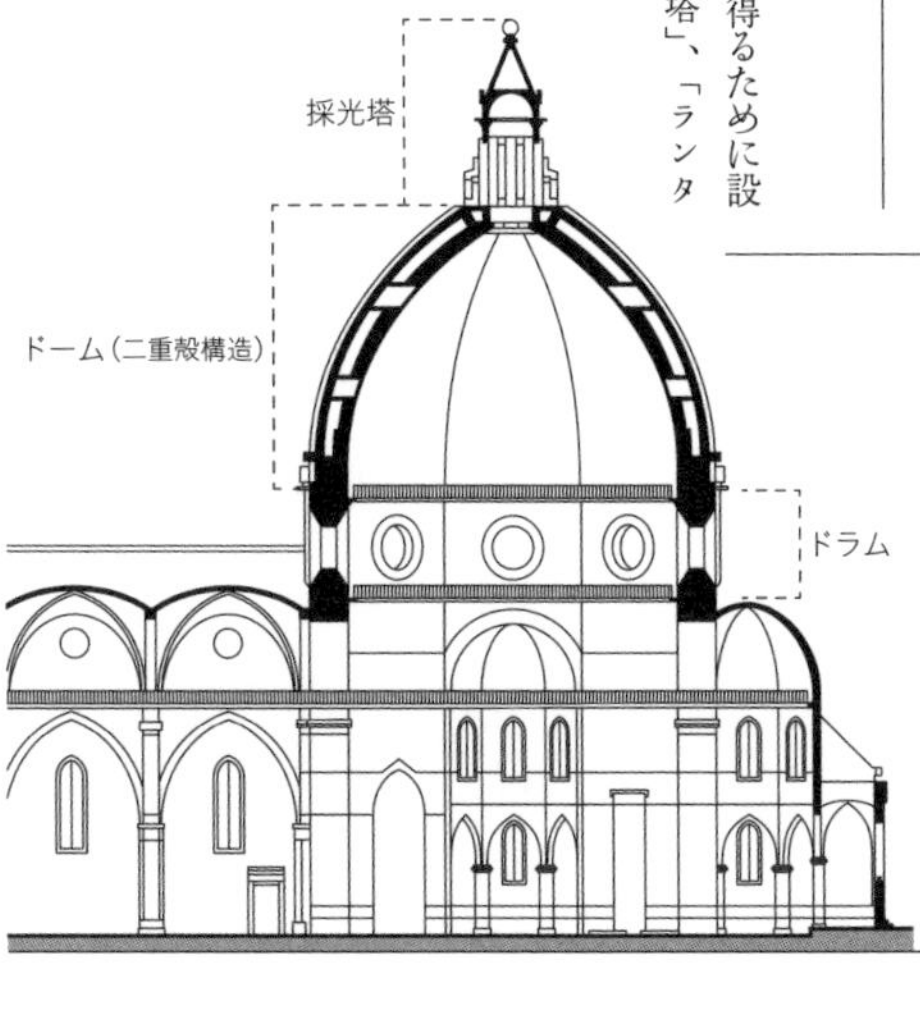

ペンデンティヴ・ドーム

正方形平面に円形平面のドームを架けるときに、四隅の柱や壁の上から立ち上げられ、ドーム底部を支える曲面状の三角形の部材を「ペンデンティヴ」という。ペンデンティヴ・ドームは、ペンデンティヴを用いたドームのこと。

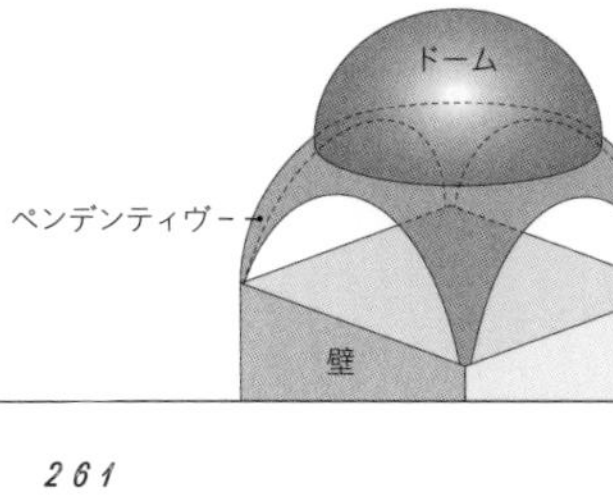

聖堂関連（平面）

バシリカ

古代ローマの公共建築で、都市の中央広場（フォルム）に面して、1階部分が列柱廊で開放的につくられる。そのため原則として矩形平面となるが、のちのトラヤヌス帝のバシリカに見られるように、端部にエクセドラをそなえた形態も登場した。多くの人数を収容でき、技術的にも建設しやすかったため、のちにキリスト教の聖堂にも応用されるようになった。固有名詞となっている例では、パエストゥムにあるアルカイック期の神殿であるバシリカや、ヴィチェンツァにあるアンドレア・パラーディオのバシリカが挙げられる。

三葉形平面

入口の部分を除いた三方が半円形に突出し、三葉を形成する平面のこと。古代ローマでは、建物や部屋の機能とは無関係に、浴場や墓廟、トリクリニウム（横臥式食卓）などにしばしば見られる。中世以降の聖堂建築では、後陣と交差廊の部分に三葉形平面が採用されるのが一般的で、その場合にはフィレンツェ大聖堂のように、半円形ではなく多角形となる例も多い。

ギリシア十字形平面とラテン十字形平面

ギリシア十字は腕（または足）の長さがすべて等しい赤十字のような十字形で、ラテン十字は足の部分のみが長い十字形のこと。キリスト教の聖堂ではいずれも平面の形としてしばしば採用され、前者は「集中式」、後者は「バシリカ式」に分類される。

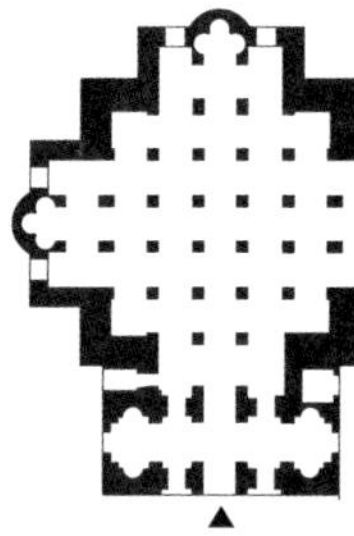

ギリシア十字形

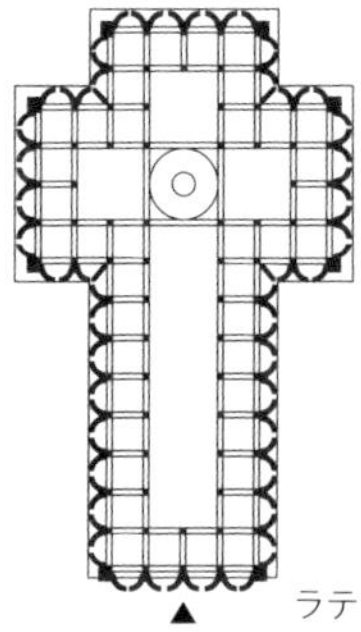

ラテン十字形

身廊

キリスト教の聖堂において、信徒たちが集うことを目的とした最も広い空間で、中央入口から主祭壇が設置される内陣の手前までを指す。バシリカ式の場合、小規模なものは身廊が1つの単廊式が一般的だが、規模が大きくなるにつれて身廊の両脇にアーケードや列柱廊で区分けされた「側廊」が設けられることで、三廊式や五廊式となる。ただし、側廊の幅や天井高は身廊よりも小さめになり、身廊の内部立面は側廊よりも上に採光のための高窓が設けられるのが通例である。また、身廊や側廊の外側に礼拝堂が並んでいても、礼拝堂は廊に含まれないので、七廊式以上の例はめったに存在せず、身廊と側廊の数が合わせて偶数となることも非常に少ない。バシリカ式でもラテン十字形平面の場合、身廊と交差廊（袖廊）との交差部は、ドームや塔で覆われた特別な場所となることも多く、身廊とは区別される。そのため、ギリシア十字形や円形、多角形などの集中式平面の聖堂では原則として身廊は存在せず、中心となる空間を取り巻く副次的な空間は、側廊ではなく「周歩廊」と呼ばれる。なお、周歩廊はしばしばゴシック様式の聖堂内陣を取り巻く部分にも用いられ、その外側に放射状に礼拝堂が設けられる。このような礼拝堂は「放射状祭室」と呼ばれる。

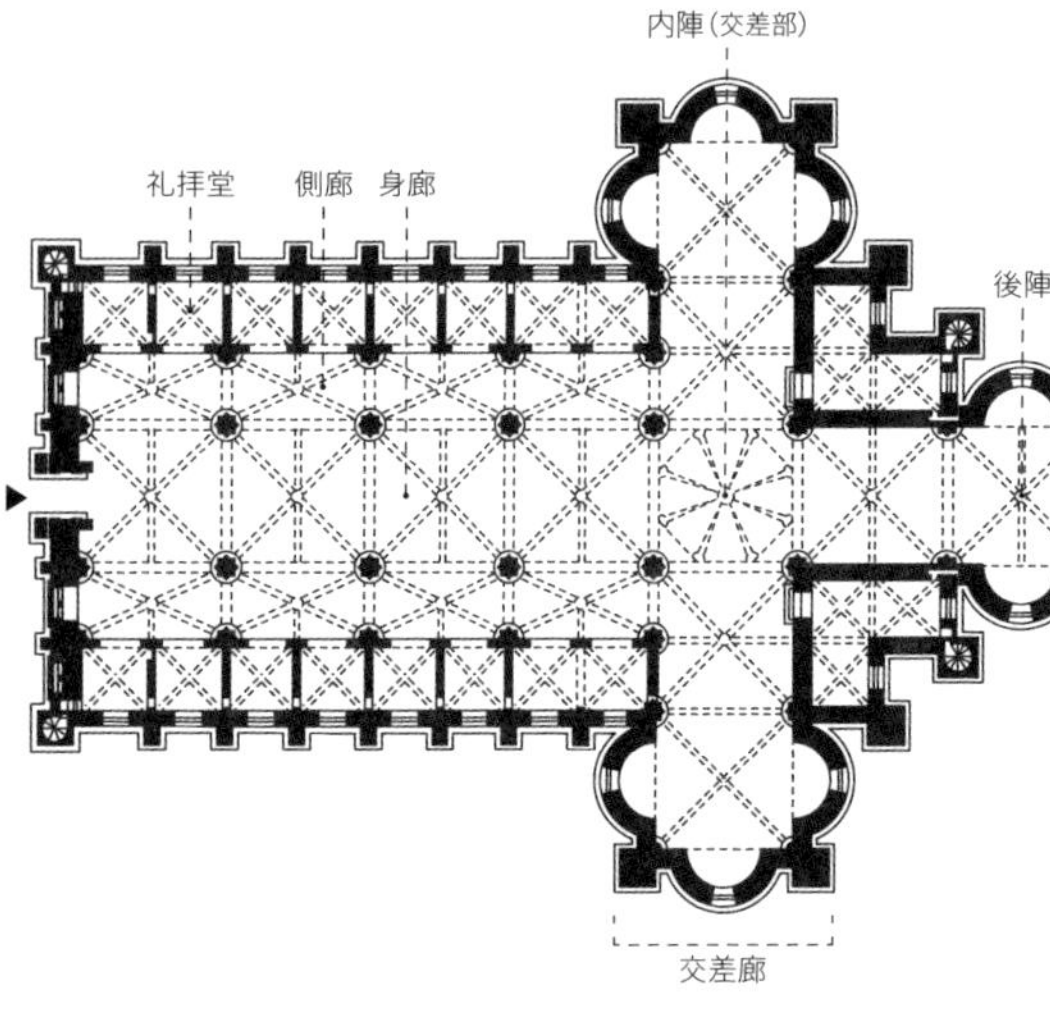

後陣

キリスト教の聖堂で内陣よりも奥に設けられ、壁面から半円形や多角形に突出した部分を指す。内陣と一体化されている例も多い。「アプス」や「アプシス」とも呼ばれ、アーチや四分球状のドームが架けられることに由来する。また、「トリビューン」（聖堂の2階部分という意味もあり、左頁「トリフォリウム」の項目を参照）とも呼ばれるが、この語は演壇、聖堂であれば主祭壇に由来する。いずれも形態的にはエクセドラと似ているが、エクセドラの場合は宗教建築のみならず、ほかの建築類型の同様の形態も含まれ、設置される場所もさまざまである。

交差廊

十字形平面の聖堂建築の両腕にあたる部分を指し、「袖廊《しゅろう》」とも呼ばれる。

内陣障壁（トルナコーロ）

聖堂内で内陣と身廊（外陣）とを区分けするために設けられた壁や柵などのこと。時代や地域によって形態はさまざまであり、内陣障壁がない例も多い。東方との結びつきの強いヴェネツィア共和国における中世やルネサンスの聖堂では、しばしば内陣障壁が設けられた。「トルナコーロ」とは内陣障壁の一種で、サンミケーリのヴェローナの作品では、内陣を取り囲む曲線状の平面に円柱が並んだ形態となっている。

聖堂関連（立面）

トリフォリウム

聖堂内部の身廊立面における、最下層の大アーケードと最上層の高窓との間の中間層のこと。通路幅程度の床が設けられて、身廊に対して開放されてはいるものの、天井高は低い。同じ中間層でありながら、側廊と同じ幅、大アーケードとほぼ同じ高さをもち、2階として使用できるくらい大きなものは「トリビューン」と呼ばれて区別される。トリビューンはプレ・ロマネスクやビザンティン様式の聖堂に古くから見られ、トリフォリウムはゴシック様式の聖堂から登場するようになった。過渡期にあたる初期ゴシックの聖堂には、トリビューンの上にトリフォリウムが設けられ、全体で4層構成の身廊立面の例も少数ながら存在する。

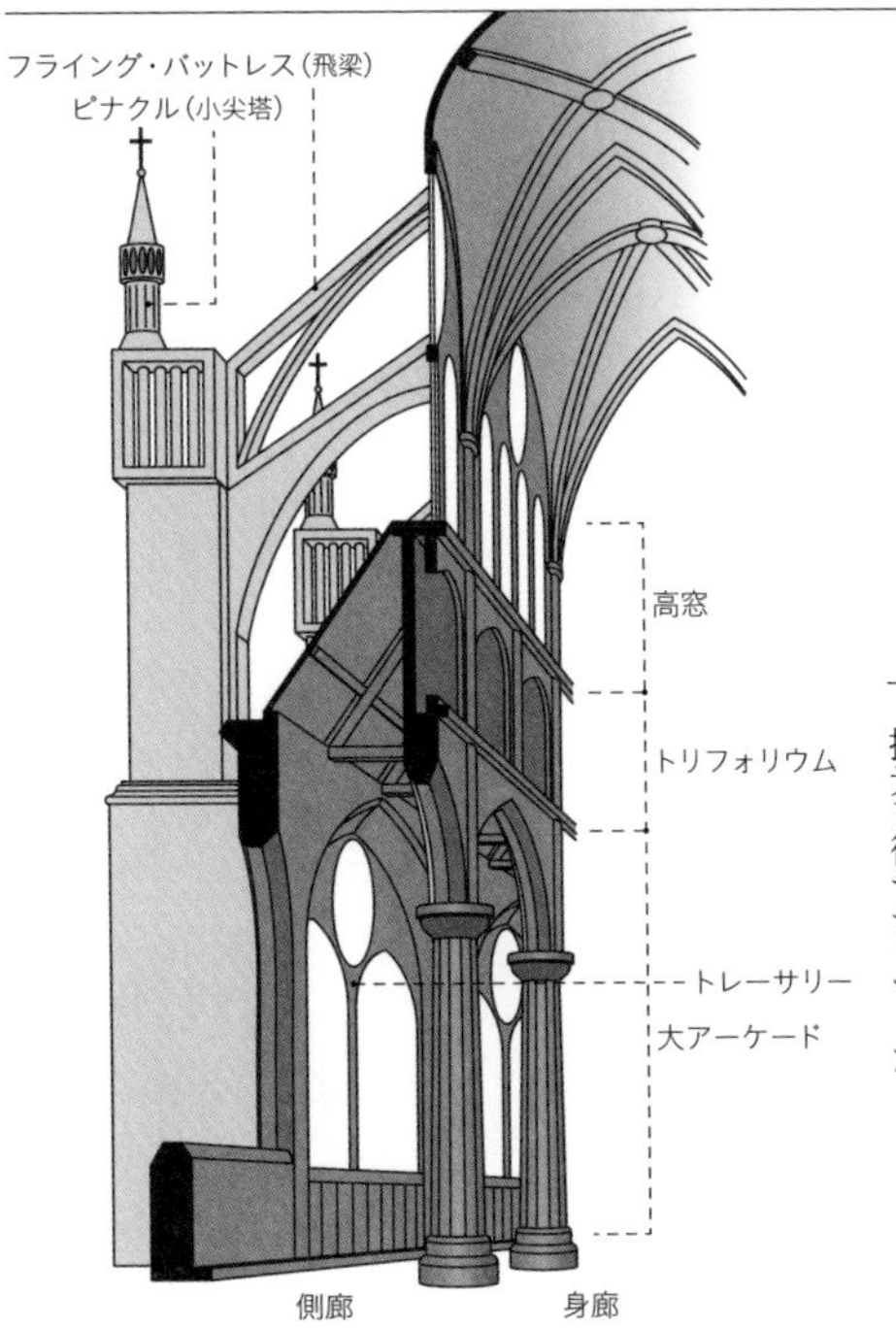

高窓

聖堂内部の身廊立面の最上層に、採光のために設けられた大きな窓列のこと。「クリアストーリー」とも呼ばれる。とりわけフランス・ゴシックの聖堂では、高窓はステンドグラスで飾り立てられた。

ピナクル

ゴシック建築の屋根飾りとして林立する小さな尖塔のこと。内部空間は設けられていない。

フライング・バットレス

身廊のヴォールト天井による推力が生じる側壁の部分から、側廊外壁の控壁（バットレス）へと連結したアーチ状の部材のこと。「飛梁《とびばり》」とも呼ばれる。これによって身廊の天井を高くし、高窓の面積を増やすことができたため、採光を得やすくなった。

トレーサリー

窓内に組み込まれる装飾的な石造の窓枠のこと。ゴシック様式の聖堂の高窓や修道院回廊などにしばしば見られる。

古代神殿関連

シュンメトリア

ウィトルウィウスの『建築十書』に登場する重要な美的概念の1つ。古代ギリシア語の「シュンメトリア」は、人体や建築などの全体と各部位の寸法が、ある共通の尺度で割り切れる比例関係を保っていることを意味した。例えば神殿建築の場合、円柱底面の直径を1と定めると、柱高やエンタブラチュアの高さ（梁せい）などのあらゆる寸法が自動的に決定する。人体と建築との類似性は、レオナルド・ダ・ヴィンチをはじめとする芸術家が正方形と円形に内接する人体（ウィトルウィウス的人体）の図をしばしば描いているように、ルネサンス期には集中式平面が流行した。幾何学的な「シンメトリー」（左右対称性）は、そのうちのごく限定的な意味となる。

ペディメント

三角ペディメントとは、切妻壁の頂部や開口部の上に設けられる三角形の破風のことで、西洋では宗教建築のシンボルともいえる。古典建築では、特に開口部の場合、三角形のかわりに円弧でできた、くし形ペディメントもよく用いられる。

三角ペディメント

くし形ペディメント

住宅建築関連

ピアノ・ノービレ

直訳すると「高貴な階」という意味で、主要階のこと。都市型の邸宅や公共施設では、おもに2階を指し、大広間が設けられることが多い。

パラペット

建物の屋上やテラスの外周などに設けられた、人の落下を防ぐための低い壁のこと。

アトリウム

古代ローマの都市型住宅で、ウェスティブルム（玄関）の奥に配置される半公共的な性格をもつ広間のこと。採光や通風のために屋根には天窓が開けられるため、その真下に雨を受ける水盤が置かれた。古代エトルリアの住宅にも存在していたと考えられる。また、初期キリスト教時代の聖堂で、正面入口の前に配置される回廊も「アトリウム」と呼ばれ、洗礼志願者のための空間としてしばしば噴水が設置される。さらに現在のオフィスビルなどで、エントランスホールとして設けられたガラス張りで吹き抜けの大空間も「アトリウム」と呼ばれるが、古代ローマのアトリウムのように半公共的な性格をそなえており、誰もが自由に出入りできる点は共通している。

カントリー・ハウス

16世紀以降のイングランドで田園地帯に建てられた貴族や領主の邸宅。広大な土地を有するのが特徴である。農民の家ではないので、日本語訳としては「田舎の家」とは呼ばれず、そのままカタカナ表記されるのが一般的。

マナー・ハウス

中世のイングランドで田園地帯に建てられた、荘園（マナー）の地主である領主の邸宅。カントリー・ハウスと似ているが、下級の貴族が所有する邸宅であるため、規模は小さくなる。

石材・壁面仕上げ関連

切石

おもに直方体のブロックとして切り出された石材のことで、これを多数用いて築き上げられた壁を「切石積み」という。表面仕上げや目地の違いによって、さまざまなバリエーションがある。「ピエトラ・セレーナ」はフィレンツェで産出する灰色の石材で、ブルネレスキの建築のトレードマークの1つ。

網目積み

壁面に斜め45度の格子がつくられるように石材を積み上げる工法のこと。古代ローマ建築にしばしば採用された。コーナーや開口部をきれいに納めることが難しく、また目地が一直線になるため、構造的に弱いという欠点がある。

矢筈積み

矢の末端や杉綾、魚の骨のようにレンガを組み合わせる工法のこと。

ルスティカ仕上げ

（粗面仕上げ）

切石が積まれた壁の表面を、凹凸のあるまま仕上げる方法。荒々しい仕上げとなるのが一般的だが、ブロックの表面を滑らかに仕上げる場合も目地からは突出させた形となり、またダイヤモンド状にきれいに仕上げることもある。古代ローマ建築で採用されていたが、中世のイタリアでは城塞などにもしばしば用いられた。ルネサンス建築では、パラッツォのファサード下層によく見られる。石材のみならず、レンガの壁をストゥッコで凹凸をつけて仕上げることもある。

ストゥッコ

「化粧漆喰」や「スタッコ」とも呼ばれる。古代ローマ建築やイスラーム建築でも壁や天井の仕上げなどに使用されていた。

持送り

壁や柱から突出するように設けられた、床や軒などを支える小さな部材のこと。古典建築では渦巻きなどの装飾を伴うことが多い。

ニッチ

壁面内に彫像などを置くために設けられたくぼみのことで、半円形平面となることが多い。「壁龕《へきがん》」とも呼ばれる。

エクセドラ

建物の一部が半円形状に突出した壁のこと。形態的にはニッチと似ているが、規模はずっと大きくなり、上部が半ドームで覆われることが多い。古代ローマ建築では、湾曲した壁に沿ったベンチが設けられてトリクリニウム（横臥式食卓）などに用いられ、中世以降のキリスト教の聖堂建築ではアプシスを形成する。

ガーゴイル

雨樋の排水口となる怪物彫刻のこと。ヨーロッパの組積造建築では、一般に軒先があまり張り出していないことから、屋根から流れ落ちる雨水によって壁が傷まないようにするための工夫である。

装飾関連

テラコッタ

イタリア語で「焼いた土」という意味で、建築や彫刻、陶器などに使用される素焼きの焼き物のこと。

浮彫

背景となる地よりも図の部分が突出するようにつくる彫刻の技法のこと。浮き出しの高低に応じて、高浮彫、低浮彫のように分類される。

グロテスク装飾

15世紀末にローマで発掘されたネロ帝のドムス・アウレアでは、人や動植物からなる複雑な装飾文様が壁面に施されていた。「グロテスク」という名称は、この装飾文様が地下のグロッタ（洞窟）から発見されたことに由来する。ラファエロがこの装飾を好んで、ヴァティカン宮殿やヴィッラ・マダマのロッジアで採用したことから、ルネサンス期には住宅などの内部装飾として流行した。

花綱装飾

花や果実、枝葉などを帯状につなぎ合わせ、その中央部が緩やかに垂れ下がるように、両端部を水平に保った形の装飾。古典建築のフリーズや墓碑などにしばしば設けられる。

盾形紋章

ヨーロッパの紋章は、尖頭アーチを天地逆にしたような盾の形をとるものが多い。紋章の種類には個人や家系、都市や国などによりさまざまあり、盾が分割されて複数の図像が表現されることもある。

そのほか建築関連

ブラッチョ

イタリアで用いられた、腕の長さを基準とした寸法。地方によって若干の差はあるが、1ブラッチョは約60センチメートル。複数形は「ブラッチャ」。

グロッタ

庭園や室内につくられた人工の洞窟のこと。異教の神々の彫像や噴泉などで飾り立てられる。古代ローマにしばしば見られ、ルネサンス期に再流行した。

オベリスク

古代エジプト期につくられた、1本の石からなる独立した記念柱のこと。正方形断面で上に向かうにつれて徐々に細くなり、頂部はピラミッド状となるのが一般的である。帝政期のローマに数多く移築され、しばしば戦車競技場（キルクス）の中央部などに設置された。のちにバロック期のローマでは、聖堂前の広場などに噴水彫刻やモニュメンタルな階段とともに目印として設置された形で現存している。巨大なオベリスクがルネサンス期に新たに制作されることはほとんどなかったが、ヴェネツィア共和国の都市で小さなオベリスクが屋根飾りとして設置された建築が多く見られるのは、ヴェネツィアで1499年に出版されたフランチェスコ・コロンナの文学作品『ヒュプネロトマキア・ポリフィリ』（ポリフィロの夢のなかの愛の戦い）の影響が大きい。ルネサンス期には、わずかながらエジプト建築の再発見も行われたのである。

フォルム・ロマヌム

「フォルム」とは古代ローマの都市で、市民たちの日常生活の中心となる広場のこと。ギリシアのアゴラに相当する。南北の大通りカルドと東西の大通りデクマヌスとの交差点の付近に設けられることが多く、広場の周囲は列柱廊をそなえたバシリカが設けられた。フォルム・ロマヌムはローマのフォルム。

主要参考文献

参考文献について

ルネサンス建築に関する研究は膨大にあり、参考文献をまとめるだけでも一冊の本ができあがるくらいの作業を必要とする。本書の参考文献は二部からなり、全体ないしは複数の章に関するものを項目ごとに整理してから、章ごとに分類した。

選定の基準としては、まず単行本に絞り、本書の執筆にあたって参照した文献を中心に選んだ。日本語で読める文献もなるべく多く取り上げるようにしたが、絵画や彫刻に関する文献については建築と関連するものに限定した。

序章の古代建築や中世建築に関する文献についても同様に、ルネサンス建築と関連するものに限定した。また、第7章と第8章は、現在の国ごとにおおまかに分類した。

原典史料についてはラテン語やイタリア語の原著と、英語訳や日本語訳の両方とをできるだけ掲載するようにしたが、筆者が参照した原著と翻訳書の底本とは必ずしも一致していない。そのほかの研究書については、原著のみ掲載されているものもあれば、翻訳書のみ掲載されているものもある。さらに詳細な参考文献に関しては、「概説書・論文集」で取り上げられた文献にそれぞれ掲載されているので、それらを参照されたい。

参考文献リスト

一、全体ないしは複数の章に関する参考文献

1 原典史料

〔伝記類〕

ヴェスパシアーノ・ダ・ビスティッチ『ルネサンスを彩った人びと』岩倉具忠他訳、臨川書店、2000年

アスカニオ・コンディヴィ『ミケランジェロ伝』高田博厚訳、岩崎美術社、1978年

A. Manetti, *The Life of Brunelleschi by Antonio di Tuccio Manetti*, ed. by H. Saalman, Pennsylvania, 1970.

A. Manetti, *Vita di Filippo Brunelleschi*, ed. by D. De Robertis, Milano, 1976.（邦訳書…アントニオ・マネッティ『ブルネッレスキ伝』浅井朋子訳、中央公論美術出版、1989年）

G. Vasari, *Le vite de' più eccelenti pittori, scultori e architetti*, 2nd ed., Firenze, 1568, ed. by G. Milanesi, 9 vols, Firenze, 1878-85, repr. 1981.（邦訳書…ジョルジョ・ヴァザーリ『美術家列伝』森田義之他監修、全6巻、中央公論美術出版、2014年から刊行中）

『カーレル・ファン・マンデル「北方画家列伝」注解』尾崎彰宏他訳、中央公論美術出版、2014年

〔建築論、芸術論〕

L. B. Alberti, *Della Pittura*, ed. by L. Malle, Firenze, 1950.

L. B. Alberti, *On Painting: A New Translation and Critical Edition*, Cambridge, 2011.（邦訳書…アルベルティ『絵画論』三輪福松訳、中央公論美術出版、1971年）

L. B. Alberti, *De re aedificatoria*, ed. by G. Orlandi, Milano, 1966.

Alberti Index. Leon Battista Alberti: De re aedificatoria, ed. by H. K. Lücke, 4 vols, München, 1975-79.（邦訳書…アルベルティ『建築論』相川浩訳、中央公論美術出版、1982年）

アルブレヒト・デューラー『「測定法教則」注解』下村耕史訳、中央公論美術出版、2008年

アルブレヒト・デューラー『「築城論」注解』下村耕史訳、中央公論美術出版、2013年

Filarete (Antonio Averlino), *Treatise on Architecture*, ed. by J. R. Spencer, 2 vols, New Haven, 1965.

Filarete (Antonio Averlino), *Trattato di Architettura*, ed. by A. M. Finoli & L. Grassi, 2 vols, Milano, 1972.

Francesco di Giorgio Martini, *Trattati di architettura, ingegneria e arte militare*, ed. by C. Maltese, 2 vols, Milano, 1967.

A. Palladio, *I Quattro libri dell' architettura*, ed. by L. Magagnato & P. Marini, Venezia, 1570, repr. Milano 1980.

A. Palladio, *The Four Books on Architecture*, ed. by R. Tavernor & R. Schofield, Cambridge-Mass., 2002.（邦訳書…桐敷真次郎編著『パラーディオ「建築四書」注解』中央公論美術出版、1986年）

A. Palladio, *Antichità di Roma*, Roma, 2009.

Palladio's Rome: A Translation of Andrea Palladio's Two Guidebooks to Rome, ed. by V. Hart & P. Hicks, New Haven, 2006.（邦訳書…『パラーディオのローマ』桑木野幸司訳、白水社、2011年）

V. Scamozzi, *L' idea dell' architettura universale*, 2 vols, Venezia, 1615, repr. Bologna, 1982.

S. Serlio, *Architettura Civile*, Milano, 1994.

S. Serlio, *L' Architettura. I libri I-VII e Extraordinario nelle prime edizioni*, ed. by F. P. Fiore, 2 vols, Milano 2001.

S. Serlio, *On Architecture*, ed. by V. Hart & P. Hicks, 2 vols, New Haven, 1996-2001.

P. Cataneo, G. Barozzi da Vignola *et al.*, *Trattati*, ed. by E. Bassi et al., Milano, 1980.（抄訳［ヴィニョーラ］…長尾重武編『ヴィニョーラ「建築の五つのオーダー」』中央公論美術出版、1984年）

〔ウィトルウィウス『建築十書』〕

Vitruvius, *Ten Books of Architecture. The Corsini Incunabulum with the annotations and autograph drawings of Giovanni Battista da Sangallo*, ed. by I. D. Rowland, Roma, 2003.

Fra Giocondo. *M. Vitruvius per Iocundum solito castigatior factus*, Venezia, 1511.

Vitruvio e Raffaello. Il "De Architectura" di Vitruvio nella traduzione inedita di Fabio Calvo ravennate, ed. by V. Fontana & P. Morachiello, Roma, 1975.

Vitruvius, *De Architectura. Nachdruck der kommentieren ersten italienischen Ausgabe von Cesare Cesariano*, ed. by C. H. Krinsky, München, 1969.

Vitruvio De Architectura translato commentato et affigurato da Caesare Caesariano 1521, ed. by A. Bruschi et al., Milano, 1981.

Cesare Cesariano e il classicismo di primo Cinquecento, ed. by A. Rovetta, Milano, 1996.

Cesare Cesariano. Vitruvio Pollione De Architectura. Libri II-IV. I materiali, i templi, gli ordini, ed. by A. Rovetta, Milano, 2002.

G. B. Caporali. *Architettura con il suo commento di figure Vetruvio in volgar lingua raportato*, Perugia, 1536, repr. Perugia, 1985.

D. Barbaro, *I dieci libri di architettura di M. Vitruvio*, 2nd ed., Venezia, 1567, ed. by M. Tafuri & M. Morresi, repr. Milano, 1987.

Vitruvio, *De Architectura*, ed. by P. Gros, 2 vols, Torino, 1997.

Vitruvius: *Ten Books of Architecture*, ed. by I. D. Rowland *et al.*, Cambridge, 1999.（邦訳書…『ウィトルーウィウス建築書［普及版］』森田慶一訳、東海大学出版会、1979年）

〔その他〕

K. Weil-Garris & J. F. D' Amico, *The Renaissance Cardinal's Ideal Palace: A Chapter from Cortesi's "De Cardinalatu"*, Roma, 1980.

C. Smith & J. F. O' Connor, Building the *Kingdom: Giannozzo Manetti on the Material and Spiritual Edifice*, Tempe, Arizona, 2006.

Raffaello nei documenti, nelle testmonianze dei contemporanei e nella letteratura del suo secolo, ed. by V. Golzio, Città del Vaticano, 1936.（抄訳「ラファエロ書簡」…小佐野重利・姜雄編『ラファエッロと古代ローマ建築　教皇レオ十世書簡に関する研究を中心に』中央公論美術出版、1993年）

Scritti rinascimentali di architettura, ed. by C. Maltese et al., Milano, 1978.

バルダッサーレ・カスティリオーネ『宮廷人』清水純一他訳、東海大学出版会、1987年

『プリニウス書簡集』國原吉之助訳、講談社学術文庫、1999年

Pius II, *Commentaries*, 2 vols, Cambridge, Mass., 2004-07.

ニッコロ・マキァヴェッリ『戦争の技術』服部文彦訳、ちくま学芸文庫、2012年

2 概説書・論文集

〔建築〕

R. Wittkower, *Idea and Image: Studies in the Italian Renaissance*, London, 1978.

J. S. Ackerman, *Distance Points: Studies in Theory and Renaissance Art and Architecture*, Cambridge, Mass., 1991.

ピーター・マレー『イタリア・ルネッサンスの建築』長尾重武訳、鹿島出版会、1991年

M. Tafuri, *Ricerca del Rinascimento*, Torino, 1992.

The Renaissance from Brunelleschi to Michelangelo, ed. by H. A. Millon & V. Magnago Lampugnani, New York-Milano, 1994.

W. Lotz, *Architecture in Italy 1500-1600*, ed. by D. Howard, New Haven, 1995.

L. H. Heydenreich, *Architecture in Italy 1400-1500*, ed. by P. Davies, New Haven, 1996.

ピーター・マレー『ルネサンス建築』桐敷真次郎訳、本の友社、1998年

C. Thoenes, *Sostegno e addornamento*, Milano, 1998.

Storia dell' architettura italiana: Il Quattrocento, ed. by F. P. Fiore, Milano, 1998.

Architecture and Language: Constructing Identity in European Architecture, c. 1000-1650, ed. by G. Clarke & P. Crossley, Cambridge, 2000.

Storia dell' architettura italiana: Il secondo Cinquecento, ed. by C. Conforti & R. J. Tuttle, Milano, 2001.

Storia dell' architettura italiana: Il primo Cinquecento, ed. by A. Bruschi, Milano, 2002.

A. Hopkins, *Italian Architecture from Michelangelo to Borromini, London*, 2002.

A. Bruschi, *L' antico, la tradizione, il moderno: Da Arnolfo a Peruzzi, saggi sull' architettura del Rinascimento*, Milano 2004.

コーリン・ロウ、レオン・ザトコウスキー『イタリア十六世紀建築』稲川直樹訳、六耀社、2006年

F. Lemerle & Y. Powels, *L' architecture à la Renaissance*, Paris, 2008.

ヴォルフガング・ロッツ『イタリア・ルネサンス建築研究』飛ヶ谷潤一郎訳、中央公論美術出版、2008年

H. Günther, *Was ist Renaissance?* Darmstadt, 2009.

クリストフ・ルイトポルト・フロンメル『イタリア・ルネサンスの建築』稲川直樹訳、鹿島出版会、2011年

C. Anderson, *Renaissance Architecture*, Oxford, 2013.

〔美術〕

佐々木英也・森田義之責任編集『世界美術大全集（西洋編11）：イタリア・ルネサンス1』小学館、1992年

久保尋二・田中英道責任編集『世界美術大全集（西洋編12）：イタリア・ルネサンス2』小学館、1994年

佐々木英也・森田義之責任編集『世界美術大全集（西洋編13）：イタリア・ルネサンス3』小学館、1994年

勝國興責任編集『世界美術大全集（西洋編14）：北方ルネサンス』小学館、1995年

森洋子・若桑みどり責任編集『世界美術大全集（西洋編15）：マニエリスム』小学館、1996年

小佐野重利他『西洋美術の歴史4：ルネサンスI』中央公論新社、2016年

大野芳材他『西洋美術の歴史6：17〜18世紀』中央公論新社、2016年

秋山聰他『西洋美術の歴史5：ルネサンスII』中央公論新社、2017年

〔歴史・文化〕

ヤーコプ・ブルクハルト『イタリア・ルネサンスの文化』柴田治三郎訳、全2巻、中公文庫、1974年

ピーター・バーク『イタリア・ルネサンスの文化と社会』森田義之・柴野均訳、岩波書店、1992年

樺山紘一『世界の歴史16：ルネサンスと地中海』中央公論新社、1996年

R. Porter & M. Teich, *The Renaissance in National Context*, Cambridge, 2000.

J. M. Najemy, *Italy in the Age of the Renaissance: 1300-1550*, Oxford, 2005.

ピーター・バーク『ヨーロッパ史入門：ルネサンス』亀長洋子訳、岩波書店、2005年

斉藤寛海他編『イタリア都市社会史入門』昭和堂、2008年

西本晁二『ルネッサンス史』東京大学出版会、2015年

3 建築

〔建築理論と建築オーダー〕

R. Wittkower, *Architectural Principles in the Age of Humanism*, 3rd ed., London, 1962.（邦訳書…ルドルフ・ウィットコウワー『ヒューマニズム建築の源流』中森義宗訳、彰国社、1971年）

E. Forssman, *Dorico, Ionico, Corinzio nell' architettura del Rinascimento*, Roma-Bari, 1988.

Les traités d' architecture de la Renais sance, ed. by J. Guillaume, Paris, 1988.

L' emploi des ordres dans l' architecture de la Renaissance, ed. by J. Guillaume, Paris, 1992.

ジョン・サマーソン『古典主義建築の系譜』鈴木博之訳、中央公論美術出版、1989年

吉田鋼市『オーダーの謎と魅惑：西洋建築史サブノート』彰国社、1994年

Paper Palaces: The Rise of the Renaissance Architectural Treatise, ed. by V. Hart & P. Hicks, New Haven, 1998.

A. A. Payne, *The Architectural Treatise in the Italian Renaissance*, New York-Cambridge, 1999.

C. Thoenes, *Architectural Theory*, Köln, 2003.

Il volgare come lingua di cultura dal Trecento al Cinquecento, ed. by A. Calzona, *et al.*, Firenze, 2003.

ジョン・オナイアンズ『建築オーダーの意味』日高健一郎他訳、中央公論美術出版、2004年

P. Gros, *Vitruve et la tradition des traités d' architecture*, Roma, 2006.

Y. Pauwels, *Aux marges de la règle: Essai sur les ordres d' architecture à la Renais-sance*, Wavre, 2008.

西野嘉章『西洋美術書誌考』東京大学出版会、2009年

G. Morolli, *La lingua delle colonne*, Firenze, 2013.

ユリウス・フォン・シュロッサー『美術文献解題』勝國興訳、中央公論美術出版、2015年

〔建設現場、建築技術〕

R. Goldthwaite, *The Building of Renaissance Florence*, Baltimore-London, 1980.

S. Borsi *et al.*, *Maestri fiorentini nei cantieri romani del Quattrocento*, Roma, 1989.

Les chantiers de la Renaissance, ed. by J. Guillaume, Paris, 1991.

ロバート・マーク『光と風と構造：建築デザインと構造のミステリー』飯田喜四郎訳、鹿島出版会、1991年

R. Marta, *L' architettura del Rinascimento a Roma (1417-1503)*: Tecniche e tipologie, Roma, 1995.

Lo specchio del cielo: Forme significati tecniche e funzioni della cupola dal Pantheon al Novecento, ed. by C. Conforti, Milano 1997.

R. Gargiani, *Principi e costruzione nell' architettura italiana del Quattrocento*, Roma-Bari, 2003.

〔建築類型〕

宗教建築

M. Licht, *L' edificio a pianta centrale: Lo sviluppo del disegno architettonico nel Rinascimento*, Firenze, 1984.

L' église dans l' architecture de la Renaissance, ed. by J. Guillaume, Paris, 1995.

La chiesa a pianta centrale, ed. by B. Adorni, Milano, 2002.

Demeures d' éternité: Églises et chapelles funéraires aux XVe et XVIe siècles, ed. by J. Guillaume, Paris, 2005.

L' Architecture religieuse européenne au temps des Réformes: héritage de la Renaissance et nouvelles problématiques, ed. by J. Guillaume, Paris, 2009.

La place du chœur: Architecture et liturgie du Moyen Âge aux Temps modernes, ed. by S. Frommel & L. Lecomte, Paris, 2009.

パラッツォ

C. L. Frommel, *Der römische Palastbau der Hochrenaissance*, 3 vols, Tübingen, 1973.

J. R. Lindow, *The Renaissance Palace in Florence*, Aldershot, 2007.

ヴィッラと庭園

D. R. Coffin, *The Villa in the Life of Renaissance Rome*, Princeton, 1979.

J. S. Ackerman, *The Villa: Form and Ideology of Country Houses*, Cambridge, Mass., 1990.

M. Mosser, *The Architecture of Western Gardens: A Design History from the Renaissance to the Present Day*, Camb-ridge, Mass., 1991.

M. Azzi Visentini, *La villa in Italia: Quattrocento e Cinquecento, Milano, 1995.*

Maisons de champs dans l' Europe de la Renaissance, ed. by M. Chatenet, Paris, 2006.

D. R. Coffin, *Magnificent Buildings, Splendid*

Gardens, Princeton, 2008.
H. Burns, *La villa italiana del Rinascimento*, Vicenza, 2012.
横山正『ヨーロッパの庭園』講談社、1988年
R. Fabiani Giannetto, *Medici Gardens*, Pennsylvania, 2008.
A. Lillie, *Florentine Villas in the Fifteenth Century: An Architectural and Social History*, Cambridge, 2011.
桑木野幸司『ルネサンス庭園の精神史』白水社、2019年

軍事施設

J. R. Hale, *Renaissance Fortification: Art or Engineering?* London, 1977.
A. Chastel *et al.*, *L'architettura militare veneta del Cinquecento*, Milano, 1988.
太田静六『ヨーロッパの古城：城郭の発達とフランスの城』吉川弘文館、1989年
白幡俊輔『軍事技術者のイタリア・ルネサンス』思文閣出版、2012年
J. E. カウフマン、H. W. カウフマン『中世ヨーロッパの城塞』中島智章訳、マール社、2012年

（建築素描）

H. Günther, *Das Studium der Antiken Architektur in den Zeichnungen der Hochrenaissance*, Tübingen, 1988.
Il disegno di architettura, ed. by P. Carpeggiani & L. Patetta, Milano, 1989.
J. S. Ackerman, *Origins, Imitation, Conventions*, Cambridge, Mass., 2002.
Le due Rome del Quattrocento: Melozzo, Antoniazzo e la cultura artistica del' 400, ed. by S. Rossi & S. Valeri, Roma 1997.
P. Clini, *Vitruvio e il disegno di architettura*, Venezia, 2012.

（透視図法、その他）

ロイ・ストロング『ルネサンスの祝祭：王権と芸術』星和彦訳、全2巻、平凡社、1987年
辻茂『遠近法の誕生』朝日新聞社、1995年
エルヴィン・パノフスキー『「象徴（シンボル）形式」としての遠近法』木田元監訳、ちくま学芸文庫、2009年
Perspective, Projections and Design: Technologies of Architectural Representation, ed. by. M. Carpo & F. Lemerle, London-New York, 2007.
F. Camerota, *La prospettiva del Rinascimento*, Milano, 2006.

4　地域・都市

（総論）

Fabbriche, Piazze, Mercati: La città italiana nel Rinascimento, ed. by D. Calabi, Roma, 1997.
D. Calabi, *La città del primo Rinascimento*, Roma-Bari 2001.
M. Fantoni, *Il potere dello spazio: Principe e città nell'Italia dei secoli XV-XVI*, Roma, 2002.
C. Conforti, *La città del tardo Rinascimento*, Roma-Bari, 2005.
P. N. Balchin, *Urban Development in Renaissance Italy*, Chichester, West Sussex, 2008.
黒田泰介『イタリア・ルネサンス都市逍遥』鹿島出版会、2011年

（フィレンツェ）

高階秀爾『フィレンツェ』中公新書、1966年
ランドゥッチ『ランドゥッチの日記』中森義宗・安保大有訳、近藤出版社、1972年
佐々木英也監修『NHKフィレンツェ・ルネサンス』全5巻、日本放送出版協会、1991年
G. A. Brucker, *Florence: The Golden Age, 1138-1737*, Berkeley-Los Angeles-London, 1998.
若桑みどり『世界の都市の物語フィレンツェ』文春文庫、1999年
ジーン・ブラッカー『ルネサンス都市フィレンツェ』森田義之・松本典昭訳、岩波書店、2011年
石鍋真澄『フィレンツェの世紀』平凡社、2013年
池上俊一『フィレンツェ：比類なき文化都市の歴史』岩波新書、2018年

（ローマ）

P. Tomei, *L'architettura a Roma nel Quattrocento*, Roma, 1942.
T. Magnuson, *Studies in Roman Quattrocento Architecture*, Stockholm, 1958.
V. Golzio & G. Zander, *L'arte in Roma nel secolo XV*, Bologna, 1968.
C. W. Westfall, *In This Most Perfect Paradise: Alberti, Nicholas V and the Invention of Conscious Urban Planning in Rome, 1447-1455*, University Park, 1974.
C. L. Stinger, *The Renaissance in Rome*, Bloomington, 1985.
C. L. Frommel, *Architettura alla corte papale del Rinascimento*, Milano, 2003.
Rome, ed. by M. B. Hall, Cambridge, 2005.
アンドレ・シャステル『ローマ劫掠 一五二七年、聖都の悲劇』越川倫明他訳、筑摩書房、2006年
Domus et splendida palatia, ed. by A. Monciatti, Pisa, 2006.
D. Karmon, *The Ruin of the Eternal City: Antiquity and Preservation in Renaissance Rome*, Oxford, 2011.
J. Burke, *Rethinking the High Renaissance: The Culture of the Visual Arts in Early Sixteenth-Century Rome*, Farnham, 2012.

（ヴェネツィア）

F. C. Lane, *Venice: A Maritime Republic*, Baltimore-London, 1973.
Architettura e Utopia nella Venezia del Cinquecento, ed. by L. Puppi, Milano, 1980.
R. Lieberman, *Renaissance Architecture in Venice*, London, 1982.
M. Tafuri, *Venezia e il Rinascimento*, Torino, 1985.
D. Calabi & P. Morachiello, *Rialto: le fabbriche e il Ponte*, Torino, 1987.
N. Huse, *The Art of Renaissance Venice: Architecture, Sculpture, and Painting, 1460-1590*, Chicago, 1990.
E. Concina, *Storia dell'architettura di Venezia dal VII al XX secolo*, Milano, 1995.
D. Howard, *Venice and the East*, New Haven, 2000.
M. Georgopoulou, *Venice's Mediterranean Colonies*, Cambridge, 2001.
D. Howard, *The Architecturl History of Venice*, New Haven, 2002.
W. H. マクニール『ヴェネツィア』清水廣一郎訳、岩波書店、2004年
アルヴィーゼ・ゾルジ『ヴェネツィア歴史図鑑：都市・共和国・帝国 697-1797年』金原由紀子他訳、東洋書林、2005年
D. Howard, *Venice Disputed*, New Haven, 2011.
陣内秀信『水都ヴェネツィア：その持続的発展の歴史』法政大学出版局、2017年
宮下規久朗『ヴェネツィア：美の都の一千年』岩波新書、2016年

5　建築家

（総論）

スピロ・コストフ『建築家：職能の歴史』槇文彦監訳、日経アーキテクチュア、1981年

（ブルネレスキ）

E. Battisti, *Filippo Brunelleschi*, Milano, 1976.
C. L. Ragghianti, *Filippo Brunelleschi, un uomo, un universo*, Firenze, 1977.
Filippo Brunelleschi: La sua opera e il suo tempo, 2 vols, Firenze, 1980.
H. Klotz, *Filippo Brunelleschi*, London, 1990.
H. Saalman, *Filippo Brunelleschi: The Building*, London, 1993.
ジョヴァンニ・ファネッリ『ブルネレスキ』児嶋由枝訳、東京書籍、1994年
A. Bruschi, *Filippo Brunelleschi*, Milano, 2006.
福田晴虔『ブルネッレスキ』中央公論美術出版、2011年

（アルベルティ）

F. Borsi, *Leon Battista Albert: Opera completa*, Milano, 1975.
Leon Battista Alberti, ed. by J. Rykwert *et al.*, Milano, 1994.
C. Syndikus, *Leon Battista Alberti: das Bauornament*, Münster, 1996.
V. Biermann, *Ornamentum: Studien zum Traktat' De re aedificatoria' des Leon Battista Alberti*, Hildesheim, 1997.
R. Tavernor, *On Alberti and the Art of Building*, New Haven, 1998.
F. Borsi *et al.*, *Leon Battista Alberti: Architettura e cultura*, Firenze, 1999.
La Roma di Leon Battista Alberti: Umanisti, architetti e artisti alla scoperta dell'antico nella città del Quattrocento, ed. by F. P. Fiore, Milano, 2005.
Leon Battista Alberti e l'architettura, ed. by M. Bulgarelli et al., Milano, 2006.
Leon Battista Alberti: Teorico delle arti e gli impegni civili del "De re aedificatoria", ed. by A. Calzona et al., 2 vols, Firenze, 2007.
F. P. Fiore *et al.*, *La vita e il mondo di Leon Battista Alberti*, 2 vols, Firenze, 2008.
Leon Battista Alberti: Architettura e committenti, ed. by A. Calzona et al., 2 vols, Firenze, 2009.
アンソニー・グラフトン『アルベルティ』森雅彦他訳、白水社、2012年

（ブラマンテ）

A. Bruschi, *Bramante architetto*, Bari, 1969.（邦訳書…アルナルド・ブルスキ『ブラマンテ ルネサンス建築の完成者』稲川直樹訳、中央公論美術出版、2002年）
Studi bramanteschi, Roma 1974.
F. Borsi, *Bramante*, Milano, 1989.
Donato Bramante: Ricerche, proposte, riletture, ed. by F. P. Di Teodoro, Urbino, 2001.
L. Patetta, *Bramante architetto e pittore (1444-1514)*, Palermo, 2009.

（ミケランジェロ）

J. S. Ackerman, *The Architecture of Michelangelo*, 2 vols., London, 1961.（邦訳書…ジェームズ・アッカーマン『ミケランジェロの建築』中森義宗訳、彰国社、1976年）
G. C. Argan, B. Contardi, *Michelangelo architetto*, Milano, 1990.
G. Maurer, *Michelangelo die Architekturzeichnungen: Entwurfsprozess und Planungspraxis*, Regensburg, 2004.
Michelangelo e il disegno di architettura, ed. by C. Elam, Venezia, 2006.
Michelangelo architetto a San Lorenzo, ed. by P. Ruschi, Firenze, 2007.
C. Brothers, *Michelangelo, Drawing, and the Invention of Architecture*, New Haven, 2008.
Michelangelo architetto a Roma, ed. M. Mussolin, Milano, 2009.
P. Ruschi, *Michelangelo architetto nei disegni della Casa Buonarroti*, Milano, 2011.
Michelangelo e il linguaggio dei disegni di architettura, ed. by G. Maurer & A. Nova, Venezia, 2012.
シャルル・ド・トルナイ『ミケランジェロ：画家・彫刻家・建築家』田中英道訳、岩波書店、1978年
A. Bedon, *Il Campidoglio*, Milano, 2008.
シャルル・ド・トルネイ『ミケランジェロ素描全集』摩寿意善郎・吉川逸治監修、全4巻、講談社、1978-82年
アレッサンドロ・ノーヴァ『建築家ミケランジェロ』日高健一郎他訳、岩崎美術社、1992年
シャルル・ド・トルナイ『ミケランジェロ：芸術と思想』上平貢訳、人文書院、1982年
『ミケランジェロ展』ピーナ・ラジョニエーリ他編、展覧会カタログ、山梨・東京・広島、2016年

（パラーディオ）

J. S. Ackerman, *Palladio*, Harmondsworth, 1966.（邦訳書…『パラーディオの建築』中森義宗訳、鹿島出版会、1979年）
L. Puppi, *Andrea Palladio*, Milano, 1973.
Palladio. Catalogo della Mostra, ed. by R. Cevese, Milano, 1973.
Palladio: La sua eredità nel mondo, Venezia, 1980.
D. Lewis, *The Drawings of Andrea Palladio*, Washington D. C., 1981.
L. Puppi, *Palladio: Corpus dei disegni al Museo Civico di Vicenza*, Milano, 1989.
Andrea Palladio: Nuovi contributi, ed. by A. Chastel & R. Cevese, Milano, 1990.
B. Boucher, *Andrea Palladio: The Architect in His Time*, New-York-London, 1998.
P. Gros, *Palladio e l'antico*, Venezia, 2006.
Gabinetto Disegni e Stampe dei Musei Civici a Vicenza, ed. by. M. E. Avagnina & G. C. F. Villa, Vicenza, 2007.
H. Burns & G. Beltramini, *Palladio*, Venezia, 2008.

6　パトロン

（総論）

Patronage, Art and Society in Renaissance Italy, ed. by. F. W. Kent et al., Oxford, 1987.
エウジェニオ・ガレン編『ルネサンス人』近藤恒一・高階秀爾訳、岩波書店、1990年
M. Hollingsworth, *Patronage in Renaissance Italy: From 1400 to the Early Sixteenth Century*, London, 1994.
Arte, committenza ed economia a Roma e nelle corti del Rinascimento, ed. by A. Esch & C. L. Frommel, Torino, 1995.
The Search for a Patron in the Middle Ages and the Renaissance, ed. by D. G. Wilkins & R. L. Wilkins, Lewiston-Queenston-Lampeter, 1996.
高階秀爾『芸術のパトロンたち』岩波新書、1997年
ガイ・フィッチ・ライトル、スティーヴン・オーゲル編『ルネサンスのパトロン制度』有路雍子他訳、松柏社、2000年
Il principe architetto, ed. by A. Calzona et al., Firenze, 2002.
Princes and Princely Culture, 1450-1650, ed. by. M. Gosman et al., Leiden, 2005.
セルジョ・ベルテッリ『ルネサンス宮廷大全』川野美也子訳、東洋書林、2006年
C. L. Frommel, *Architettura e committenza da Alberti a Bramante*, Firenze, 2006.
Communes and Despots in Medieval and Renaissance Italy, ed. by. B. Paton & J. Law, Farnham, 2010.

（メディチ家）

Cosimo 'il Vecchio' de' Medici 1389-1464, ed. by F. Ames-Lewis, Oxford, 1992.
D. Kent, *Cosimo de' Medici and the Florentine Renaissance*, New Haven, 2000.
M. Vitiello, *La committenza medicea nel Rinascimento*, Roma, 2004.
根占献一『ロレンツォ・デ・メディチ』南窓社、1997年
森田義之『メディチ家』講談社現代新書、1999年
藤澤道郎『メディチ家はなぜ栄えたか』講談社選書メチエ、2001年
北田葉子『近世フィレンツェの政治と文化：コジモ一世の文化政策（1537-60）』刀水書房、2003年
松本典昭『パトロンたちのルネサンス』NHKブックス、2007年

（ローマ教皇、枢機卿）

Sisto IV e Giulio II: Mecenate e promotori di cultura, ed. by S. Bottaro et al., Savona, 1985.
E. McCahill, *Reviving the Eternal City: Rome and the Papal Court, 1420-1447*, Cambridge-Mass., 2013.
ベルンハルト・シンメルペニッヒ『ローマ教皇庁の歴史：古代からルネサンスまで』甚野尚志訳（刀水書房、2017年）
D. Frapiccini, *L'età aurea di Giulio II*, Roma, 2013.
I. F. Verstegen, *Patronage and Dynasty: The rise of the Della Rovere in Renaissance Italy*, Kirksville, 2007.

二、章ごとの参考文献

序章

（古代・中世とルネサンスとの関係）

R. Lanciani, *Storia degli scavi di Roma e notizie intorno le collezioni romane di antichità*, 4 vols, Roma, 1902-12, repr. 6 vols, 1989-2000.
R. Krautheimer, *Early Christian, Medieval and Renaissance Art*, New York-London, 1969.
R. Weiss, *The Renaissance Discovery of Classical Antiquity*, Oxford, 1969.
Classical Influences on European Culture A. D. 500-1500, ed. by R. R. Bolgar, London, 1971.
G. Cipriani, *Il mito etrusco nel rinascimento fiorentino*, Firenze, 1980.
Roma e l'antico nell'arte e nella cultura del Cinquecento, ed. by M. Fagiolo, Roma, 1985.
G. Morolli, *"Vetus Etruria". Il mito degli Etruschi nella letteratura architettonica nell'arte e nella cultura da Vitruvio a Winckelmann*, Firenze, 1985.
Memoria dell' antico nell' arte italiana, ed. by S. Settis, 3 vols, Torino, 1986.
Roma, centro ideale della cultura dell'Antico nei secoli XV e XVI, ed. by S. Danesi Squarzina, Milano, 1989.
G. Germann, *Vitruve et le vitruvianisme*, Lausanne, 1991.
La tradizione medievale nell'architettura italiana dal XV al XVIII secolo, ed. by G. Simoncini, Firenze, 1992.
P. J. Jacks, *The Antiquarian and the Myth of Antiquity: The Origins of Rome in Renaissance Thought*, Cambridge, 1993.
Presenze medievali nell'architettura di età moderna e contemporanea, ed. by G. Simoncini, Milano, 1997.
S. Schuler, *Vitruv im Mittelalter*, Köln, 1999.
A. Palyne *et al.*, *Antiquity and its Inter preters*,

Cambridge, 2000.
Postgotico e Rinascimento, ed. by G. Rocchi Coopmano de Yoldi, Firenze, 2002.
L'invention de la Renaissance, ed. by J. Guillaume, Paris, 2003.
エルヴィン・パノフスキー『ルネサンスの春』中森義宗他訳、新思索社、２００６年
飛ヶ谷潤一郎『盛期ルネサンスの古代建築の解釈』中央公論美術出版、２００７年

第1章

（プロト・ルネサンス（中世末期のトスカーナ））
石鍋真澄『聖母の都市シエナ』吉川弘文館、１９８８年
池上俊一『シエナ：夢見るゴシック都市』中公新書、２００１年
Arnolfo: Alle origini del Rinascimento fiorentino, ed. by E. Neri Lusanna, Firenze, 2005.
Arnolfo di Cambio e la sua epoca, ed. by V. Franchetti Pardo, Roma, 2006.
F. Nevola, *Siena: Constructing the Renaissance City*, New Haven, 2008.

（フィレンツェ大聖堂ドーム）
H. Saalman, *Filippo Brunelleschi. The Cupola of Santa Maria del Fiore*, London, 1980.
ロス・キング『天才建築家ブルネレスキ』田辺希久子訳、東京書籍、２００２年
F. D. Prager & G. Scaglia, *Brunelleschi*, Mineola-New York, 2004.
G. Fanelli & M. Fanelli, *Brunelleschi's Cupola*, Firenze, 2006.
R. Krautheimer, *Lorenzo Ghiberti*, 3rd ed., Princeton, 1982.

（サン・ロレンツォ聖堂旧聖具室）
磯崎新・篠山紀信『建築行脚７：メディチ家の華 サン・ロレンツォ聖堂』六耀社、１９９２年
Il complesso monumentale di San Lorenzo, ed. by U. Baldini & B. Nardini, Firenze, 1984.
Donatello e la Sagrestia Vecchia di San Lorenzo, Firenze, 1986.
Brunelleschi e Donatello nella Sagrestia Vecchia di S. Lorenzo, ed. by U. Baldini, Firenze, 1989.
San Lorenzo, 393-1993, ed. by G. Morolli & P. Ruschi, Firenze, 1993.
San Lorenzo: A Florentine Church, ed. by R. W. Gaston & L. A. Waldman, Firenze, 2017.

（ミケロッツォ）
M. Ferrara & F. Quinterio, *Michelozzo di Bartolomeo*, Firenze, 1984.
Michelozzo scultore e architetto (1396-1472), ed. by G. Morolli, Firenze, 1998.

（ジュリアーノ・ダ・サンガッロ）
S. Borsi, *Giuliano da Sangallo: I disegni di architettura e dell'antico*, Roma, 1985.
S. Frommel, *Giuliano da Sangallo*, Firenze, 2014.
Giuliano da Sangallo, ed. by A. Belluzzi *et al.*, Firenze, 2017.
Giuliano da Sangallo: Disegni degli Uffizi, ed. by D. Donetti *et al.*, Firenze, 2017.

（その他）
Brunelleschiani, ed. by F. Borsi *et al*, Firenze, 1979.
F. W. Kent *et al.*, *A Florentine Patrician and his Palace*, London, 1981.
La Chiesa e il convento di Santo Spirito a Firenze, ed. by C. Acidini Luchinat, Firenze, 1996.
高橋友子『路地裏のルネサンス』中公新書、２００４年

第2章

（リミニ）
P. G. Pasini, *Il Tempio Malatestiano: Splendore cortese e classicismo umanistico*, Milano, 2000.
A. Turchini, *Il Tempio Malatestiano, Sigismondo Pandolfo Malatesta e Leon Battista Alberti*, Cesena, 2000.
Il tempio della meraviglia: Gli interventi di restauro al Tempio Malatestiano per il Giubileo, ed. by C. Muscolino & F. Canali, Firenze, 2007.

（マントヴァ）
E. J. Johnson, *Sant'Andrea in Mantua: The Building History*, University Park, 1975.
A. Calzona & L. Volpi Ghirardini, *Il San Sebastiano di Leon Battista Alberti*, Firenze, 1994.
La Corte di Mantova nell'età di Andrea Mantegna, 1450-1550, ed. by C. Mozzarelli *et al.*, Roma, 1997.
The Court Cities of Northern Italy: Milan, Parma, Piacenza, Mantua, Ferrara, Bologna, Urbino, Pesaro, and Rimini, ed. by C. M. Rosenberg, Cambridge, 2010.

（ピエンツァとピウス二世）
C. R. Mack, *Pienza: The Creation of a Renaissance City*, Ithaca, 1987.
Il sogno di Pio II e il viaggio da Roma a Mantova, ed. by A. Calzona et al., Firenze, 2003.
Pio II e le arti: La riscoperta dell'antico da Federighi a Michelangelo, ed. by A. Angelini, Milano, 2005.
Pio II, la città, le arti: La rifondazione umanistica dell'architettura e del paesaggio, ed. by G. Giorgianni, Siena, 2006.
Pio II Piccolomini: Il Papa del Rinascimento a Siena, Siena, 2009.

（ウルビーノとフランチェスコ・ディ・ジョルジョ）
下村寅太郎『ルネッサンス的人間像：ウルビーノの宮廷をめぐって』岩波新書、１９７５年
Il "Vitruvio Magliabechiano" di Francesco di Giorgio, ed. by G. Scaglia, Firenze, 1985.
Francesco di Giorgio architetto, ed. by. F. P. Fiore & M. Tafuri, Milano 1993.
M. Mussini, *Francesco di Giorgio e Vitruvio*, 2 vols, Firenze, 2003.
Francesco di Giorgio alla corte di Federico da Montefeltro, ed. by. F. P. Fiore, 2 vols, Firenze, 2004.
R. Kirkbride, *Architecture and Memory: The Renaissance Studioli of Federico da Montefeltro*, Cambridge, 2008.
ベルント・レック、アンドレアス・テンネスマン『イタリアの鼻：ルネサンスを拓いた傭兵隊長フェデリーコ・ダ・モンテフェルトロ』藤川芳朗訳、中央公論新社、２０１７年

（フェッラーラ）
B. Zevi, *Saper vedere la città: Ferrara di Biagio Rossetti, "la prima città moderna europea"*, Torino, 1960.
T. Tuohy, *Herculean Ferrara: Ercole d'Este (1471-1505) and the Invention of a Ducal Capital*, Cambridge, 2002.

第3章

（ヴェネツィア15世紀）
J. McAndrew, *Venetian Architecture of the Early Renaissance*, Cambridge, Mass., 1980.
L. Olivato & L. Puppi, *Mauro Codussi*, Milano, 1977.
D. Howard, *The Architecturl History of Venice*, New Haven, 2002.
R. J. Goy, *Building Renaissance Venice: Patrons, Architects and Builders c. 1430-1500*, New Haven, 2006.
E. Concina, *Tempo Novo: Venezia e il Quattrocento*, Venezia, 2006.

（クロアチア（ヴェネツィア共和国領））
La Renaissance en Croatie, ed. by. A. Erlande-Brandenburg, M. Jurkovic, Paris, 2004.
E. Hercigonja *et al.*, *La Croatie et l'Europe: Tome 2, Croatie, Trésors du Moyen Age et de la Renaissance (XIIIe-XVIe siècle)*, Zagreb, 2006.
ジョルジュ・カステラン、ガブリエラ・ヴィダン『クロアチア』千田善他訳、白水社文庫クセジュ、２０００年

（ミラノ）
C. Baroni, *Documenti per la storia dell'architettura a Milano nel Rinascimento e nel Barocco*, vol. 1, Firenze 1940.
Ludovico il Moro: La sua città e la sua corte (1480-1499), Milano, 1983.
Milano nell'età di Ludovico il Moro, Milano, 1983.
G. A. Dell' Acqua *et al.*, *Santa Maria delle Grazie in Milano*, Milano, 1983.
L. Patetta, *L'architettura del Quattrocento a Milano*, Milano, 1987.
Florence and Milan: Comparisons and Relations, 2 vols, ed. by C. H. Smyth & G. Garfagnini, Firenze, 1989.
カルロ・ペドレッティ『建築家レオナルド』日高健一郎・河辺泰宏訳、全２巻、学芸図書、１９９０年
A. Buratti Mazzotta *et al.*, *Insula Ansperti: Il complesso monumentale di S. Satiro*, Milano, 1992.
Giovanni Antonio Amadeo: Scultura e architettura del suo tempo, ed. by. J. Shell & L. Castelfranchi, Milano, 1993.
E. S. Welch, *Art and Authority in Renaissance Milan*, New Haven, 1995.
P. M. Frassineti *et al.*, *Santa Maria delle Grazie*, Milano, 1998.
Bramante milanese, ed. by C. L. Frommel *et al.*, Venezia, 2002.
Lombardia Rinascimentale: Arte e architettura, ed. by M. T. Fiorio & V. Terraroli, Milano, 2003.
Patrimonio artistico italiano: Lombardia Rinascimentale, ed. by M. G. Balzarini & T. Monaco, Milano, 2007.

第4章

（ラファエロ）
C. L. Frommel *et al.*, *Raffaello architetto*, Milano, 1984
G. Morolli, *"Le belle forme degli edifici antichi": Raffaello e il progetto del primo trattato rinascimentale sulle antichità di Roma*, Firenze, 1984.
クリストフ・テーネス『ラファエロ：１４８３－１５２０』明瀬一裕訳、タッシェン・ジャパン、２００６年
深田麻里亜『ヴィッラ・マダマのロッジャ装飾』中央公論美術出版、２０１７年
Y. Elet, *Architectural Invention in Renaissance Rome: Artists, Humanists, and the Planning of Raphael's Villa Madama*, Cambridge, 2017.

（ペルッツィ）
C. L. Frommel, *"Baldassare Peruzzi als Maler und Zeichner," Beiheft zum Römischen Jahrbuch für Kunstgeschichte*, vol. 11, 1967-68.
H. Wurm, *Baldassarre Peruzzi: Architekturzeichnungen*, Tübingen, 1984.
Baldassarre Peruzzi: pittura scena e architettura nel Cinquecento, ed. by M. Fagiolo & M. L. Madonna, Roma, 1987.
C. Tessari, *Baldassarre Peruzzi: Il progetto dell'antico*, Milano, 1995.
Baldassarre Peruzzi 1481-1536, ed. by C. L. Frommel et al., Venezia, 2003.
G. Malafarina, *La Villa Farnesina a Roma*, Modena, 2003.
V. Cafà, *Palazzo Massimo alle Colonne di Baldassarre Peruzzi*, Venezia, 2007.
A. C. Huppert, *Becoming an Architect in Renaissance Italy: Art, Science, and the Career of Baldassarre Peruzzi*, New Haven, 2016.

（アントニオ・ダ・サンガッロ・イル・ヴェッキオ）
G. Satzinger, *Antonio da Sangallo der Ältere und die Madonna di San Biagio bei Montepulciano*, Tübingen, 1991.
M. Cozzi, *Antonio da Sangallo il Vecchio e l'architettura del Cinquecento in Valdichiana*, Genova, 1992.
L. Giorgi *et al.*, *Antonio da Sangallo il Vecchio e Andrea Pozzo a Montepulciano*, Montepulciano, 1999.

（アントニオ・ダ・サンガッロ・イル・ジョーヴァネ）
G. Giovannoni, *Antonio da Sangallo il Giovane*, 2 vols, Roma, 1959.
Antonio da Sangallo il Giovane: La vità e l'opera, ed. by G. Spagnesi, Roma, 1986.
C. L. Frommel & N. Adams, *The Architectural Drawings of Antonio da Sangallo the Younger and his Circle*, 2 vols, Cambridge, Mass., 1993-2000.

（その他）
A. Pinelli, *Genga architetto: Aspetti della cultura urbinate dell primo '500*, Roma, 1971.
R. Cannatà & A. Ghisetti Giavarina, *Cola dell'Amatrice*, Firenze, 1991.
M. L. Casanova, *Palazzo Venezia*, Roma, 1992.
A. Turchini *et al.*, *Pesaro nell'età dei Della Rovere*, Venezia, 1998.

第5章

（ジュリオ・ロマーノ）
F. Hart, *Giulio Romano*, New Haven, 1958.
磯崎新・篠山紀信『建築行脚８：マニエリスムの館 パラッツォ・デル・テ』六耀社、１９８０年
E. H. Gombrich *et al.*, *Giulio Romano*, Milano, 1989.
B. Adorni, *Giulio Romano architetto: Gli anni mantovani*, Milano, 2012.
U. Bazzotti, *Palazzo Te: Giulio Romano's Masterwork in Manua*, London, 2013.

（パドヴァ）
Alvise Cornaro e il suo tempo, ed. by L. Puppi, Padova, 1980.
G. Bresciani *Alvarez*, *Architettura a Padova*, Padova, 1999.

（サンソヴィーノ）
M. Tafuri, *Jacopo Sansovino e l'architettura di '500 a Venezia*, Padova, 1969.
D. Howard, *Jacopo Sansovino: Architecture and patronage in Renaissance Venice*, New Haven, 1975.
M. Morresi, *Jacopo Sansovino*, Milano, 2000.
M. Morresi, Piazza San Marco, Milano, 1999.

（サンミケーリ）
L. Puppi, *Michele Sanmicheli architetto*, Roma, 1986.
L'architettura a Verona nell'età della Serenissima (sec. XV-sec. XVIII), ed. by P. P. Brugnoli & A. Santini, 2 vols, Verona, 1988.
H. Burns *et al.*, *Michele Sanmicheli: architettura, linguaggio e cultura artistica nel Cinquecento*, Milano, 1995.
P. Davies & D. Hemsoll, *Michele Sanmicheli*, Milano, 2004.

（パラーディオとヴィチェンツァ）
F. Barbieri, *The Basilica of Andrea Palladio: Corpus Palladianum, 2*, Pennsylvania, 1970.
R. Assunto *et al.*, *Andrea Palladio: La Rotonda*, Milano, 1988.
G. Beltramini & H. Burns, *Andrea Palladio e la villa veneta da Petrarca a Carlo Scarpa*, Venezia, 2005.
ヴィトルト・リプチンスキ『完璧な家：パラーディオのヴィラをめぐる旅』渡辺真弓訳、白水社、２００５年

（パラーディオとヴェネツィア）
W. Timofiewitsch, *The Chiesa del Redentore: Corpus Palladianum, 3*, Pennsylvania, 1971.
T. E. Cooper, *Palladio's Venice: Architecture and Society in a Renaissance Republic*, New Haven, 2005.
渡辺真弓『パラーディオの時代のヴェネツィア』中央公論美術出版、２００９年

（スカモッツィ）
Vincenzo Scamozzi 1548-1616, ed. by F. Barbieri & G. Beltramini, Venezia, 2003.
A. M. Borys, *Vincenzo Scamozzi and the Chorography of Early Modern Architecture*, Farnham, 2014.
Vincenzo Scamozzi teorico europeo, ed. by F. Barbieri, Vicenza, 2016.

第6章

（マニエリスム）
J. Shearman, *Mannerism*, Harmondsworth, 1967.
若桑みどり『マニエリスム芸術論』ちくま学芸文庫、１９９４年
L. De Girolami Cheney, *Readings in Italian Mannerism*, New York, 2004.
グスタフ・ルネ・ホッケ『迷宮としての世界』種村季弘・矢川澄子訳、上・下、岩波文庫、２０１０年

（サン・ピエトロ大聖堂）
F. G. Wolff Metternich & C. Thoenes, *Die frühen St. Peter-Entwürfe, 1504-1514*, Tübingen, 1987.
L'architettura della basilica di San Pietro: Storia e costruzione, ed. by G. Spagnesi, Roma 1995.
San Pietro che non c'è, ed. by C. Tessari, Milano, 1996.
石鍋真澄『サン・ピエトロ大聖堂』吉川弘文館、２０００年
St Peter's in Vatican, ed. by W. Tronzo, Cambridge, 2003.
M. Tanner, *Jerusalem on the Hill: Rome and the vision of Saint Peter's basilica in the Renaissance*, Turnhout, 2010.
La basilica di San Pietro, ed. by G. Morello, Roma, 2012.

（ヴィニョーラ）
Baroque Art: The Jesuit Contribution, ed. by R. Wittkower & I. B. Jaffe, New York, 1972.
Jacopo Barozzi da Vignola, ed. by R. J. Tuttle, Milano, 2002.

Le fabbriche di Jacopo Barozzi da Vignola, Milano, 2002.
A. Ludovisi & G. Trenti, *I Vignola: Giacomo e Giacinto Barozzi*, Vignola, 2004.
M. Fagiolo, *Vignola: L'architettura dei principi*, Roma, 2007.
M. Walcher, *Vignola: Nel quinto centenario della nascita*, Mariano del Friuli, 2008.
F. R. Liserre, *Grotte e ninfei nel '500: Il modello dei giardini di Caprarola*, Roma, 2008.
Studi su Jacopo Barozzi da Vignola, ed. by. A. M. Alfanni & P. Portoghesi, Roma, 2011.

〔ボローニャ〕
N. Millar, *Renaissance Bologna*, New York, 1989.
Una basilica per una città: Sei secoli in San Petronio, ed. by. M. Fanti & D. Lenzi, Bologna, 1994.
R. Tuttle, *Piazza Maggiore: Studi su Bologna nel Cinquecento*, Venezia, 2001.
Patrimonio artistico italiano: Emilia Romagna Rinascimentale, ed. by. F. Lollini & M. Pigozzi, Milano, 2007.

〔ピッロ・リゴーリオ〕
Pirro Ligorio: *Artist and Antiquarian*, ed. by R. W. Gaston, Milano, 1988.
A. Ranaldi, *Pirro Ligorio e l' interpretazione delle ville antiche*, Roma, 2001.
I. Barisi *et al.*, *Villa d'Este*, Roma, 2003.
D. R. Coffin, *Pirro Ligorio: The Renaissance Artist, Architect, and Antiquarian*, Pennsylvania, 2004.
Ippolito d' Este: Cardinale principe, mecenate, ed. by M. Cogotti & F. P. Fiore, Roma, 2013.

〔アンマンナーティ〕
M. Kiene, *Bartolomeo Ammannati*, Milano, 1995.
Palazzo Pitti: L' arte e la storia, ed. by M. Chiarini, Firenze, 2003.
Ammannati e Vasari per la città dei Medici, ed. by. C. Acidini & G. Pirazzoli, Firenze, 2011.

〔ブオンタレンティイ〕
A. Fara, *Bernardo Buontalenti*, Milano, 1995.

〔ヴァザーリ〕
ロラン・ル・モレ『ジョルジョ・ヴァザーリ：メディチ家の演出者』平川祐弘・平川恵子訳、白水社、2003年
樺山紘一他『ルネサンスの演出家ヴァザーリ』白水社、2011年
松本典昭『メディチ宮廷のプロパガンダ美術』ミネルヴァ書房、2015年
C. Conforti, *Vasari architetto*, Milano, 1993.
L' architettura civile in Toscana, ed. by A. Restucci, Siena, 1999.
Vasari, gli Uffizi e il Duca, ed. by C. Conforti et al., Firenze, 2011.
S. Gregory, *Vasari and the Renaissance Print*, Farnham, 2012.

〔トリノ、ピエモンテ〕
M. D. Pollak, *Turin 1564-1680*, Chicago, 1991.
M. Viglino Davico, *Ascanio Vitozzi: Ingenere militare, urbanista, architetto*, Perugia, 2003.
大野陽子『ヴァラッロのサクロ・モンテ』三元社、2008年
水野千依『イメージの地層』名古屋大学出版会、2011年
関根浩子『サクロ・モンテの起源』勉誠出版、2017年

〔ジェノヴァ〕
W. Lotz *et al.*, *Galeazzo Alessi e l' architettura del Cinquecento*, Genova, 1975.
Genova nel Settecento e le vedute di Antonio Giolfi, ed. by E. Poleggi, Milano, 1986.
H. W. Rott, *Rubens Palazzi di Genova: Architectural drawings and engravings*, 2 vols, London, 2002.
P. Lombaerde, *The Reception of P. P. Rubens's "Palazzi di Genova" during the 17th Century in Europe: Questions and Problems*, Turnhout, 2002.

第7章

〔ナポリ、南イタリア〕
G. L. Hersey, *Alfonso II and the Artistic Renewal of Naples, 1485-1495*, New Haven, 1969.
R. Pane, *Il Rinascimento nell' Italia meridionale*, 2 vols, Milano, 1977.
Storia e Civiltà della Campania: Il Rinascimento e l' età Barocca, ed. by G. Pugliese Carratelli, Napoli, 1994.
Architettura del classicismo tra Quattrocento e Cinquecento: Campania saggi, ed. by A. Gambardella & D. Jacazzi, Roma, 2007.
L' architettura di età aragonese nell' Italia centro-meridionale, 1: L' architettura di età aragonese nell' Italia centrale, ed. by C. Cundari, Roma, 2007.
Art and Architecture in Naples, 1266-1713: New Approaches, ed. by C. Warr & J. Elliot, Oxford, 2010.

〔スペイン〕
G. Kubler & M. Soria, *Art and Architecture in Spain and Portugal and their American Dominions, 1500-1800*, Harmondsworth, 1959.
E. E. Rosenthal, *The Cathedral of Granada: A Study in the Spanish Architecture*, Princeton, 1961.
丹下敏明『スペイン建築史』相模書房、1979年
R. L. Kagan, *Cities of the Golden Age*, Berkeley-Los Angeles-London, 1989.
V. Nieto *et al.*, *Arquitectura del Renacimiento en España, 1488-1599*, Madrid, 1989.
フェルナンド・チュエカ・ゴイティア『スペイン建築の特質』鳥居徳敏訳、鹿島出版会、1991年
C. Wilkinson-Zerner, *Juan de Herrera: Architect to Philip II of Spain*, New Haven, 1993.
A. J. Morales, *Hernán Ruiz el Joven*, Madrid, 1996.
A. Ávila *et al.*, *El siglo del Renacimiento en España*, Madrid, 1996.
Las esferas de Piedra: Sevilla como lugar de encuentro entre arte y ciencia del Renacimiento, ed. by F. Pinto Puerto, Sevilla, 2001.
R. González Ramos, *La Universidad de Alcalá de Henares y las Artes: El patronazgo artístico de un centro del saber. Siglos XVI-XIX*, Alcalá de Henares, 2006.
J. Sureda, *Golden Age of Spain: Painting, Sculpture, Architecture*, New York, 2008.
ヘンリー・ケイメン『スペインの黄金時代』立石博高訳、岩波書店、2009年
H. Kamen, *The Escorial: Art and Power in the Renaissance*, New Haven, 2010.
R. Sierra Delgado, *Diego de Siloé y la Nueva Fábrica de la Sacristía Mayor de la Catedral de Sevilla*, Sevilla, 2012.
Arte y cultura en la Granada Renacentista y Barocca: Relaciones e influencias, ed. by J. Policarpo Cruz Cabrera, Granada, 2014.
大髙保二郎他『スペイン美術史入門』NHKブックス、2018年

〔ポルトガル〕
P. Dias, *A Arquitectura Gótica Portuguesa*, Lisboa, 1994.
R. Marta, *L' architettura Manuelina*, Roma, 1998.
P. Pereira, *Mosteiro Dos Jerómos*, London, 2002.
M. T. Chicó, *A Arquitectura Gótica em Portugal*, Lisboa, 2005.
P. Pereira, *Convent of Christ, Tomar*, London, 2009.
P. Pereira, *Arte Portuguesa 3: A Arquitectura Gótica*, 2009.
P. Dias, *Arte Portuguesa 5: A Arquitectura Manuelina*, 2009.
M. de Lurdes Craveiro, *Arte Portuguesa 9: A Arquitectura "Ao Romano"*, 2009.

第8章

〔セルリオ〕
Sebastiano Serlio, ed. by C. Thoenes, Milano, 1989.
S. Frommel, *Sebastiano Serlio*, Milano, 2003.
Sebastiano Serlio a Lyon, ed. by. Deswartes, Lyon, 2004.
M. Vène, *Bibliographia Serliana. Catalogue des éditions imprimées des livres du traité d' architecture de Sebastiano Serlio (1537-1681)*, Paris, 2006.

〔フランス〕
P. Potie, *Philibert de l' Orme*, Marseille, 1996.
Francesco Primaticcio architetto, ed. by S. Frommel, Milano, 2005.
F. Boudon *et al.*, *Le château de Fontainebleau de François Ier à Henri IV*, Paris, 1998.
A. Blunt, *Art and Architecture in France, 1500-1700*, 5th ed., New Haven, 1999.
J. M. Pérouse de Montclos, *Les châteaux du Val de Loire*, Paris, 2000.
M. Châtenet, *Chambord*, Paris, 2001.
J. M. Pérouse de Montclos, *De la Renaissance à la Révolution: Histoire de l' architecture française*, vol. 2, Paris, 2003.
J. M. Pérouse de Montclos, *Les château de Fontainebleau*, Paris, 2009.
F. Lemerle & Y. Pauwels, *Architectures de papier: La France et l' Europe (XVIe-XVIIe siècles)*, Paris, 2013.
リュシアン・フェーヴル『フランス・ルネサンスの文明』二宮敬訳、ちくま学芸文庫、1996年
土居義岳『アカデミーと建築オーダー』中央公論美術出版、2005年
田中久美子他『装飾と建築：フォンテーヌブローからルーヴシエンヌへ』ありな書房、2013年
ルネ・ゲルダン『フランソワ一世：フランス・ルネサンスの王』辻谷泰志訳、国書刊行会、2014年

〔神聖ローマ帝国、ハプスブルク家〕
エリーザベト・シャイヒャー『驚異の部屋：ハプスブルク家の珍宝蒐集室』松井隆夫・松下ゆう子訳、平凡社、1990年
菊池良生『神聖ローマ帝国』講談社現代新書、2003年
R. J. W. エヴァンズ『魔術の帝国：ルドルフ二世とその世界』中野春夫訳、全2巻、ちくま学芸文庫、2006年
小宮正安『愉悦の蒐集ヴンダーカンマーの謎』集英社新書、2007年
江村洋『カール五世：ハプスブルク栄光の日々』河出文庫、2013年
岩谷秋美『ウィーンのシュテファン大聖堂』中央公論美術出版、2017年

〔ドイツ・オーストリア〕
三宅理一『ドイツ建築史』全2巻、相模書房、1981年
H. R. Hitchcock, *German Renaissance Architecture*, Princeton, 1982.
諸田實『フッガー家の遺産』有斐閣、1989年
J. Bialostocki, *L' Art du XVe siècle des Parler à Dürer*, Torino, 1993.
S. Maxwell, *The Court Art of Friedrich Sustris: Patronage in Late Renaissance Bavaria*, Farnham, 2011.
N. Nussbaum *et al.*, *German Gothic Church Architecture*, New Haven, 2000.
E. Matt Kavaler, *Renaissance Gothic: Architecture and the Arts in Northern Europe, 1470-1540*, New Haven, 2012.
St. Anna in Augsburg: eine Kirche und ihre Gemeinde, ed. by R. Kießling, Augsburg, 2013.

〔プラハ、チェコ〕
J. Bialostocki, *The Art of the Renaissance in Eastern Europe: Hungary, Bohemia, Poland*, Oxford, 1976.
カール・シュヴァルツェンブルク公他『プラハ城：歴史と遺産』稲野強監訳、恒文社、1995年
薩摩秀登『物語チェコの歴史』中公新書、2006年
E. Fucíková, *Prague in the Reign of Rudolph II: Mannerist Art and Architecture in the Imperial Capital, 1583-1612*, Praha, 2016.
J. Royt, *The Cathedral of St Vitus at Prague Castle*, Praha, 2017.

〔クラクフ、ポーランド〕
B. Knox, *The Architecture of Poland*, New York, 1971.
The Polish Renaissance in its European Context, ed. by S. Fiszman, Bloomington, 1988.
Medieval Art, Architecture and Archaeology in Cracow and Lesser Poland, ed. by A. Rożnowska-Sadraei & T. Węcław-owicz, Leeds, 2014.
Fischinger & M. Fabiański, *The Renaissance Wawel: Building the Royal Residence*, Cracow, 2013.

〔オランダ・ベルギー〕
H. Gerson & E. H. ter Kuile, *Art and Architecture in Belgium, 1600-1800*, Harmondsworth, 1960.
ヨハン・ホイジンガ『中世の秋』堀越孝一訳、全2巻、中公文庫、1976年
堀越孝一『ブルゴーニュ家：中世の秋の歴史』講談社現代新書、1996年
H. Vlieghe, *Flemish Art and Architecture, 1585-1700*, New Haven, 1998.
K. De Jonge, *Unity and Discontinuity: Architectural Relationships between the Southern and Northern Low Countries (1530-1700)*, Turnhout, 2007.

〔イングランド〕
J. Summerson, *Inigo Johnes*, New Havn, 1966.
R. Tavernor, *Palladio and Palladianism*, London, 1991.
J. Summerson, *Architecture in Britain, 1530-1830*, 9th ed., New Haven, 1993.
G. Beltramini *et al.*, *Palladio nel Nord Europa*, Milano, 1999.
D. Watkin, *English Architecture*, London, 2001.
M. Girouard, *Elizabethan Architecture*, New Haven, 2009.
I. Murray & C. Hind, *Palladio and His Legacy*, Venezia, 2010.
J. Goodall, *The English Castle: 1066-1650*, New Haven, 2011.
大橋竜太『イングランド住宅史』中央公論美術出版、2005年
チャールズ・フィリップス『イギリスの城郭・宮殿・邸宅歴史図鑑』井上廣美訳、原書房、2014年
P. Van der Merve, *The Queen's House Greenwich*, London, 2017.

そのほかの参考となる文献・HPなど

学術雑誌の論文やガイドブック、事典などについての詳細は省略するが、最近ではインターネットから情報を入手できるようになったものも多いので、検索するときに役立つ情報を簡単にまとめておきたい。建築史の学術雑誌としては、アメリカ建築史家協会のThe Journal of the Society of Architectural Historiansや、ヴィチェンツァのパラーディオ国際建築研究センターのBollettino del Centro Internazionale di Studi di Architettura "Andrea Palladio"とAnnali di architetturaなどが挙げられるが、美術史関係のものはThe Art Bulletinをはじめ膨大にあるので、ルネサンス美術史・建築史の優れた研究機関として有名なフィレンツェのドイツ美術史研究所のMitteilungen des Kunsthistorischen Institutes in Florenz、ローマのヘルツィアーナ図書館のRömisches Jahrbuch für Kunstgeschichete、ロンドン大学のウォーバーグ図書館とコートールド美術研究所のJournal of the Warburg and Courtauld Institutesを挙げておこう。西洋建築史・美術史の分野における先行研究を知るためには、前述のドイツ美術史研究所などを含むマックス・プランク研究所のkubikatでキーワードを入力して検索するとよい。

ガイドブックについても、世界遺産レベルの有名な建物であれば、各施設の公式ホームページから得られる情報とあまり変わらないし、英語で読むこともできるが、地図や建築の平面図などが充実していれば本として入手する価値はある。有名なものとしては、国や都市、地域ごとに分冊のかたちで出版されているドイツ語のベデカー(Baedeker)や、フランス語のミシュラン(Michelin)が挙げられ、後者については邦訳書もいくつか出版されている。イタリア語ではTouring Club Italiano社 のGuida d' ItaliaとGuida rapida d' Italiaがあり、「赤本」の前者では解説が詳しく、後者は旅行用に便利である。

事典類についても、建築家の生没年や代表作程度であれば、インターネットですぐに調べられるようになった。持ち運びができないほど何巻本にもなる専門的な事典としては、ドイツ語では有名なThieme & Beckerの美術家事典や、英語ではオックスフォード大学出版会のGrove Art Onlineなどはオンラインで利用できるが、一般の利用者の場合は有料である。紙媒体でのThieme & BeckerやThe Dictionary of Art, ed. by J. Turnerであれば、多くの大学図書館に所蔵されているが、個人用としては後者のイタリア・ルネサンス版にあたるEncyclopedia of Italian Renaissance & Mannerist Artが二巻本で使いやすい。イタリア語ではイタリア人名事典として、Dizionario Biografico degli Italianiがオンラインで無料で利用できる。

ルネサンス建築に関する図書は、日本にも欧米にもたくさんある。それでも、本書の新規性をアピールするなら、ルネサンス建築を地理的にも時間的にも広範囲に位置づけて再解釈したことになるだろう。地理的にはフィレンツェから始まり、イタリア国内、さらにはヨーロッパ諸国へと伝わった軌跡をたどってきた。また、ルネサンス以前の古代や中世との関係についてもできるだけ触れることで、時間的な広がりも強調してきたつもりである。その結果、網目ヴォールト天井で覆われたプラハ城王宮のヴラジスラフ・ホールのように、形態的にはむしろゴシック建築に近い作品まで取り上げられたとしても、ブルネレスキのドームが尖頭状であることを思い出せば、そのような解釈にも少しは理解を示してもらえるだろう。「和魂洋才」になぞらえると、形態はゴシックでも、精神はルネサンスなのだ。とはいえ、16世紀末のイタリアではバロック建築が登場し始めるので、本書は17世紀初めのイングランドまででひとまず終りにしたが、北欧やロシアなどが取り上げられていないのは名作がないからではなく、著者の不勉強のためと告白しておこう。

それでも80の建築を選ぶのは苦労した。有名な作品は今さら説明されなくてもだいたい知っているだろうし、だからといって玄人好みの作品に偏ってしまうとルネサンスの特徴が伝わりにくくなる。そこで、設計者や所在地、建築類型などのバランスに配慮しながらも、例えばファサードが有名なマントヴァのサン・セバスティアーノ聖堂では、クリュプタのようにあまり注目されない部分であったり、ほかにもディテールなどの写真をあえて大きく掲載したりしたものもいくつかある。建築を見るときには、絵葉書のような正面写真を撮るだけで満足せずに、「石が

語る」（サクサ・ロクントゥル）ものにも注意を傾けてみることをお勧めしたい。再利用された古代の石材や、大理石に見せかけた塗装、さらにはアンモナイトの化石の混入に気づくこともあるだろう。

また、本書では現存する個々の建築作品に関する説明が中心となっているため、実現しなかったサン・ピエトロ大聖堂の数々の計画案や、アルベルティやパラーディオなどの建築理論書については所々で言及した程度にとどまっているが、建築が素描や図面、出版物といったメディアを通じて広範な影響を及ぼすことは繰り返し説明してきたつもりである。最新の学術成果を反映させながら、建築の初学者でもすらすらと読めるように説明することは容易でないが、参考文献をいろいろ挙げておいたので、そのため字が小さくなってしまったけれども、興味のある方はぜひとも読んでみてほしい。

本書はおそらくアジア人による初のルネサンス建築の概説書にして、現地での建築見学に役立つガイドブックでもある。本書を通じて数多くの名建築に親しみ、ルネサンスとは何だったのか、そして21世紀の極東のわたしたちにとってルネサンスはどのような意味があるのかを考えるきっかけが生まれるなら、著者としては望外の喜びである。タイトルの「夢」には、ルネサンスの人びとが古代ローマの遺跡を見ながら古代を夢みていたように、現代のわたしたちが本書を読みながらルネサンスを夢みてくれるのではという思いが込められている。

最後に、本書を執筆する機会を与えていただいた京都工芸繊維大学西田雅嗣教授、編集作業をご担当いただいたエクスナレッジの大久保萌氏、そして資料のスキャンなどさまざまな作業にご助力いただいた東北大学事務補佐員の岡崎美代子氏に心から謝意を表したい。

2020年6月15日、仙台にて　飛ヶ谷潤一郎

飛ヶ谷潤一郎《ひがや・じゅんいちろう》

1972年東京生まれ。1996年東北大学工学部建築学科卒業。1999～2000年パドヴァ大学留学。2000～2002年ローマ「ラ・サピエンツァ」大学留学。2004年東北大学大学院工学系研究科建築学博士課程修了、博士（工学）。2005～2007年、東京藝術大学で日本学術振興会特別研究員（PD）。2008年～現在、東北大学大学院工学研究科都市・建築学専攻准教授。主な著書に『盛期ルネサンスの古代建築の解釈』（中央公論美術出版、2007年、地中海学会ヘレンド賞、建築史学会賞、日本建築学会著作賞受賞）などがある。

写真提供

カバー（表、サン・マルコ広場）……Alamy／アフロ
カバー（裏、サン・ピエトロ大聖堂）……SIME／アフロ
50,58,140（上）,**141,164,172,174,175**（上）,**251**（下）……Alamy／アフロ
200（上）……AGE FOTOSTOCK／アフロ
255（下）……Bridgeman Images／アフロ
そのほか特筆なきものはすべて著者提供

世界の夢のルネサンス建築

2020年9月11日　初版第1刷発行

著者　飛ヶ谷潤一郎
発行者　澤井聖一
発行所　株式会社エクスナレッジ
〒106-0032
東京都港区六本木7-2-26
https://www.xknowledge.co.jp/

問合先
編集　tel　03-3403-1381
fax　03-3403-1345
mail　info@xknowledge.co.jp
販売　tel　03-3403-1321
fax　03-3403-1829